Icônes russes

Galerie nationale Tretiakov, Moscou

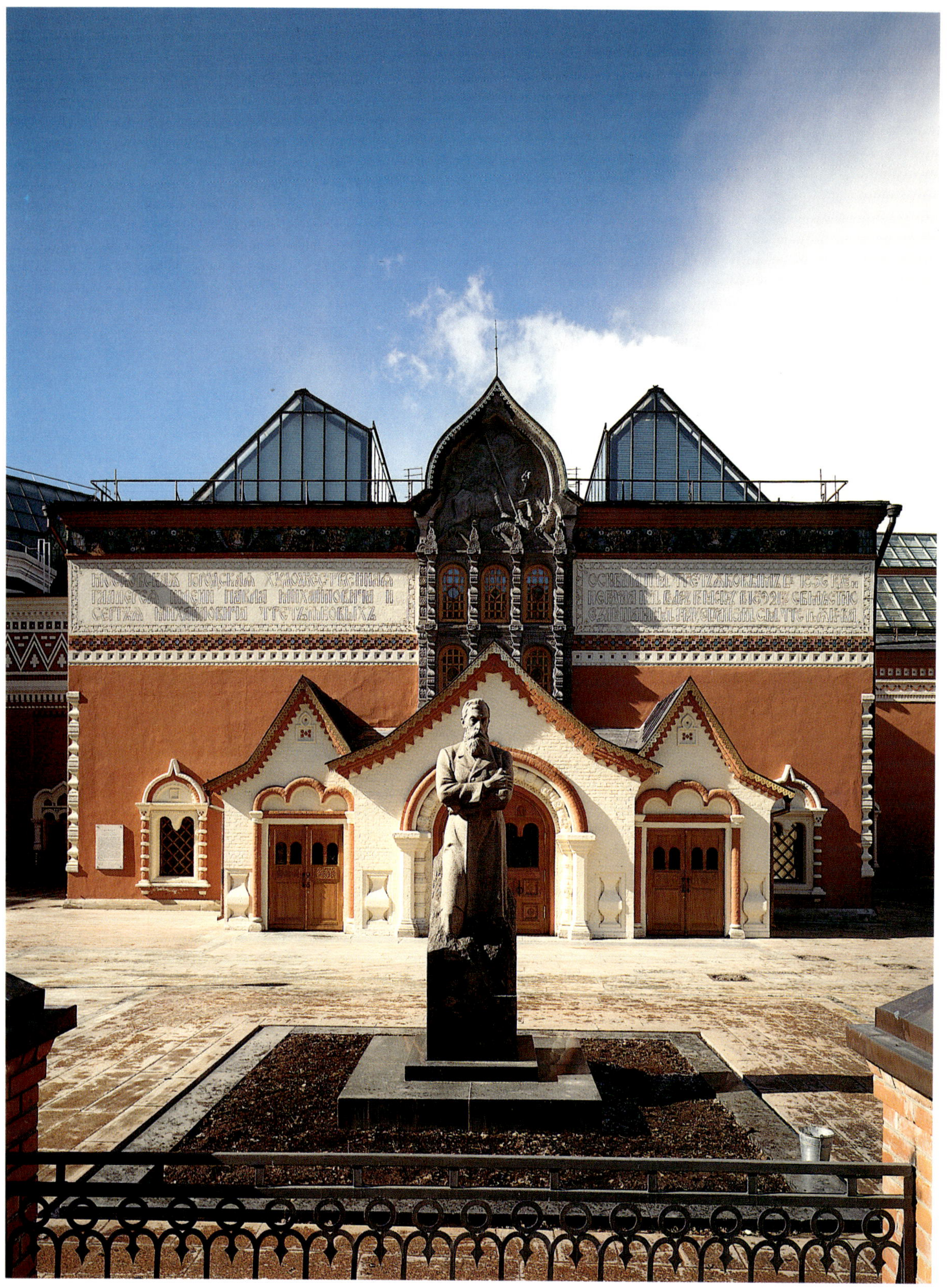

Statue de
Pavel Tretiakov
et façade
de la Galerie
Tretiakov à
Lavrouchinski
pereoulok
à Moscou

Fondation Pierre Gianadda,
Martigny, Suisse

Icônes russes

Galerie Tretiakov
Musée national d'art russe, Moscou

Commissaire de l'exposition: Ekaterina L. Selezneva

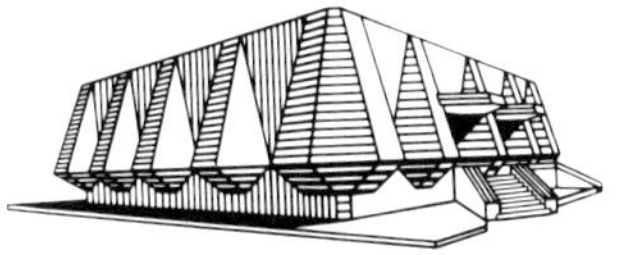

18 novembre 1997 – 18 janvier 1998
Tous les jours de 10 h à 12 h et de 13 h 30 à 18 h

Cette exposition est placée sous le haut patronage de

M. Youri Loujkov
Maire de Moscou

L'exposition Icônes russes a été réalisée
grâce au soutien de la Délégation valaisanne
à la Loterie de la Suisse romande

Moscou Martigny
Une longue amitié

Après avoir exposé le Chagall des années russes, puis Larionov et Gontcharova, la Fondation Pierre Gianadda, pour marquer son 20e anniversaire, remonte le cours du temps et propose quelques-unes parmi les plus admirables icônes de Russie. Les plus anciennes datent du XIVe siècle, époque où les grandes cités comme Novgorod et Moscou connurent leur essor. Les nombreux monastères, églises et couvents qui fleurirent alors – dont celui de la Trinité-Saint-Serge, qui constitue l'un des plus beaux joyaux de Russie – témoignent de la ferveur contemplative des populations de ce temps. Les villes du Nord devinrent de véritables foyers artistiques, avec les célèbres écoles de Novgorod, de Pskov et de Moscou. Si, à l'origine, les œuvres s'inscrivent résolument dans la ligne byzantine, elles adoptent par la suite un caractère qui leur est propre: les coloris sont plus contrastés, le graphisme plus marqué. Au cours des siècles, elles acquièrent davantage de pureté et de grâce, et se parent d'une sorte d'irréalisme inconnu des périodes précédentes. Elles s'ouvrent aussi à d'autres influences: le message spirituel des icônes originelles est délaissé au profit de recherches stylistiques plus développées.

En Occident, la Russie a longtemps évoqué le communisme, sans parler des entraves à la foi qu'entraînaient les principes adoptés par ses dirigeants. Après ces années troublées, il est surprenant de constater que le peuple n'a rien perdu de sa ferveur religieuse et qu'au contraire celle-ci se manifeste avec bien plus d'intensité que chez nous. Ainsi, j'ai été frappé, à la Galerie Tretiakov, par les nombreux visiteurs déposant des fleurs au pied des icônes, au sein même du musée: modeste symbole d'une piété toujours vivante.

La Galerie Tretiakov, Musée national d'art russe à Moscou, nous a largement ouvert ses collections, proposant spontanément cette exposition, la plus importante en nombre et en qualité jamais consentie à ce jour par cette institution. Certaines pièces quittent même la Russie pour la première fois. Ce geste est d'autant plus sympathique que cette année est celle du 850e anniversaire de la fondation de la ville de Moscou.

Une soixantaine d'œuvres ont été retenues pour notre exposition, ainsi que quelques objets sacrés illustrant les pratiques religieuses des siècles passés. Ceux-ci ont été

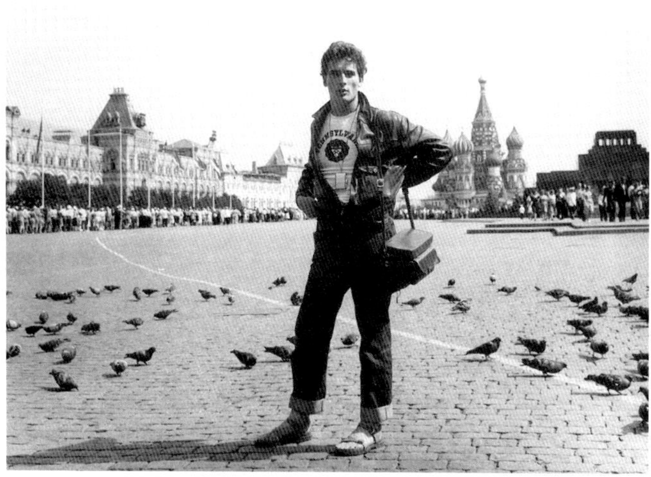

Léonard Gianadda en août 1957 à Moscou

choisis par les responsables du département des icônes de la Galerie Tretiakov, à qui nous devons notre plus vive reconnaissance. Nos remerciements s'adressent tout particulièrement à M. Valentin Rodionov, directeur général, à Mme Lidia Iovleva, vice-directrice scientifique, à Mme Lidia Romachkova, conservatrice en chef, ainsi qu'à leurs collaborateurs et collaboratrices qui ont préparé cette manifestation. Notre gratitude va également à Mme Katia Selezneva, qui avait déjà participé activement à l'exposition Chagall de 1991 et qui assure depuis toujours un contact amical et discret entre notre Fondation et la célèbre Galerie. Nous sommes enfin reconnaissants à tous les auteurs qui ont enrichi ce catalogue de leurs recherches et de leurs témoignages.

Depuis de nombreuses années, nous avons maintes fois pu apprécier l'accueil amical et chaleureux qui nous était réservé à Moscou. Des liens étroits se sont tissés et de nouveaux projets de collaboration se dessinent déjà. Notre plus cher désir est qu'ils se réalisent.

Léonard Gianadda
Président de la Fondation
Pierre Gianadda

Remerciements

La Fondation Pierre Gianadda et les organisateurs de l'exposition tiennent à exprimer leur vive reconnaissance à:

M. Valentin Rodionov
Directeur général de la Galerie nationale Tretiakov

Mme Lidia Iovleva
Vice-directrice scientifique de la Galerie nationale Tretiakov

Mme Lidia Romachkova
Conservateur en chef de la Galerie nationale Tretiakov

et également à:

Mme Nadejda Bekeneva

Mme Valentina Oukhanova

Mme Nadejda Rosanova

Mme Galina Sidorenko

Mme Nadejda Okourenkova

Mme Tatiana Tourtanova

Mme Lioudmila Izumova

Mme Tatiana Goubanova

Mme Ekaterina Semenova

Mme Ekaterina Khatova

Mme Evguenia Gra

M. Alekseï Valiouchok

M. Aleksandr Rosanov

Chers amis!

C'est avec un immense plaisir que je m'associe à la présentation de cette exposition d'icônes russes anciennes, provenant des collections de la Galerie nationale Tretiakov de Moscou.

Je suis particulièrement heureux que celle-ci ait lieu pendant la célébration des 850 ans de Moscou. C'est une grande fête pour les Moscovites et pour tous les Russes, car Moscou est non seulement la capitale administrative, mais aussi le centre culturel et spirituel de la Russie.

De nombreux changements surviennent aujourd'hui dans cette importante cité: les monuments ressuscitent de toutes parts, les coupoles des églises retrouvent leur éclat, Moscou est de nouveau emplie par le tintement des cloches.

Avec la superbe manifestation organisée conjointement par la Galerie nationale Tretiakov et la Fondation Pierre Gianadda, la peinture de l'ancienne Russie ressuscite elle aussi. Cette renaissance tient au travail passionné du personnel des musées autant qu'au talent des peintres d'icônes.

La ville de Moscou est heureuse et fière, à l'occasion de ce 850e anniversaire, de vous présenter l'exposition des remarquables icônes de la Galerie nationale Tretiakov.

Youri Loujkov
Maire de Moscou

Chers visiteurs,

La Galerie nationale Tretiakov se réjouit de vous retrouver, fidèles et chers amis. Nos dernières rencontres étaient placées sous le signe de l'art du XXe siècle. Grâce à la Fondation Pierre Gianadda, vous avez pu admirer les toiles provenant de notre collection de maîtres illustres, tels que Marc Chagall, Mikhaïl Larionov et Natalia Gontcharova.

Pour célébrer son vingtième anniversaire, la dynamique Fondation Pierre Gianadda a choisi de continuer à innover.

Aujourd'hui, nous vous présentons une autre facette de l'histoire de la culture russe, notre fierté nationale: la peinture d'icônes anciennes.

La Galerie nationale Tretiakov vous fait découvrir les trésors de sa collection d'icônes considérée, à juste titre, comme une des meilleures du monde. Par son organisation et sa qualité, cette exposition montre les principaux centres artistiques et les multiples orientations stylistiques de l'art ancien, du XIVe au XIXe siècle.

Nous espérons que cette exposition éveillera en vous un vif intérêt et qu'elle cheminera dans vos âmes comme une fête lumineuse et joyeuse. Souhaitons que celle-ci ne soit pas la dernière et que nous soyons appelés à nous revoir dans un proche avenir!

Sincèrement vôtre,

Valentin Rodionov
Directeur général
de la Galerie nationale Tretiakov

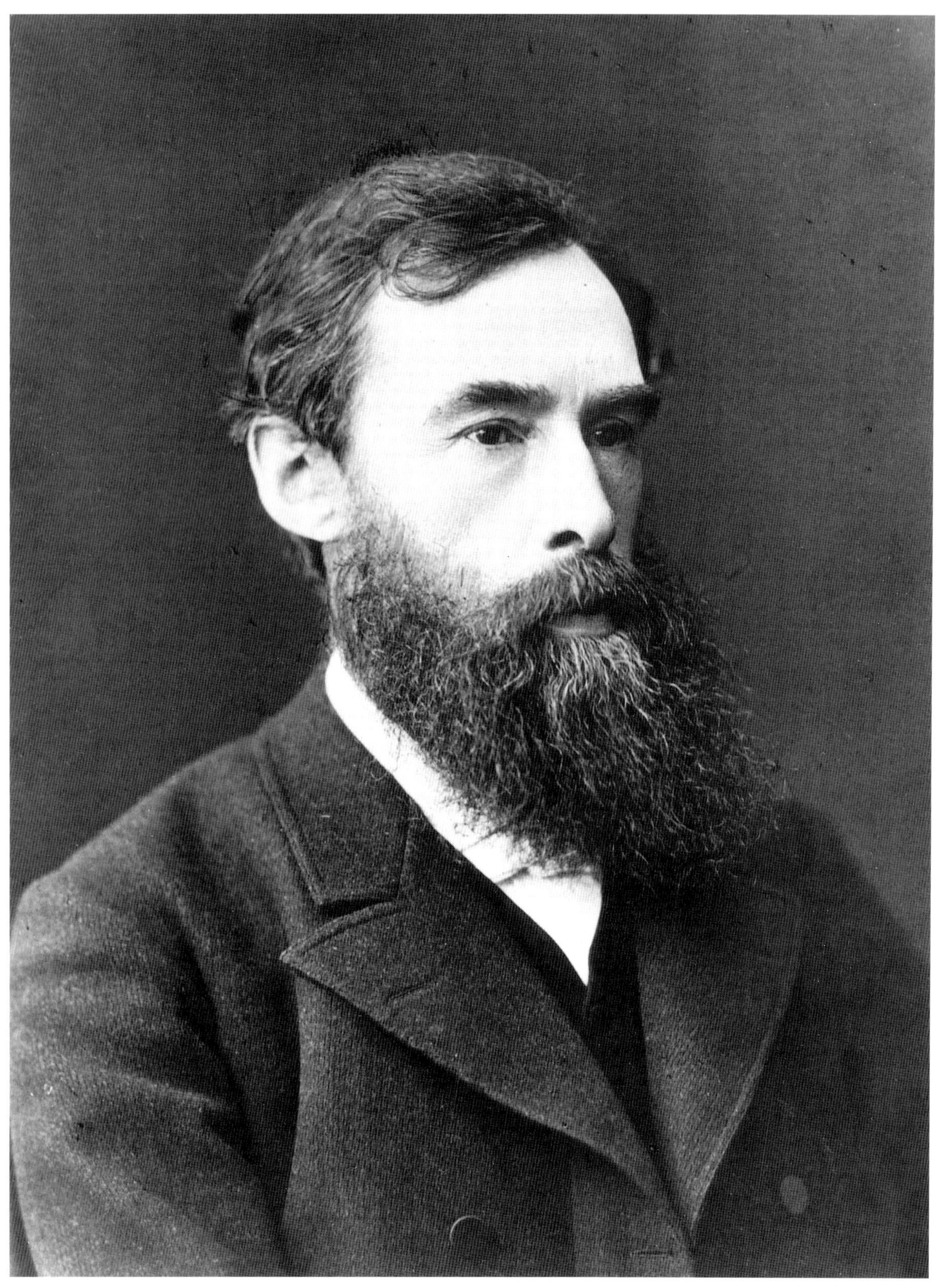

Pavel Tretiakov, fondateur de la galerie. Photographie des années 1880

La Galerie Tretiakov
Musée national d'art russe

par Lidia Iovleva
Vice-directrice scientifique de la Galerie nationale Tretiakov
Traduit par Virginie Gimaray

A Moscou, dans l'un des plus anciens quartiers autour du Kremlin, se trouve un bâtiment bien connu des Moscovites et des visiteurs de la capitale russe. D'un rouge éclatant, décoré de majolique et de reliefs en pierre sur la façade, doté d'une entrée de parade tripartite, il rappelle les *terem* des contes russes et concentre sur lui toute l'attention. Ce bâtiment, c'est l'illustre Galerie Tretiakov, principal musée d'art national russe.

Pavel Tretiakov (1832-1898), marchand russe et industriel, en est le fondateur. Durant toute sa vie, il est resté un homme d'affaires important, détenteur d'une fabrique de textile à Kostroma, de maisons d'habitation à Moscou et de magasins vendant des draps et des tissus de lin. Tantôt en pleine gloire, tantôt dans l'ombre, il était le digne successeur du commerce de son grand-père, marchand moscovite de la troisième guilde commerciale, subalterne dans l'échelle hiérarchique. Pavel Tretiakov a considérablement augmenté le capital de ses ancêtres et est mort citoyen honorable de Moscou. «J'ai toujours voulu, dit-il à la fin de sa vie, acquérir afin que cet acquis, tiré de la société, retourne à cette société dans la création d'institutions utiles. Cette idée ne m'a jamais quitté de toute ma vie.» Et c'était vrai, puisque même au tout début de son activité de collectionneur en 1860, à l'âge de 28 ans, Pavel Tretiakov, en route pour son premier voyage à l'étranger, écrivit dans son testament: «J'engage mon capital de 150 mille roubles, garanti, dans la construction à Moscou d'un musée d'art ou d'une galerie publique de peinture... Véritablement et ardemment épris de peinture, je ne peux avoir de souhait plus cher que de poser les prémices d'un dépôt public des Beaux-Arts, accessible à tous et suscitant chez beaucoup intérêt et total ravissement.» Dès l'acquisition de ses deux premiers tableaux de peintres russes en 1856, et pendant plus de quarante ans, Tretiakov acheta pour sa galerie ce qui se faisait de mieux dans l'art russe.

Son ample activité de collectionneur et ses centres d'intérêt très diversifiés étaient étonnants: chaque année, plusieurs dizaines, voire des centaines d'œuvres, issues d'expositions et faites par de grands maîtres, entraient à la galerie. Malgré une stricte parcimonie dans ses achats, Tretiakov ne s'arrêtait pas devant les grosses dépenses s'il était convaincu qu'elles présentaient un intérêt pour sa galerie. La valeur actuelle et la qualité artistique étaient ses principaux critères de sélection; presque rien n'était conjoncturel ou fortuit chez lui. Son flair de collectionneur était réellement phénoménal. Mais, parallèlement, Tretiakov-collectionneur était heureusement dépourvu d'étroitesse de goût et d'esprit. Sa collection était toujours ouverte aux nouveaux noms et aux récentes tendances dans l'art. Bien que manifestant une préférence pour le contemporain, il acquit des œuvres de peintres russes des époques passées, notamment du XVIIIe siècle et de la première moitié du XIXe, et, en 1892, il acheta soixante-deux icônes des XVIe et XVIIe siècles, ensemble à l'origine de la collection unique d'art d'ancienne Russie de la galerie. Tretiakov créa un musée qui devait refléter toute l'histoire de l'art russe, dans ses aspects les meilleurs et les plus caractéristiques. Aucun autre musée semblable n'existait alors en Russie.

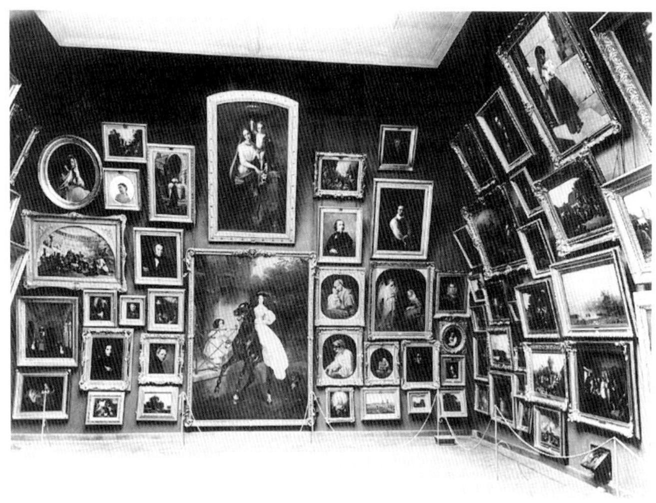

La salle consacrée à la peinture de la première moitié du XIXe siècle dans la maison de P. Tretiakov (salle n° 2)

Au début, tout ce que Tretiakov acquérait était disposé dans les pièces de sa maison d'habitation située dans la ruelle Lavrouchinski, devenue célèbre par la suite. Mais, dès la fin des années 1860, les tableaux étaient en si grand nombre qu'il était devenu impossible de tous les installer dans les pièces. Tretiakov prit alors la décision de construire

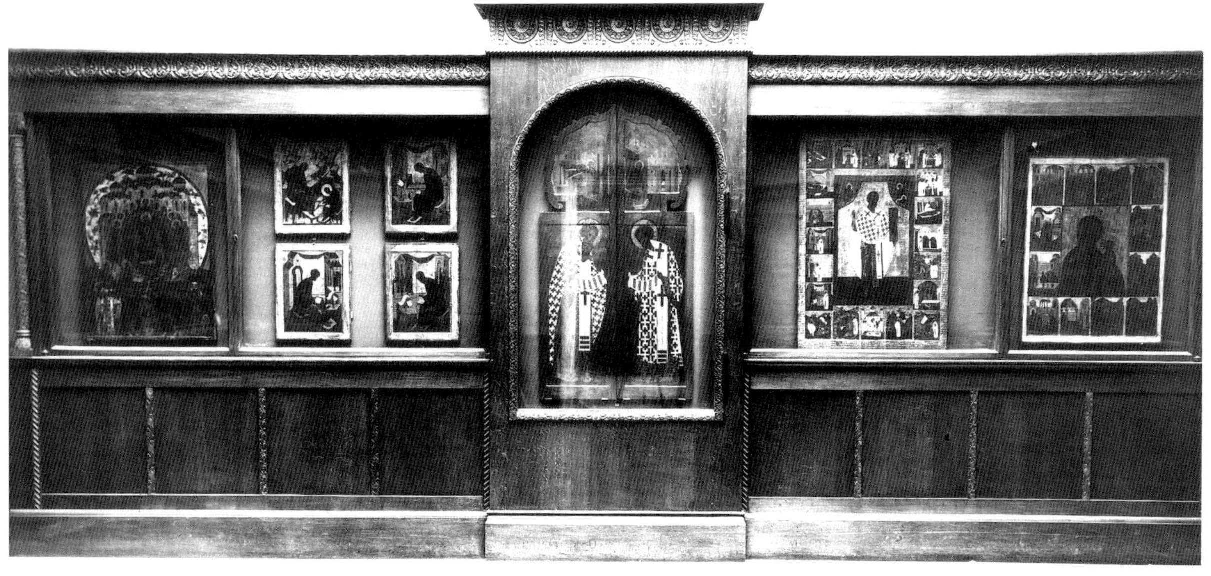

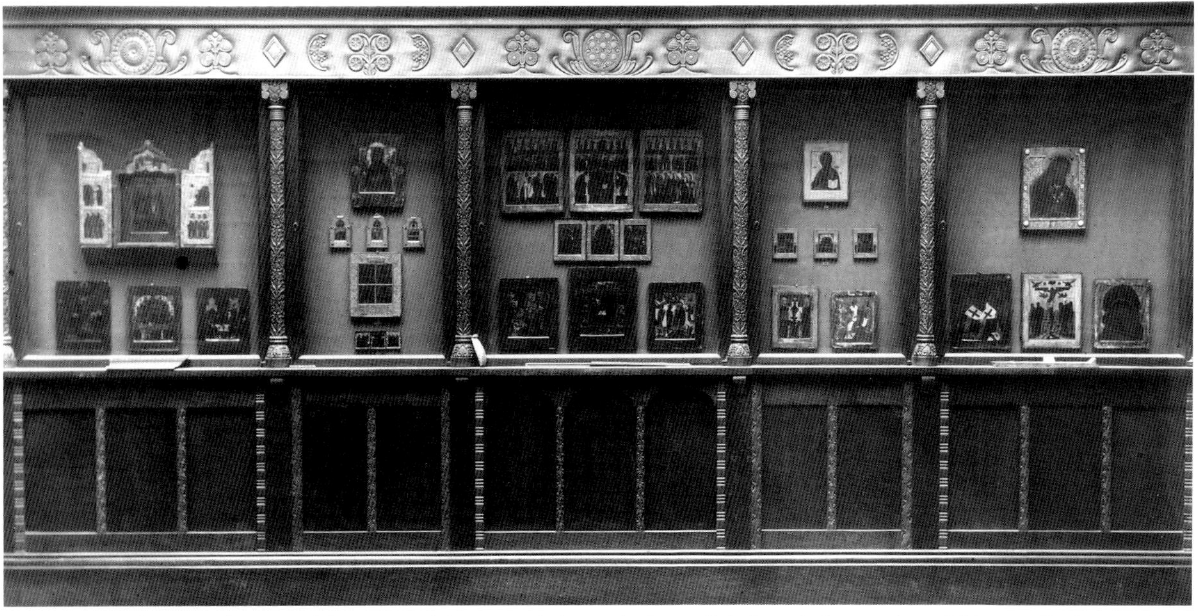

La collection d'icônes de P. Tretiakov. Exposition organisée par le Conseil de la galerie sous la présidence d'I. Ostroukov, 1904 (salle B)

le bâtiment spécial de la galerie attenante à sa maison. Celui-ci fut bâti au printemps 1874 et l'on déménagea les tableaux dans les deux premières salles d'exposition. Cependant, la croissance rapide de la collection exigea bientôt son agrandissement par la construction d'annexes spéciales dans les années 1880 et 1890. Vers la fin des années 1880, la galerie comptait plus de quarante salles. Avec la construction du bâtiment spécial, la collection Tretiakov se vit attribuer le statut de véritable musée, propriété privée, mais d'accès public. En 1892, Tretiakov offrit sa galerie à la Ville de Moscou. Il y avait alors à peu près deux mille œuvres dans la galerie*. La société russe accueillit la nouvelle de ce généreux don avec enthousiasme et témoigna en retour une reconnaissance profonde au collectionneur. Les peintres russes convoquèrent à cette occasion leur premier congrès, événement historique dans la consolidation et l'existence d'une école russe de peinture, indépendante dans la culture artistique européenne.

Jusqu'à sa mort en 1898, Pavel Tretiakov est resté le responsable à vie du musée qu'il avait créé. Comme par le passé, il se souciait constamment de l'état et des acquisitions de sa galerie, et usait d'un droit presque régalien dans le choix des œuvres venant des expositions et des ateliers.

La collection actuelle de la Galerie nationale Tretiakov compte plus de cent mille œuvres et se divise en quelques grandes périodes historiques: l'art de l'ancienne Russie (icônes, sculptures, objets d'art, arts appliqués); la peinture du XVIIIe siècle et de la première moitié du XIXe; de la seconde moitié du XIXe siècle et de la période charnière entre les XIXe et XXe siècles; l'art graphique russe (dessin, aquarelle, pastel, gravure...) du XVIIIe au début du XXe siècle; la sculpture russe du XVIIIe au début du XXe siècle; des collections de toiles, meubles et arts appliqués anciens, et un important département d'art postrévolutionnaire (peinture, art graphique, sculpture, scénographie) embrassant l'intégralité de l'art russe du XXe siècle dans tous ses hauts et bas, ses directions et ramifications, de l'avant-garde russe des années 1910 et 1920, du réalisme socialiste, de l'art officiel et non officiel poststalinien jusqu'à nos jours.

* Ce don comprenait aussi la collection du frère cadet de Pavel Tretiakov, Sergueï, mort peu de temps auparavant. Celle-ci comptait quatre-vingt-huit pièces, peintures, sculptures, art graphique, de différents peintres d'Europe occidentale du XIXe siècle. Aujourd'hui, ces travaux se trouvent au Musée des Beaux-Arts Pouchkine et à l'Ermitage.

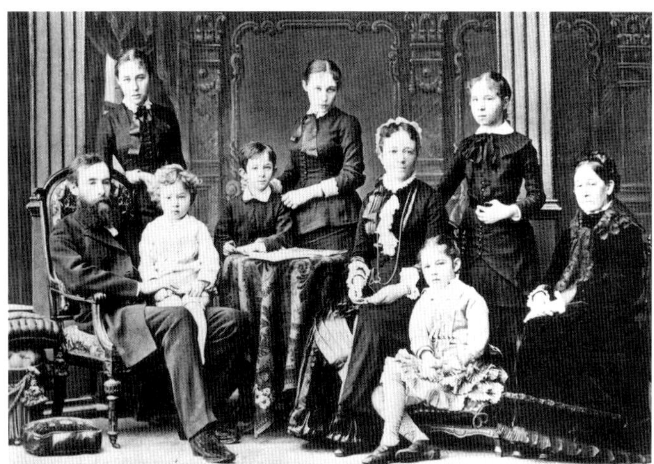

La famille Tretiakov en 1884

La Galerie Tretiakov est aujourd'hui un ensemble muséal complet possédant plusieurs filiales à Moscou et menant un gros travail d'exposition, de suivi scientifique et de vulgarisation. Dans le bâtiment historique de la ruelle Lavrouchinski, ouvert solennellement en 1995 après une longue période de reconstruction et de grosses réparations, l'art des temps les plus reculés jusqu'au début du XXe siècle est présenté. L'art contemporain occupe, quant à lui, une deuxième partie de la galerie: un bâtiment construit dans les années 1960 et 1980 sur Krymski Val, près du parc Gorki. Ces deux lieux disposent de vastes salles, dans lesquelles sont montées chaque année plus d'une vingtaine d'expositions variées, consacrées aussi bien à l'art ancien qu'à l'art moderne, de préférence à l'art russe, mais quelquefois également à des peintres européens contemporains. Chaque année, la Galerie Tretiakov organise des expositions d'art russe à l'étranger, dans différents pays d'Europe occidentale, en Amérique du Nord et du Sud, et même au Japon et en Corée.

La Fondation Gianadda de Martigny, partenaire généreux et fidèle de la Galerie Tretiakov, nous a honorés de sa participation à cette exposition.

L. I.

L'icône n'est pas un portrait, mais la préfiguration de l'humanité spirituelle à venir. Puisque nous ne pouvons voir cette humanité dans les pécheurs d'aujourd'hui, mais seulement la deviner, l'icône ne peut la représenter que d'une façon symbolique.

Troubetzkoï, *Réflexion par les couleurs*, 1916

La lumière divine dans notre peinture d'icônes porte un nom spécifique: l'«assiste». Le moyen de le représenter est tout à fait remarquable. L'assiste n'a jamais l'air d'un or pesant et massif; tel un fil d'araignée, éthéré et aérien, il est tissé de fins rayons dorés émanant de Dieu et dont la lumière baigne tout l'alentour. Sur une icône, l'assiste renvoie toujours à la Divinité, comme à sa source. Dans cette illumination de la lumière divine, l'assiste glorifie tout ce qui entoure la Divinité, ce qui est déjà dans la vie divine ou apparaît proche de l'être.

Troubetzkoï, *Deux mondes dans la peinture d'icônes*, 1916

L'icône russe

par Nadejda Bekeneva
Directrice du Département d'art d'ancienne Russie de la Galerie Tretiakov
et Valentina Oukhanova
Conservateur des icônes de la Galerie Tretiakov
Traduit par Claire Redon

L'art de l'ancienne Russie est le fruit de l'exploit du peuple russe qui, à la frontière du monde européen, a sauvegardé son indépendance, sa foi et ses idéaux, a souffert et lutté, et puisé ses forces dans la création.

M. V. Alpatov[1]

Après avoir reçu le baptême en 988 des Byzantins (ou des Grecs, comme l'on disait autrefois en Russie), la Russie avait assimilé non seulement la conception chrétienne du monde, mais aussi le rite religieux et les traditions se rattachant à la peinture d'icônes. Pendant tout le millénaire qui a suivi leur christianisation, les Russes montrèrent le même respect vis-à-vis du vieux mentor, Byzance, en maintenant avec soin des liens spirituels et culturels avec celui-ci. Cela dit, au vu des peintures d'icônes anciennes, on peut noter que l'artiste russe ne fut jamais un copiste sans âme, ni un imitateur. Dès le XIVe siècle, tout en gardant le canon et l'iconographie, mais en ayant modifié de façon créative l'interprétation des traditions, nos peintres d'icônes créèrent leur propre représentation, unique en son genre, qui devint la contribution du peuple russe au patrimoine artistique mondial.

Les XIVe et XVe siècles furent une époque particulière dans l'histoire de la Russie. On peut qualifier cette période de charnière dans le processus d'instauration de l'Etat et de la conscience nationale. A partir de cette époque s'ouvre une nouvelle «page moscovite» dans l'histoire de notre pays, lorsque, sous la suprématie de Moscou, qui était déjà capitale à ce moment-là, les principautés russes, auparavant isolées par l'invasion des Tatars, commencèrent à s'unir. A la fin du XIVe siècle, après s'être unifiées, les droujinas (NdT 1*) remportèrent les premières et importantes victoires; en 1380, sur le champ de bataille de Koulikovo, les troupes du général Mamaï furent défaites et, quinze ans plus tard, en 1395, Tamerlan quitta sans livrer combat les confins de la «terre russe».

La victoire de Koulikovo et les dix années qui suivirent furent une époque importante dans l'histoire de la culture de notre Etat. C'est précisément à cette période que vécut et créa Andreï Roublev, peintre de génie de l'ancienne Russie. Il composa dans les dix premières années du XVe siècle la célèbre *Trinité*, qui fut érigée en symbole («emblème») de toute la peinture d'icônes russe et qui influença en grande partie l'art russe des époques suivantes dans son intégralité. Cette période apporta de nombreuses et nouvelles tendances à la tradition artistique. Des représentations des saints russes apparurent en grande quantité. (Bien sûr, leurs images étaient déjà peintes dans des temps plus reculés, mais moins souvent.) On commençait à rencontrer dans la peinture d'icônes de plus en plus de nouveaux sujets; leur iconographie prenait tournure. Mais l'essentiel résidait dans le fait que le rapport de la peinture d'icônes avec le Divin se faisait jour: pour le Russe, Dieu n'est pas seulement le Juge suprême, mais aussi amour et salut. Evidemment, l'iconographie canonique était maintenue, mais elle était enrichie par l'image et son contenu.

Il faut également noter une autre particularité importante de cette période: le début d'un nivellement des traditions

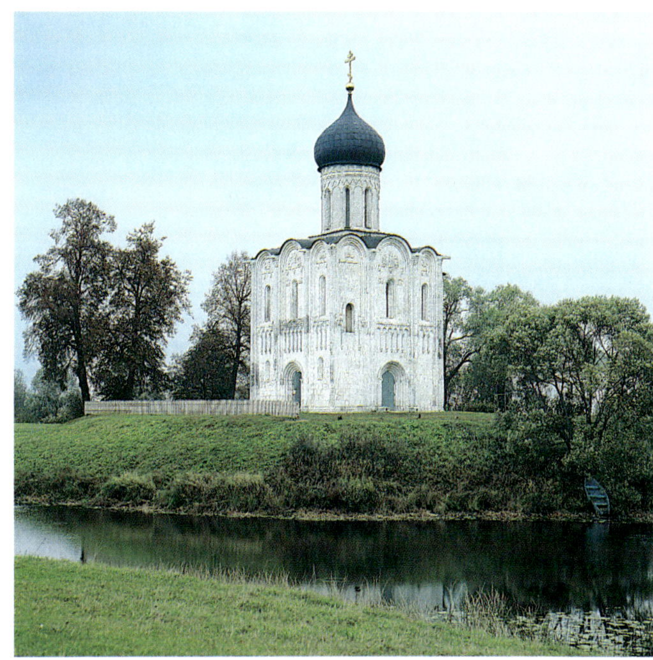

L'église de l'Intercession-de-la-Vierge, sur la Nerl, près de Vladimir. Construite en 1165

[1] M. V. Alpatov. *Trésors de l'art russe XIe-XIVe siècle*. Leningrad, 1971, p. 7.

locales. Les centres de peinture d'icônes auparavant isolés (Novgorod, Pskov, les villes de Russie centrale) commençaient peu à peu à se rassembler sous l'égide de Moscou. Ce processus de mise en place d'un style national commun, qui s'était manifesté plus clairement aux XVe et XVIe siècles, s'acheva seulement au XVIIe siècle.

L'apparition, à cette époque, de la grande iconostase fut le fait marquant de la vie artistique russe et de la pensée religieuse. A la place de l'autel bas de l'église byzantine apparut une cloison à plusieurs étages, qui séparait entièrement l'autel du reste de l'église. L'iconostase est un phénomène purement russe, à propos duquel le célèbre érudit N. N. Pounine écrivit: «Vers le milieu du XIVe siècle, la Russie, ayant développé son rôle artistique dans le jeu divin, fait un geste qui rajoute immédiatement à l'art ancien une nouvelle pensée, une nouvelle beauté, et sans tarder ouvre le champ à une activité artistique très élevée et illimitée.»[2] A partir de cette époque, pour le Russe, n'importe quelle icône fait partie de l'iconostase (même si elle n'a pas été peinte pour celle-ci). Elle appartient toujours à ce large tableau du salut humain, de cette voie vers la réunification avec Dieu, dans laquelle les gens de la vieille Russie chrétienne voyaient le sens de l'histoire de l'humanité, et qui était clairement incarnée par les peintres d'icônes.

L'iconostase trouva sa forme définitive au XVIIe siècle lorsque apparurent tous ses registres, *tchini* en russe (*tchin* en russe ancien signifie «rang», «ordre»). Dans cette exposition, *L'Eglise de Voyage* de 1589 (cat. n° 33) et l'icône *Iconostase* (cat. n° 58) du XIXe siècle peuvent servir d'«illustrations» originales de l'iconostase russe.

Le premier registre de l'iconostase, le plus bas, est appelé rangée «de place». Au centre de celui-ci se trouvent les Portes Royales, qui mènent à l'autel; habituellement y sont représentés, outre l'Annonciation, ou bien les Pères de l'Eglise chrétienne, Basile le Grand et Jean Chrysostome, auteurs de la liturgie (cat. n° 9), ou bien les apôtres Matthieu, Marc, Luc et Jean, écrivant les textes des Evangiles (cat. n° 15). Sur les côtés des Portes Royales sont disposées, à gauche, l'image de la Vierge, à droite, celle du Sauveur. Les autres icônes de ce registre sont consacrées à la fête, au nom de laquelle l'église est dédiée (icônes «de place»). Sur ce registre peuvent aussi prendre place des icônes de valeur offertes ou des «copies» d'icônes russes particulièrement vénérées. Sur cette rangée se trouvent, à gauche, proche du mur nord, la porte vers la crédence (NdT 2*), à droite, proche du mur sud, la porte diaconale (NdT 3*); on les appelle les portes nord et sud de l'autel.

Le deuxième registre est celui des Grandes Fêtes: ce sont les douze très grandes fêtes, événements chrétiens majeurs (cat. n°s 4, 5, 10, 11, 13, 14, 24, 26, 29, 41, 50, 51, 53). Audessus, le troisième registre, le plus important de l'iconostase, en principe le plus grand: celui de la Déisis. Les saints, en rang, s'approchent du Christ, le priant de délivrer le genre humain du mal (cat. n°s 17 à 23). Parfois, sur certaines iconostases, le registre de la Déisis, changeant de rang avec celui des Grandes Fêtes, ne se trouve pas au troisième rang, mais au deuxième: il n'y a pas de règle absolue. Plus haut, le quatrième registre est celui des Prophètes, au milieu duquel apparaît la Vierge de l'Incarnation (NdT 4*). Puis le cinquième registre, celui des Patriarches (une icône de ce registre est présentée à l'exposition, cat. n° 49), et, enfin, le dernier, celui de la Passion, apparu au XVIIe siècle, est consacré à l'ultime semaine de la vie terrestre du Christ (cat. n°s 43 et 44). Une grande Crucifixion couronne l'iconostase. Les registres «de place», des Grandes Fêtes et de la Déisis forment les composantes obligatoires de toute iconostase, même si celle-ci n'a pas plusieurs rangées et qu'elle est de forme «réduite».

Ainsi, entrant dans une église russe, le fidèle voit immédiatement les événements majeurs des Evangiles et tous les saints chrétiens particulièrement vénérés qui intercèdent pour lui auprès du «Roi céleste» et qui lui apparaissent, selon l'expression du célèbre prêtre, mathématicien et philosophe russe Pavel Florenski, comme «*les témoins visibles du monde invisible*, les symboles vivants de l'union de l'un et de l'autre»[3].

L'icône *Saint Nicolas*, de la première moitié du XIVe siècle, est l'objet le plus ancien de l'exposition (cat. n° 1).

[2] N. N. Pounine. «Andreï Roublev», *in*: *L'art russe et soviétique*. Moscou, 1976, p. 37.

[3] Pavel Florenski. «L'Iconostase», *in*: *Travaux théologiques*, n° 9, 1979, p. 96.

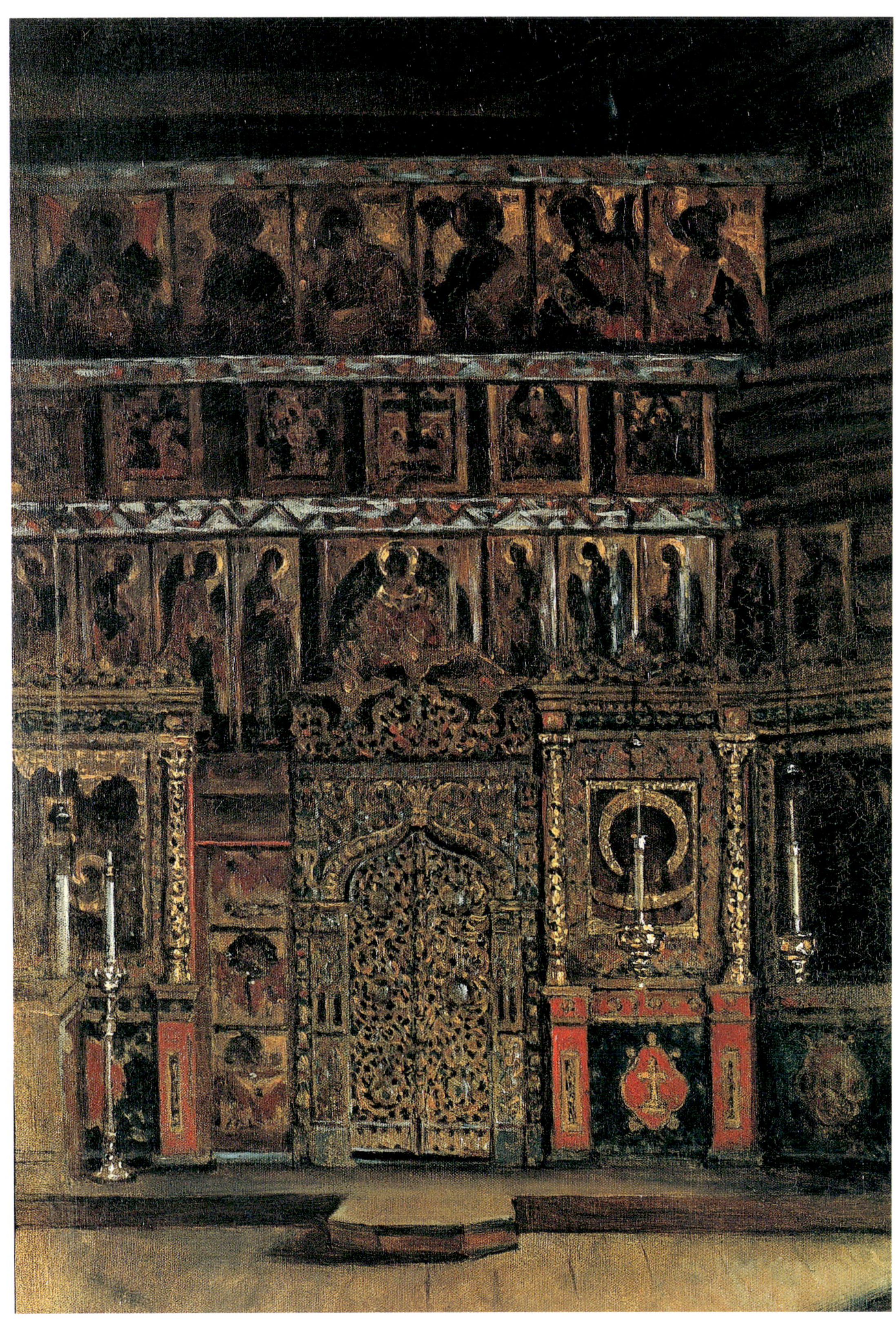

Vassili Vereschaguine,
Iconostase de l'église
du village Belaïa Slouda,
1894

Nicolas, évêque de Myra en Lycie, fut de tout temps un des saints préférés des Russes. Durant sa vie, il s'illustra par son désintéressement et son empressement à venir en aide à autrui (non pas dans l'attente d'une récompense, mais par amour véritable de son prochain, ce que l'âme russe a toujours beaucoup apprécié). Ce sont ces qualités qui lui valurent de tout temps l'amour du peuple russe. Les Russes l'appelaient affectueusement Nicolas le Thaumaturge, Nicolas «le Juste». Ce n'est pas par hasard si, en sa mémoire, nous avons deux fêtes dans l'année: le 19 décembre, date anniversaire de sa mort, et le 22 mai, anniversaire de la translation de ses reliques de Myra en Lycie à Bari en Italie (en russe, ces fêtes s'appellent la Saint-Nicolas d'hiver et la Saint-Nicolas de printemps). Les icônes représentant le saint ont toujours été l'objet d'une grande ferveur en Russie; elles sont présentes dans chaque église, dans chaque maison. De nombreuses légendes furent écrites sur la vie et les miracles de saint Nicolas. Il existe de multiples rédactions et versions de sa biographie, laquelle a été enrichie par des légendes russes. Ainsi, dans les icônes russes, dans les bordures racontant sa vie, se trouve le miracle de l'adolescent de Kiev qui s'était noyé et que Nicolas, après l'avoir couché dans une église, ressuscita et rendit à ses parents (cat. n° 6).

Sur l'icône du XIVe siècle, le saint d'origine grecque est représenté sous les traits d'un Russe d'«âge mûr», intelligent, bon et, comme on disait autrefois, «rapide à la rescousse». Ce qui caractérise les œuvres de la région de Iaroslavl, c'est un coloris assez retenu, construit sur des tons rapprochés et atténués, d'un type spécifique propre à la peinture d'icônes des régions de Russie centrale (c'est-à-dire de villes telles que Rostov, Iaroslavl, Souzdal, Riazan).

La manière inhabituelle de traiter la peinture des visages, technique du *plav'* (NdT 5*), se maintient jusqu'à la fin du XVe siècle, comme on peut le voir dans l'icône *Nicolas et les hiérarques de Rostov, Isaïa et Léonce, avec la vie de Nicolas* (cat. n° 6). La qualité particulière de cette œuvre se trouve dans son archaïsme. On sent l'imitation d'exemples plus anciens dans la composition des bordures qui se distinguent par une simplicité maximale dans la peinture un peu sombre des visages et dans les proportions assez lourdes des silhouettes des hiérarques. (A la fin du XVe siècle et au début du XVIe, les silhouettes des personnages sont plus allongées, les proportions plus élégantes.) Ce n'est pas par hasard si, dans des publications anciennes, l'icône est datée de la seconde moitié du XIVe siècle[4].

Les icônes de Russie centrale de la fin du XVe siècle et du début du XVIe furent marquées par une autre tendance artistique. La peinture d'icônes de centres tels que Rostov, Souzdal, Iaroslavl, Vladimir fut toujours plus «aristocratique», avec plus de recherche dans le coloris, dans le dessin, ce qui peut s'expliquer par leur penchant pour l'art de la capitale du monde orthodoxe, Constantinople.

L'icône de la fin du XVe - début du XVIe siècle, *La Nativité du Christ*, de Souzdal (cat. n° 5), est peinte sur un fond bleu ciel, ce qui était rare dans les icônes russes. (Le peintre recouvrait l'image d'huile de lin, opération nécessaire pour une meilleure conservation de la couche de peinture; du coup, le coloris changeait et le bleu acquérait des nuances verdâtres.) Cette œuvre est l'une des plus remarquables de l'exposition, étonnante par l'élégance des lignes, par l'harmonie des coloris et la finesse du trait. Elle fut composée à l'époque où l'art de Souzdal décidait de la stylistique de la peinture d'icônes moscovite (donc de toute la Russie).

L'art de la région de Novgorod, qui ne fut pas touchée par les incursions et les pillages tatars, est unique par le nombre d'œuvres anciennes parvenues jusqu'à nous. La majeure partie des icônes conservées qui datent de la période appelée «prémongole», c'est-à-dire de celle précédant l'arrivée des Tatars en Russie, est liée d'une manière ou d'une autre à Novgorod. Cela fournit aux chercheurs actuels une aide précieuse pour leur étude de la peinture de ce centre.

Dès ses premières œuvres indépendantes, libérées de l'influence des images byzantines, le Maître de Novgorod utilise d'une façon prononcée les compositions graphiques, dans lesquelles le graphisme prévaut sur la couleur. Les combinaisons vives de couleurs sont utilisées avec le «jeu» pictural de la lumière, qui est construit sur des «rehauts blancs» et des «touches» expressives, c'est-à-dire des touches de

[4] V. I. Antonova et N. E. Mneva, Galerie nationale Tretiakov. *Le catalogue de la peinture ancienne russe du XIe - début XVIIIe siècle*, Moscou, 1963, n° 172, pp. 214-215.

blanc cérusé reproduisant la lumière divine dans la composition (les touches sont sur les visages, les rehauts sur les vêtements, les édifices et les monticules).
L'icône de Novgorod, *L'Intercession*, de la première moitié du XVe siècle (cat. n° 3), est une œuvre très connue, qui a été présentée à différentes expositions et dans diverses publications depuis les années vingt.
La légende, née sur sol byzantin, de l'Intercession de la Vierge (NdT 6*) a pris corps en Russie sous la forme d'une image artistique: elle devint plus proche et plus compréhensible pour les Russes, qui estimaient que la Vierge enveloppait toute la terre russe de sa bonté, la protégeait et implorait le salut auprès de son Fils. L'Intercession est la fête préférée des Russes, et ce n'est pas par hasard si lui est consacrée une des plus belles églises russes du XIIe siècle, l'Intercession-de-la-Vierge, sur la Nerl, près de Vladimir (sous la sauvegarde de l'Unesco).
La construction artistique de cette icône présente un ensemble complet des moyens figuratifs qui caractérisent la tradition de Novgorod. Ce qui frappe particulièrement dans l'icône, c'est son fond, qui semble à peine une vision illusoire, une allusion, un certain décor «architectural», dans lequel ne se trouve aucun indice sur l'aspect intérieur de l'église des Blachernes, où eut lieu le miracle. Le peintre montre seulement les colonnes, ou les pilastres, qui divisent la composition à la verticale, comme si les murs de la cathédrale «disparaissaient», se mêlant au fond ocre doré. Par cette sorte d'«arcade», le maître détache les personnages centraux de la Vierge et du Sauveur (dans la partie supérieure de l'icône). Ceux-ci épousent en beauté le dessus de la coupole de la cathédrale, serrés «étroitement» l'un contre l'autre. Ils ont l'air d'un mur indestructible, et personnifient la solide protection céleste. Les gestes des mains de la Vierge et du Christ, pour elle la prière, pour lui la bénédiction, mettent l'accent sur l'intercession divine. Se faisant écho, ils créent ainsi un mouvement rythmique dans la composition. Ici, il convient d'ajouter que dans n'importe quelle icône divine (que ce soit une image grecque ou une image russe), l'essence théologique n'est pas séparée de la représentation esthétique: la peinture d'icônes russe ancienne trouve sa beauté inégalable dans la révélation profonde des vérités spirituelles du christianisme.

L'iconographie de *L'Intercession* est connue par deux variantes, celle de Novgorod et celle de Souzdal. La différence principale dans la version de Souzdal réside dans le fait que la Vierge tient elle-même le voile. Dans celle de Novgorod, elle est représentée les mains levées, ce qui l'associe à la Vierge Orante (NdT 7*), dont l'image était appelée le «Mur indestructible» (p. ex. la mosaïque du XIe siècle dans la cathédrale Sainte-Sophie de Kiev).
Le sujet «Le miracle de l'archange Michel sur Florus et Laurus» est une particularité russe pour le moins originale. Une icône du début du XVIe siècle portant ce nom représente à l'exposition l'art de Novgorod de la période «classique» (cat. n° 8). L'apparition de l'archange Michel confiant des chevaux aux frères Florus et Laurus a lieu dans le cadre d'une scène usuelle: le bain des chevaux. Le sentiment du miracle joyeux, de la fête est transmis par chaque détail de la composition, par sa structure de couleurs vives. Toutes les icônes russes à cette époque étaient pénétrées d'un sentiment de joie et de fête, sentiment qui, indiscutablement, inspirait le peintre de Novgorod qui a créé *Le Miracle de l'archange Michel sur Florus et Laurus*. Cette icône est remarquable par son coloris raffiné, par les proportions des corps allongés des saints, par les lignes élégantes des herbes et des monticules, et par les gracieuses silhouettes des chevaux. Des icônes d'une telle maîtrise sont rares.
Nous percevons déjà moins le style original de Novgorod dans les œuvres plus tardives du XVIe siècle exposées, *Les Myrrhophores* (NdT 8*) et *L'Annonciation* (cat. n°s 24 et 26). L'«influence moscovite» se fait déjà sentir dans l'expression picturale de ces icônes, particulièrement dans la peinture du visage, qui a perdu ses touches vives de blanc cérusé et ce contraste passé entre le brun foncé et l'ocre.
Les icônes de Pskov sont profondément originales dans l'art russe. Dans la littérature d'art, la peinture d'icônes de Pskov et celle de Novgorod sont indissociables, car la comparaison et la confrontation de ces deux centres artistiques sont un riche terrain de recherches.
Autrefois, Pskov se trouvait dans le diocèse de Novgorod et en était une province, mais la proximité géographique n'avait cependant pu apparenter ces principautés par l'esprit. Après avoir reçu au XIIIe siècle l'indépendance politique, Pskov se distança de son «frère aîné» sur le plan

culturel. Les penchants et les orientations artistiques de ces deux villes, depuis le début, les différencièrent l'une de l'autre. Il est évident que les Novgorodiens, avec leur aspiration à la liberté et leurs liens commerciaux autonomes, étaient attirés par les pays d'Europe de l'Ouest; une ouverture était également sensible dans le langage artistique. Les Pskovitains, avec leur attirance pour les pays des Balkans, où se trouvaient la plupart des monastères orthodoxes abritant les philosophes chrétiens, étaient plus enclins à la philosophie théologique. La peinture d'icônes de Novgorod est plus vive, plus colorée, plus graphique, plus concrète dans sa représentation de l'image divine. Le sens expressif de la fête des Novgorodiens est opposé au mysticisme des Pskovitains, à leur côté «secret», à leur divinisation profonde de l'image, qui ne se lit pas immédiatement et rapidement.

Après avoir finalisé leur expérience artistique, leurs acquis et leurs traditions, les peintres de Pskov les conservèrent pieusement et fermement, ce qui explique la datation parfois difficile de quelques-unes de leurs icônes.

L'icône du XVIe siècle, *Résurrection, Descente aux Enfers* (cat. n° 11), montre la fidélité surprenante des peintres de Pskov aux modèles anciens. Cette œuvre rassemble les marques iconographiques et stylistiques qui se trouvent dans le canon «pskovien». Les vêtements rouges du Christ (symbole de la Résurrection), la mandorle bicolore (symbole de la gloire autour du Christ), aux bouts effilés et aux extrémités sombres, l'abîme de l'enfer, séparé du monde «d'en haut» par un mur, la formation dynamique du groupe central, le Christ (représenté dans un mouvement impétueux accentué), Adam et Eve, tout cela ne se rencontre que dans les icônes de Pskov de la première époque.

Le contraste caractéristique de la peinture des visages (avec l'ocre tirant sur le rose foncé recouvrant le brun foncé et rehaussé de touches vives de blanc cérusé) détermine le choix des couleurs de toute la composition: l'opposition du vert foncé et du rouge avec l'assiste or vif (considérablement endommagé).

L'assiste, fines lignes d'or qui transmettent la lumière divine descendant sur les saints, représente le mouvement de cette lumière. Aucun autre centre artistique n'utilisait ce procédé comme le faisaient les Pskovitains. Dans les icônes de Pskov, l'assiste est particulier: le jeu des lignes très fines recouvre toute l'image (presque comme une toile d'araignée).

L'autre icône de Pskov, *La Dormition de la Vierge*, de la seconde moitié du XVIe siècle (cat. n° 27), séduit par son atmosphère de solennité sereine. Dans la palette de couleurs de cette œuvre dominent les verts aux nuances variées, allant du vert clair jusqu'au célèbre vert noir de Pskov, des bleus et des rouges saturés, ainsi que l'éclat doré de l'assiste autour du Christ.

Une autre icône, *La Dormition de la Vierge*, plus ancienne, du XVe siècle, représente l'art de Tver à l'exposition (cat. n° 4). Elle peut être considérée sans exagération comme le chef-d'œuvre absolu, le clou en quelque sorte, de cette exposition.

Tver, centre important du vaste nord-est de la Russie, fut du point de vue politique la principauté libre qui avait conservé pendant de longues années son indépendance. Selon des témoignages historiques, la ville de Tver prétendait au statut de capitale de l'Etat russe, rivalisant en cela avec Moscou. Le destin de la principauté de Tver connut des revers tragiques. La ville eut à subir plusieurs fois les invasions dévastatrices des Tatars. De ce fait, peu d'œuvres des différentes périodes de sa culture furent préservées. Grâce aux découvertes en matière de restauration de ces dix dernières années, les scientifiques russes purent synthétiser le peu qui était conservé, afin de dresser un bilan préliminaire pour l'étude de ce centre artistique. Cela dit, de nombreux points restent en discussion. On peut dire avec certitude que l'art de Tver atteignit son apogée au XVe siècle et que l'icône *La Dormition de la Vierge* date de cette époque.

La Dormition de la Vierge est une des principales fêtes chrétiennes: elle est représentée sur cette icône comme un hymne à la fête, un événement joyeux, que «les anges fêtent et rappellent à l'allégresse des terriens».

On ressent de l'affliction dans les gestes et dans les attitudes des apôtres, des hiérarques et des femmes justes, atténuée par une légèreté incorporelle des silhouettes sveltes et allongées, et par un raffinement des contours linéaires. Pourtant, l'icône est célèbre avant tout pour la beauté de son coloris, dominé par différents tons bleu clair et bleu foncé subtilement harmonisés, les uns saturés, les autres blanchis. Cette couleur bleu ciel étonnante, qui fait que l'icône est appelée

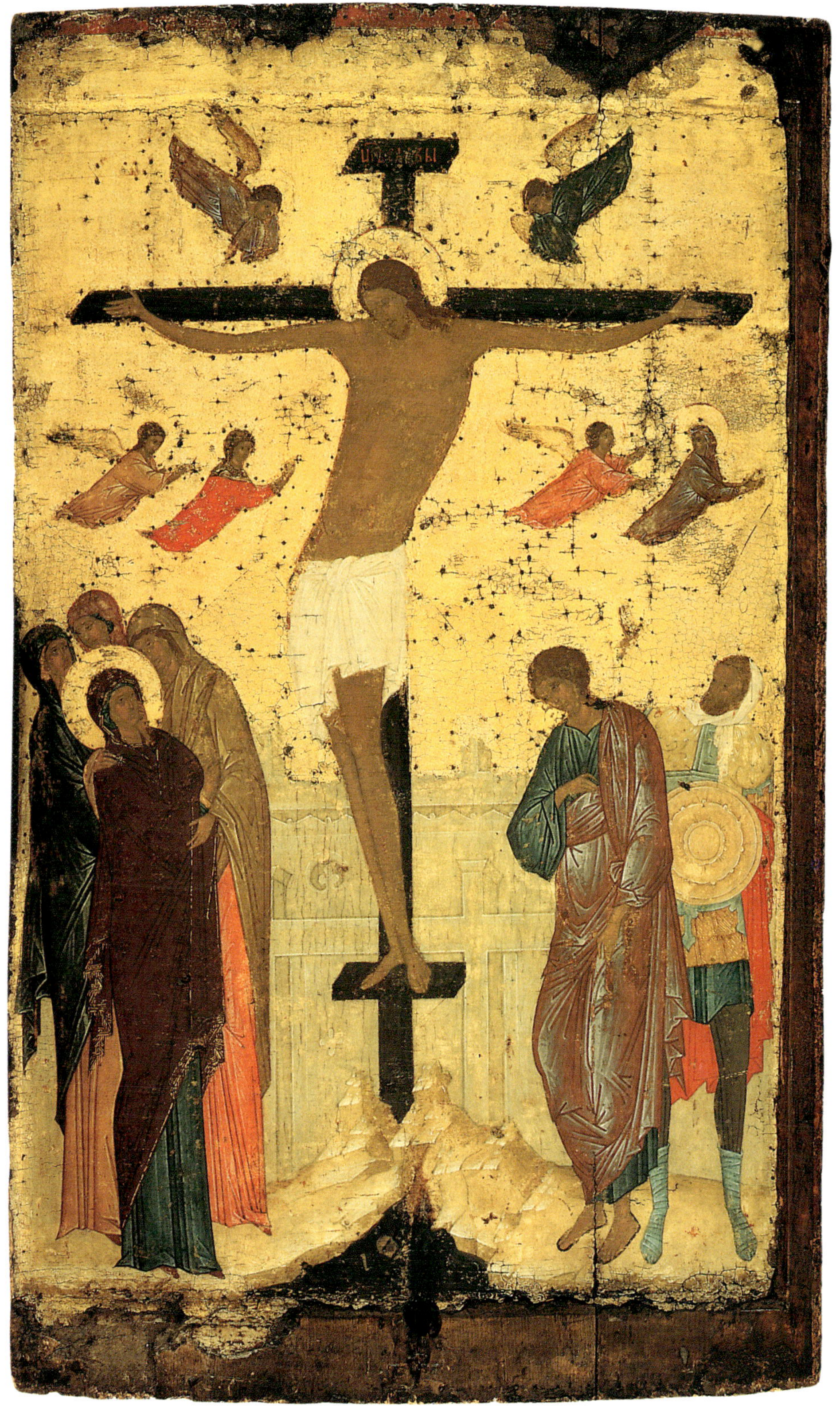

21 Maître Denis, **Crucifixion**, 1500

La Dormition Bleue, crée un effet de vision miraculeuse, vision d'un monde «d'en haut» (c'est-à-dire céleste, divin). Au XIVe siècle se forma un nouveau centre artistique, lié à l'importance prise par Moscou sur le plan politique. En parlant de l'art de Moscou, il faut mentionner que la peinture d'icônes des principautés de Russie centrale a joué un rôle déterminant dans la formation de la tradition moscovite. Parmi ces principautés se trouvait Vladimir, qui existait avant l'élévation de Moscou au rang de capitale. Celle-ci faisait d'ailleurs partie des villes de Russie centrale, ce qui explique pourquoi elle avait repris les meilleures traditions de la peinture d'icônes classique de Souzdal.

La Vierge Hodigitria, du début du XVe siècle (cat. n° 2), provient de la ville de Mourom, près de Vladimir. La stylistique de l'œuvre n'incitait pas les chercheurs d'autrefois à douter de son appartenance à l'école de Moscou; les scientifiques d'aujourd'hui avancent des arguments en faveur de son origine grecque.

Présentée à l'exposition, l'icône *Le Miracle de saint Georges terrassant le dragon*, de la fin du XVe - début du XVIe siècle (cat. n° 7), don de l'écrivain Youri Arbat à la Galerie Tretiakov, est sans conteste une œuvre moscovite, et des plus précoces. Celle-ci, sans être la plus remarquable de cette époque, peut avec raison être considérée, par sa rigueur et sa pureté, comme l'une des meilleures représentations du style de la peinture de Moscou. Il est intéressant de noter qu'une iconographie semblable figurait dans les armoiries de Moscou.

Les chercheurs perçoivent un écho de l'art de Roublev dans l'iconographie et la peinture de l'icône *Les Portes Royales* (cat. n° 15). Celle-ci peut être qualifiée de véritable chef-d'œuvre de la peinture moscovite du milieu du XVIe siècle. Vers le début du XVIe, la représentation de la géniale *Trinité* d'Andreï Roublev appartenait déjà à la «tradition roublevienne» dans la peinture moscovite. A cette époque vivait et créait un autre peintre d'icônes célèbre, Maître Denis, dont le coup de pinceau ravissait ses contemporains.

Pendant tout le XVIe siècle, et particulièrement durant son premier tiers, l'influence de la personnalité et de l'œuvre de Maître Denis se faisait sentir non seulement dans la peinture d'icônes de Moscou, mais aussi dans celle des autres centres artistiques. Cette influence est perceptible dans des icônes telles que *La Nativité du Christ* de Souzdal et *Le Miracle de l'archange Michel sur Florus et Laurus* de Novgorod (cat. n°s 5 et 8), dont nous avons déjà parlé plus haut, et également dans des icônes plus tardives, du milieu du XVIe siècle, comme *La Vierge de Jérusalem* (cat. n°s 12 et 16).

La Russie possède la plus riche iconographie sur la Vierge. Ce n'est pas un hasard si l'on peut voir à l'exposition plusieurs types iconographiques de représentations de la Vierge (cat. n°s 2, 12, 16, 37, 46, 47, 48), peintes à différentes époques. Les icônes les plus vénérées étaient recopiées plusieurs fois. Les peintures de ces images pieuses n'étaient pas des fac-similés; elles reprenaient seulement les principales lignes iconographiques et, sur leur base, les peintres d'icônes inventaient de nouvelles limites et concevaient à leur façon une image de la Vierge. La vénération de la Sainte Vierge était tellement grande en Russie qu'au XVIe siècle l'apparition des premières icônes à son effigie fut un événement. Un nouveau sujet de peinture apparut, qui devint plus tard très populaire: *Luc peignant une icône de la Vierge* (cat. n° 31).

Parmi les icônes du XVIe siècle, *La Sainte Face* (cat. n° 25) attire l'attention par le monumentalisme de son image. Cette iconographie était connue en Russie depuis fort longtemps. Dès l'adoption du christianisme, les icônes avec cette représentation furent toujours très nombreuses. Les images de la Sainte Face apparaissent, dans leur genre, comme le signe d'une époque, d'une constance dans le respect du canon et des traditions de la peinture d'icônes.

Il est très important de souligner que l'image de la Sainte Face était honorée par l'Eglise orthodoxe comme un commandement du Christ lui-même à vénérer les icônes. En Russie, on attachait toujours de l'importance aux icônes de la Sainte Face, respectée comme une image protectrice et victorieuse. Celle-ci était placée à l'entrée de l'église ou du monastère, aux portes des villes, et figurait sur les bannières. (D'après les chroniques, la Sainte Face se trouvait sur l'étendard avec lequel Dimitri Donskoï remporta la victoire sur les Tatars en 1380, à Koulikovo, et sur celui avec lequel Ivan le Terrible triompha sur Kazan en 1552.)

La Nativité du Christ, de la fin du XVIe siècle (cat. n° 34), se distingue par son iconographie originale. Elle est un véritable chef-d'œuvre de la peinture d'icônes de la Russie du Nord.

En comparaison avec une œuvre de Souzdal (cat. n° 5) et avec une autre plus tardive du XVIIe siècle (cat. n° 53) traitant du même sujet, cette icône frappe avant tout par la diversité de ses scènes, parmi lesquelles la Nativité, la plus importante, ne se reconnaît pas immédiatement. Le peintre englobe dans une seule composition tous les événements précédant et suivant la naissance du Nourrisson divin. Un siècle approximativement sépare cette icône de la première, ce qui, selon le système de calcul du temps en vigueur dans l'ancienne Russie, est une courte période pour une modification substantielle du canon. Mais le langage du peintre d'icônes a changé de manière radicale; l'art plastique russe a engendré le besoin d'un sujet ouvert et détaillé, d'une sorte de récit littéraire dans son genre, de narration, caractéristique pour l'art russe ancien du XVIIe siècle (et que l'on peut observer dans plusieurs œuvres).

La représentation d'une montagne, au pied de laquelle se situe la scène du massacre des Innocents et au sommet de laquelle se trouvent les anges en gloire, sert de fond à des compositions aux sujets variés. Rappelons que la montagne a, dans la peinture d'icônes, une signification allégorique: elle est le symbole de l'ascension spirituelle, de la participation au monde d'en haut, des cieux. Des saillies pointues accentuent habituellement la complexité ou la rythmique de la composition, comme si elles soulignaient la difficulté de l'exploit spirituel. Dans notre œuvre, les saillies sont symbolisées par des bandes d'un blanc vif, arrondies sur le dessus, bizarrement désaxées dans la partie basse de la composition; elles séparent une scène d'une autre (il est difficile de parler pour cette icône du concept traditionnel de bordure).

Il n'est pas faux de supposer que *La Nativité du Christ* (cat. n° 34) est une des premières œuvres russes où la scène du massacre des Innocents est représentée d'une manière assez détaillée. Dans la peinture d'icônes ancienne, comme l'exigeait le canon, les tragédies et la cruauté du monde terrestre n'étaient pas traduites par les maîtres, ou bien elles étaient tellement «enfouies» sous la beauté céleste qu'elles ne mettaient pas d'obstacle à la perception de l'image divine. (A ce propos, le mot «icône» en grec signifie «image».) En attendant, une énigme subsiste pour nous: pourquoi le peintre ancien souligne-t-il d'une façon particulière le personnage du roi Hérode, en bas, deux fois sur fond de rectangles ocre clair? Se peut-il que le maître, souhaitant échapper à la barbarie d'une scène sanglante, ait voulu dépeindre la cruauté de cet événement en attirant justement encore plus l'attention sur Hérode, dont le nom même devint un nom commun en russe? Ou bien était-il guidé par une autre idée? Ou peut-être s'agit-il d'une allusion au tsar Boris Godounov, auquel la rumeur populaire attribuait le meurtre du tsarevitch Dimitri?

L'icône est peu commune également du fait de son coloris austère, un peu sombre, mais aussi très recherché, construit sur des tons rapprochés. Les fonds multicolores des scènes composent, en s'alternant, un tableau multiplan de la Nativité miraculeuse.

Œuvre unique dans la collection de la Galerie Tretiakov, cette composition complexe de la Nativité, avec le récit détaillé des événements des Evangiles, deviendra canonique et se propagera largement, particulièrement dans la peinture de Iaroslavl, plus tard, au milieu du XVIIe siècle.

Le XVIIe siècle fut une époque de changement radical dans l'histoire russe. La Russie avait pris ses distances d'avec le règne d'Ivan le Terrible, pour aller vers l'empire de Pierre le Grand, plus subtilement hors du Moyen Age vers le XVIIIe siècle, le Siècle des lumières, et cela en un siècle seulement. Le pays n'avait pas connu la Renaissance européenne, mais le XVIIe siècle en Russie (plus précisément sa seconde moitié) en a rempli les fonctions historiques. Toutefois, cette période fut trop courte pour qu'un revirement brusque de l'histoire se fasse de façon indolore.

Ce siècle fut l'un des plus tragiques et des plus incompréhensibles pour les Russes: ce n'est pas par hasard si les contemporains eux-mêmes l'appelaient le «temps des révoltes». Cette période pour l'Etat russe se singularisa par différentes guerres, guerre extérieure contre des interventionnistes polono-lithuaniens pendant de nombreuses années, guerre intérieure pour le trône dans les dix premières années du siècle, et plus tard guerre contre les rebelles (ce n'était pas des rébellions, des soulèvements, mais plus précisément des insurrections paysannes placées sous le commandement de Stepan Razine et d'Ivan Bolotnikov).

Cependant, il faut reconnaître que le plus grand choc de cette époque fut le schisme religieux, qui eut lieu au milieu du XVIIe siècle. Les initiateurs du schisme furent les autorités officielles, le tsar Alexis Mikhaïlovitch et le patriarche Nikon, qui s'efforcèrent de corriger les erreurs dans les livres de piété manuscrits et d'introduire quelques nouveaux usages dans les rites de l'Eglise (particulièrement le signe de croix à trois doigts à la place de celui à deux doigts, selon la vieille méthode). Mais tout cela était purement superficiel; il existait des motifs très profonds au schisme, plus sérieux, qui, jusqu'aujourd'hui, sont sujets d'études (et en partie de débats) pour les historiens et les théologiens. Mais il n'est pas faux de dire que la raison principale de ce phénomène fut la naissance d'une nouvelle conception du monde par les Russes dans le cadre d'une idéologie encore moyenâgeuse.

Dans le domaine de l'art, cette nouvelle conception du monde mena tout naturellement à la quête de nouveaux idéaux artistiques, d'images inédites et de moyens d'expression novateurs. Dans la peinture d'icônes de cette époque, à côté de la réflexion théologique, on observe d'autres tendances: un intérêt pour la personnalité de l'individu, la nature environnante, les mondes animal et végétal, l'architecture et la vie quotidienne. Au XVIe siècle, le peintre russe est passé d'un langage ancien conventionnel et généraliste à un langage narratif, puis s'est tourné vers le concret au XVIIe. A partir de là, la peinture d'icônes devient, selon l'expression des gens d'alors, «semblable à la vie», c'est-à-dire qu'elle adopte des formes qui rappellent la réalité (cat. n°s 38, 39, 43, 44, 50, 51, 52). De plus, fréquemment dans les icônes, le fond uni abstrait est remplacé par un paysage architectural existant ou par l'intérieur d'un bâtiment.

Le peintre le plus connu du XVIIe siècle était Simon Ouchakov, qui, à partir de 1664, prit la tête du Palais des Armures (qui était, en quelque sorte, la première Académie russe des Beaux-Arts). Son œuvre exerça une influence significative sur les maîtres qui travaillaient dans son entourage.

Ouchakov fut l'un des premiers peintres dont la biographie put être reconstituée d'une façon suffisamment complète et détaillée d'après des documents conservés au Palais des Armures et les inscriptions sur les icônes qu'il avait peintes. (Au XVIIe siècle, la censure de l'Eglise autorisa les peintres d'icônes russes à laisser un autographe.) On sait que, déjà dans ses jeunes années, lorsqu'il travaillait au Palais d'Argent et qu'il dessinait des bijoux, Simon Ouchakov recevait de très importantes commandes d'icônes.

D'après ses œuvres conservées, on peut juger que l'iconographie de la Sainte Face avait apparemment à cette époque beaucoup d'admirateurs qui appréciaient précisément la manière d'Ouchakov de la peindre, ou bien que cette iconographie était son sujet préféré. L'artiste n'utilisait pas la technique du *plav'* (NdT 5*) traditionnelle, issue de la peinture d'icônes ancienne, mais l'employait d'une manière nouvelle, avec le clair-obscur; cela a préparé les peintres russes à l'évolution vers la technique du lavis dans l'art du portrait du XVIIIe siècle. C'est pourquoi les Saintes Faces d'Ouchakov se différenciaient sensiblement des autres interprétations plus anciennes (comparons cat. n°s 25 et 45). Autrefois, on voyait dans la Sainte Face essentiellement la force protectrice de la Divinité; à l'époque de Simon Ouchakov, on commençait à y voir la dimension humaine du Sauveur, un «Dieu-Homme».

Les contemporains réagissaient de façon différente aux nouvelles icônes, par exemple les schismatiques (les vieux-croyants) qui, vénérant pieusement les temps anciens, n'acceptaient pas les icônes créées par les maîtres du Palais des Armures. L'archiprêtre Avvakoum, un des zélateurs les plus «enragés» du passé, pointant du doigt ses ouailles spirituelles, écrivait: «Toi, esclave de Dieu, n'adore pas de façon inconvenante ce qui a été peint de façon traditionnelle allemande [...] Il y a beaucoup de modifications dans ces icônes: les cheveux peignés, les chasubles modifiées [...] et cette main-là aux doigts écartés [...] ne l'embrasse pas: elle est la marque de l'antéchrist.»[5]

Cependant, nous savons que le tsar, la tsarine, le patriarche et de nombreux boyards importants étaient les clients de Simon Ouchakov et des maîtres de son cercle. Son ami et compagnon, le peintre d'icônes de Iaroslavl, Joseph Vladimirov, écrivait: «[...] Dans quel texte les contestataires trouvèrent-ils une indication aussi exigeante pour peindre les visages de tous les saints de façon uniformément basanée et sombre? [...] Tous les saints étaient-ils pareillement hâlés

[5] *Poustozerskaia proza* (Prose de Poustozersk): recueil/préface, commentaires, traductions de fragments isolés par M. B. Plioukhanova. Moscou, 1989, p. 104.

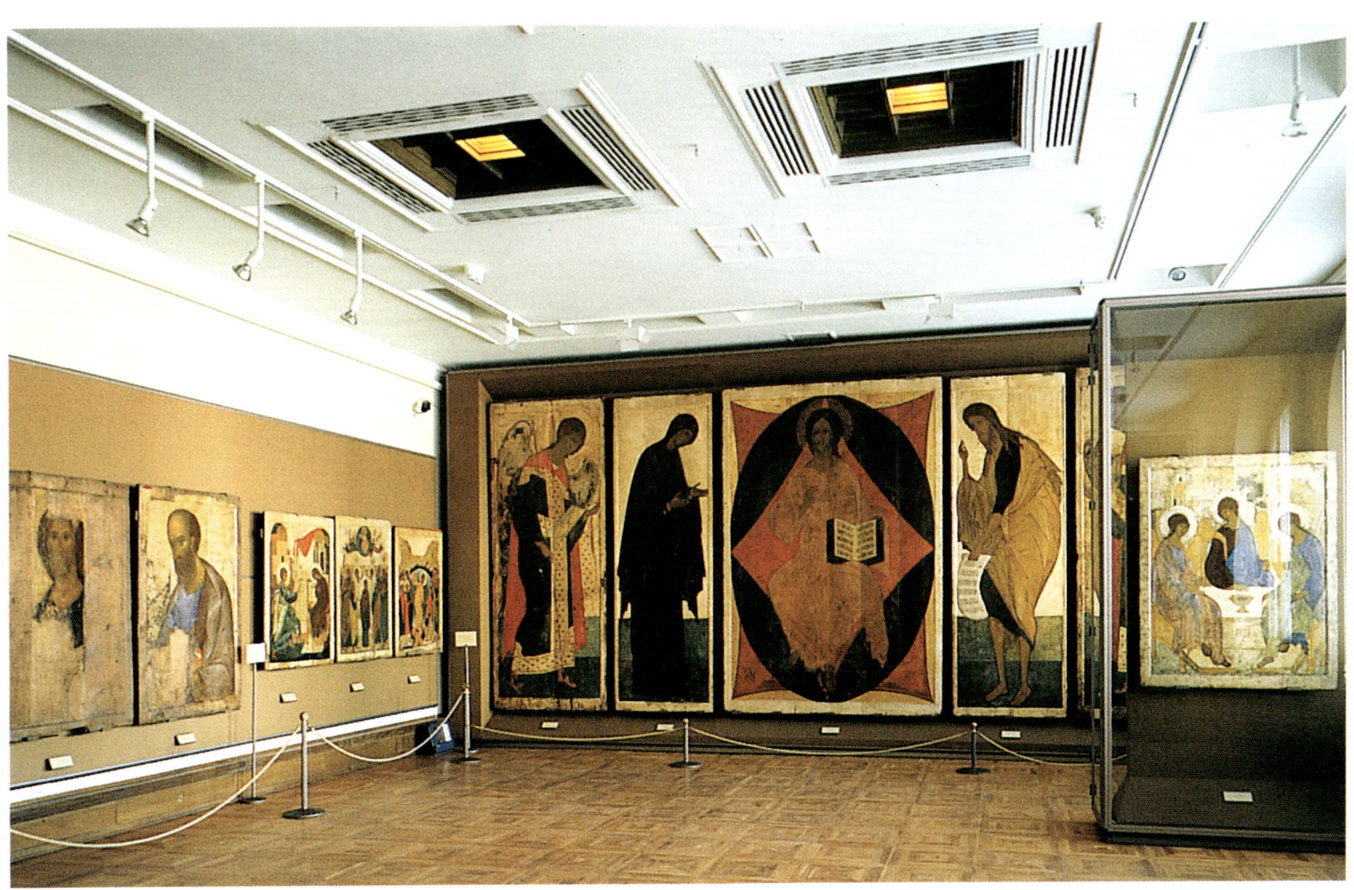

Une salle de la Galerie Tretiakov, après la reconstruction

et maigres? S'ils avaient tous un corps épuisé ici, sur terre, alors là-bas dans les cieux, ils apparaissaient avec une âme et un corps vivifiés et illuminés. Quel démon, jaloux de la vérité, instaura un tel concept dans les représentations lumineuses des visages des saints des icônes? [...] Qui, parmi les gens sensés, ne rit pas d'une telle faiblesse d'esprit, et préférerait l'obscurité et les ténèbres à la lumière?»[6]

[6] *Mastera iskoustv ob iskoustvié* (Les Maîtres des arts à propos de l'art). Tome 6. Moscou, 1969, p. 36.

Dans les paroles de Joseph Vladimirov, il y a comme un présage de l'apparition d'un nouveau type d'icônes, les icônes-portraits (autant qu'une telle notion peut être admise dans la peinture d'icônes). *Le Patriarche Joseph* du peintre Piotr Bilindine (cat. n° 49), de la fin du XVIIe siècle, peut servir d'exemple d'une image de ce type. Cette icône fut apparemment peinte à une époque «post-ouchakovienne», mais subit toutefois l'influence du célèbre maître. Les riches vêtements royaux, brochés de bizarres ramages luxueux, dont est revêtu le saint de l'Ancien Testament, frappent avant tout dans *Le Patriarche Joseph*. On remarque un luxe identique, la même somptuosité des vêtements et la même décoration du fond et des drapés dans l'icône de Tikhon Filatiev *La Vierge «Fleur Impérissable»* (cat. n° 46), où charme la beauté des fleurs naturelles et des arabesques fantastiques dessinées sur les vêtements de la Vierge et du Nourrisson, les arabesques rivalisant de beauté avec les fleurs.

La passion des ramages est caractéristique du XVIIe siècle, passion non pas pour un ornement strictement construit, ou pour un rythme, mais seulement passion pour les ramages fantasques, libres, et même bizarres. Jamais auparavant l'âme russe n'avait cherché de repos dans la beauté terrestre, jamais un ornement dans une icône ancienne n'avait caché l'image divine, comme au XVIIe siècle, lorsque le goût pour les ramages vit le jour, comme s'ils ajoutaient un «beau modelé» à la peinture.

Les icônes du XVIIe siècle présentées à l'exposition nous donnent la possibilité de faire connaissance avec les divers courants qui ont existé à cette époque dans la peinture d'icônes, non seulement de la capitale, mais aussi des provinces.

L'icône *Saint Macaire Ounjenski, avec sa vie* (cat. n° 52), provenant de la région de Kostroma, entrée récemment dans les collections de la Galerie Tretiakov, est dès à présent une œuvre célèbre, plus d'une fois publiée et présentée dans des expositions, tant en Russie qu'à l'étranger. Le peintre paysan, pour lequel la peinture d'icônes n'était vraisemblablement pas la seule activité, n'était pas étranger aux nouvelles tendances dans cet art. Dans sa tentative de transcrire un paysage de forêt primitive, on sent son désir d'approcher les modèles de la capitale, de peindre aussi bien que le peintre royal. Et comme il peint avec tendresse un élan venant à la rencontre de gens, il reproduit avec le même soin les ramages d'un banc de paysan, et peint avec la même sincérité le bac en bois dans lequel on baigne le nourrisson nouveau-né. Dans cette icône, composée pour une église de village, on ressent la grande maîtrise du peintre, profondément sincère, peut-être même un peu naïf dans son approche.

En conclusion, il convient de dire quelques mots sur les icônes peintes à une époque plus tardive. La critique d'art n'étant encore allée que jusqu'à l'étude des œuvres des XVIIIe-XIXe siècles, il reste à nos yeux encore beaucoup de mystères autour des icônes de cette époque, ce qui s'explique, d'une part, par la nouveauté de l'étude des icônes (en effet, la véritable étude des œuvres anciennes ne fut rendue possible que grâce aux premières découvertes en matière de restauration au XXe siècle), d'autre part, par la complexité de nombreux nouveaux sujets, et également par l'intérêt évident des savants pour les œuvres plus anciennes. Mais quelques considérations préliminaires peuvent être rapidement formulées.

Au XVIIIe siècle, quand naquit en Russie l'art profane, de nouvelles tendances picturales, qui devinrent prédominantes et officielles, se firent jour, y compris dans la peinture d'icônes. A partir de cette époque, c'est comme si la culture russe se divisait en une culture de la noblesse, à caractère profane, et une culture populaire, qui conservait les traditions du passé. Les icônes, peintes pour les églises des propriétés de la noblesse, étaient composées dans une nouvelle veine picturale, avec des paysages multiplans, des lointains fuyants, des attributs de la nouvelle vie quotidienne, et des constructions rappelant l'architecture du siècle (cat. nos 55 et 56).

A la même époque, les traditions de la peinture d'icônes subsistaient dans l'art populaire; on les retrouvait dans les icônes des vieux-croyants ainsi que dans celles de beaucoup de centres de peinture d'icônes, parmi lesquels Palekh et Mstera furent les plus importants. Au XIXe siècle, bon nombre d'icônes qui se répandirent dans toute la Russie venaient de ces centres; elles étaient très demandées. Les icônes de notre exposition (cat. nos 57 et 58) complètent la présentation de la peinture d'icônes russe tardive.

Présentant pour la première fois en Suisse une partie de sa collection qui est considérée comme la plus belle du monde, la Galerie Tretiakov se fixe deux objectifs: initier les spectateurs aux chefs-d'œuvre en sa possession et, en même temps, présenter de façon traditionnelle la peinture d'icônes russe, libérée des influences grecques; pour cette raison, la chronologie de notre exposition commence au XIVe siècle.

Cette exposition présente, grâce à sa composition et à sa qualité, pratiquement tous les centres artistiques fondamentaux (Pskov, Novgorod, Moscou, Iaroslavl, Tver, le nord de la Russie), ainsi que tous les courants stylistiques de l'art russe ancien du XIVe au XIXe siècle. Les œuvres du XVIe siècle forment le noyau de l'exposition, sa partie principale. L'art du XVIIe, quand l'Etat russe se fut définitivement formé, est

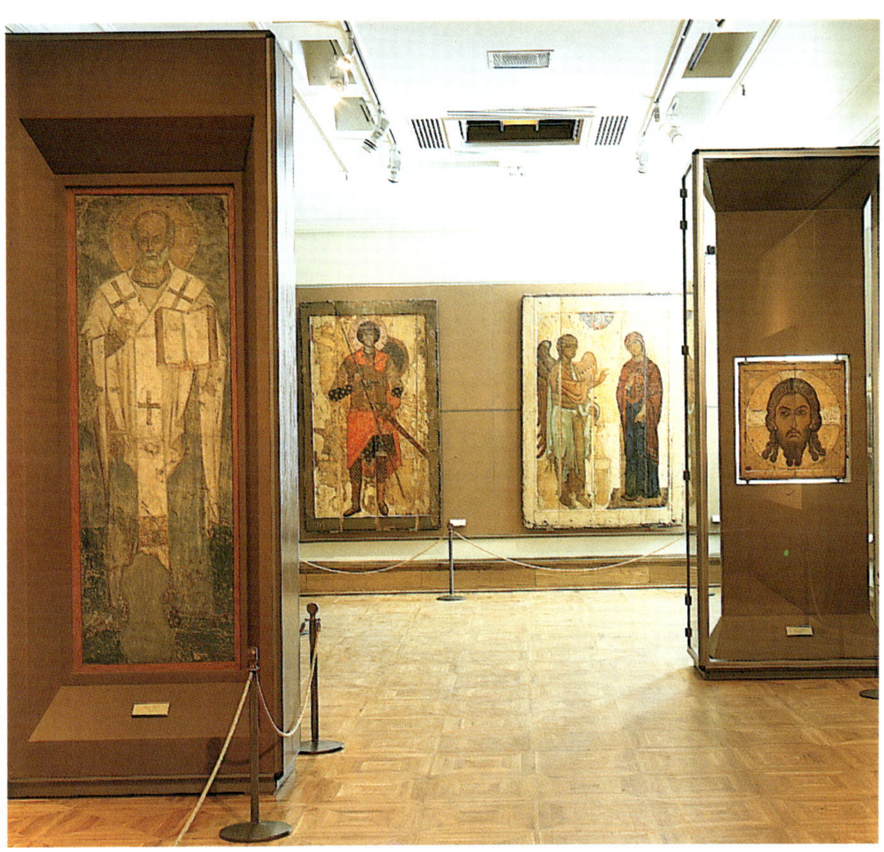

Une salle
de la Galerie Tretiakov,
après la reconstruction

représenté par les icônes de Simon Ouchakov et des autres maîtres du Palais des Armures. Les icônes des XVIIIe et XIXe siècles, peintes après les réformes de Pierre le Grand, permettent d'observer une «réflexion par les couleurs» (selon l'expression d'E. N. Troubetzkoï), alors que dans la peinture d'icônes russe, malgré le développement de nouvelles tendances, la peinture traditionnelle canonique persistait.
Complétant l'exposition, une petite division d'art décoratif appliqué, ainsi que quelques œuvres de petite facture du Xe au XIVe siècle. Celles-ci ont un intérêt significatif en tant qu'œuvres chrétiennes précoces de l'ancienne Russie et en tant que produits de l'artisanat.

La composition variée de l'exposition donne la possibilité au spectateur européen de se familiariser avec une collection d'art russe ancien, extraordinaire et unique, et lui permettra de se représenter la profondeur spirituelle et la portée esthétique de la culture de l'ancienne Russie dans son aspect historique.
Il est important de noter que certaines icônes, exposées pour la première fois, et également d'autres, récemment dévoilées, sont présentées à l'exposition à côté d'œuvres célèbres et renommées.

N. B. et V. O.

NdT:
1* Droujina: troupe de compagnons d'armes des princes de l'ancienne Russie (IXe-XVIe siècle).
2* Crédence, ou table de préparation: autel latéral dressé dans l'abside, sur lequel se fait la préparation des éléments du sacrifice. La porte vers la crédence sert aux sorties.
3* Porte diaconale: porte vers le Diakonikon, qui doit son nom au fait qu'il est confié aux soins des diacres. C'est la sacristie. La porte diaconale sert aux entrées.
4* Vierge de l'Incarnation, ou Vierge du Signe.
5* Plav': technique de peinture d'icônes qui consiste à éclaircir les visages et les vêtements en superposant des couches de peintures très liquides, de plus en plus claires. Etant donné leur aspect liquide, les couches se fondent les unes dans les autres.
6* Intercession de la Vierge, ou protection de la Vierge, instituée au XIIe siècle pour célébrer l'apparition, dans l'église des Blachernes, à Constantinople, de la Vierge, tenant son voile étendu au-dessus de la nef.
7* Vierge Orante: Vierge debout, les mains levées.
8* Myrrhophores: porteuses de parfum au tombeau.

personne, le peuple russe a pris conscience de lui-même, de la place qui était la sienne dans l'histoire et la culture, de sa tâche culturelle. C'est alors seulement qu'il s'est acquis le droit à l'indépendance.»[6]

Le XIVe siècle est dans le monde orthodoxe celui des controverses entre les hésychastes, partisans de la prière perpétuelle (la «prière de Jésus») menant à l'acquisition du Saint-Esprit et à l'illumination par la lumière incréée du Thabor, et les humanistes, porteurs d'un principe rationaliste.[7] Le triomphe, à partir de saint Serge de Radonège, de l'hésychasme aura de grandes conséquences pour la Russie, en particulier le fait qu'elle n'a pas connu de phénomène semblable à la Renaissance occidentale. La ligne hésychaste traverse la peinture d'icônes russe dont les dominantes sont la quête d'une harmonie céleste, de la douceur, de la tendresse, la quête de l'essentiel débarrassé de tout psychologisme, de l'anecdotique, des bruissements du temps.

L'autre image qui domine la spiritualité iconographique russe à la suite de saint Serge de Radonège, c'est celle de la Trinité, sous l'invocation de laquelle le «premier éducateur de l'esprit populaire russe» (selon Klioutchevski) a placé la Laure qu'il a fondée et qui est restée au cours des siècles le cœur de la Russie. Et l'icône la plus célèbre, un des sommets les plus hauts de tout l'art russe, n'est-ce pas précisément la *Trinité de l'Ancien Testament* d'Andreï Roublev qui, selon la tradition, a été peinte à la gloire du saint fondateur de la Laure dans la première moitié du XVe siècle, environ deux décennies après la dormition de celui-ci (1392), et est restée non loin de son tombeau pendant plus de cinq cents ans avant d'être transportée en 1929 à la Galerie Trétiakov, où elle est toujours l'objet de l'admiration, voire de la vénération, des visiteurs. Malgré les vicissitudes du temps (noircissement de la couche de protection, retouches successives), l'icône de Roublev commença à être nettoyée en 1905 et retrouva, sinon son état originel à jamais perdu, du moins un éclat qui justifie l'émotion esthétique qu'elle suscite. Il s'agit non seulement d'un chef-d'œuvre artistique montrant, s'il le fallait, l'originalité absolue de l'«école russe» par rapport à la «manière grecque», mais également celle d'une peinture en action théologique ou d'une théologie en action picturale. En effet, à travers la suprême abstraction de la scène représentant les Trois Anges qui visitèrent Abraham et Sara (toute anecdote est supprimée), c'est le mystère du Dieu un en trois personnes qui est silencieusement révélé, dans les limites accessibles à l'esprit humain.[8]

Un des spécialistes de l'icône dans la nouvelle génération, Mahmoud Zibawi, a bien défini le caractère spécifique de l'iconographie russe: «Devenue ‹Troisième Rome›[9], la Russie fait cheminer l'art vers la quiétude de l'*hesychia*. L'abstrait marque le pas sur le concret. Toute dramatisation se trouve engloutie. Les hommes sont des ‹anges terrestres›. Tout est lumière, calme, joie, paix et amour. ‹Le monde nouveau et non composé› remplace le monde déchu. L'image dévoile ‹la demeure de Dieu avec les hommes› (Apoc. 21:3).»[10]

Les penseurs russes qui se sont penchés sur l'icône russe ont noté qu'elle représente à elle seule un cosmos, un ordre, qui s'inscrit dans le cosmos du temple, lequel est la préfiguration sur terre d'un cosmos transfiguré. Ici, évidemment, pas de mouvement «vivant», naturaliste. Le hiératisme, l'apparente immobilité nous transportent dans une autre dimension que celle de la vie contingente; c'est une dimension entre humain et divin, entre ici-bas et transcendant. L'icône russe a su, dans ses meilleures créations, faire apparaître la divino-humanité, l'adjonction du divin et de l'humain, cette crête entre l'invisible et le visible, l'inapparent et l'apparent.

La barrière qui sépare ces deux mondes dans l'église, c'est l'iconostase: «L'iconostase est la frontière entre le monde visible et le monde invisible [...] L'iconostase est la manifestation des saints et des anges: en premier lieu de la Mère de Dieu et du Christ Lui-même dans Sa chair – des témoins proclamant la réalité de l'au-delà de la chair», écrit le Père Paul Florensky[11]. Plusieurs œuvres exposées ici proviennent des rangées de ce mur séparant les fidèles du sanctuaire, au programme théologique à la fois rigoureux et souple. L'usage spécifiquement russe de l'iconostase se manifeste et se consolide entre le XIVe et le XVIe siècle. Les Portes Royales à deux battants, situées au centre, ouvrent l'accès du célébrant à l'autel; elles représentent en leur sommet l'Annonciation et, sur les deux battants, les quatre évangélistes, tandis que le long des deux montants se déroule une théorie de saints évêques et de diacres variant selon les vénérations locales. L'exposition présente deux beaux exemplaires des XVe et XVIe siècles.

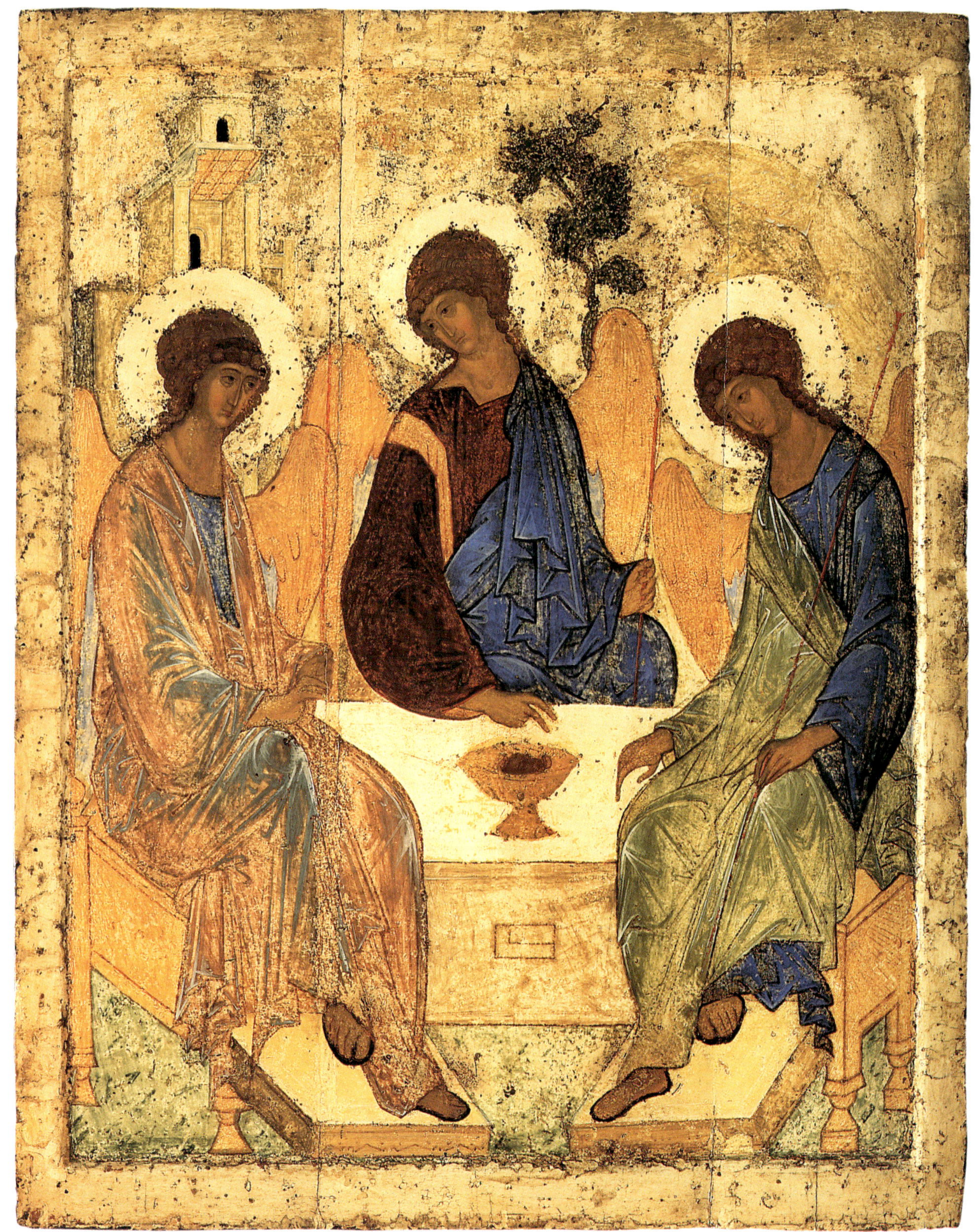

Andreï Roublev,
Trinité de l'Ancien Testament,
1422-1427

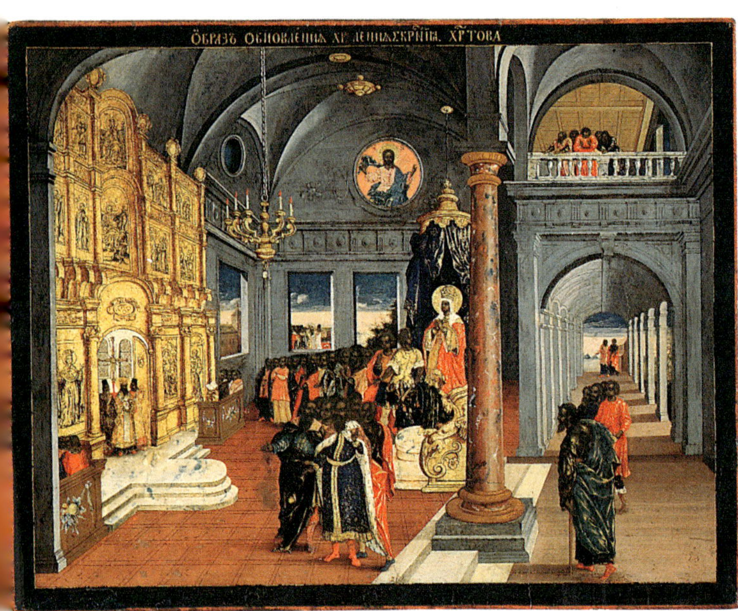

Ivan Goussiatnikov, **Reconstitution imaginaire de l'église de la Résurrection-du-Christ**, 1728

Sur les portes latérales de l'iconostase, l'une menant à la prothèse (table où est préparée l'Eucharistie) et l'autre à l'endroit où sont rangés les vêtements liturgiques, figurent traditionnellement les représentations des saints archidiacres Etienne et Laurent.

Au-dessus des Portes Royales était représentée l'Eucharistie (deux figures du Christ en pied donnant l'une le pain, l'autre le vin aux apôtres).

Les rangées d'icônes qui surplombent les portes de l'iconostase ont été, en Russie, ajoutées au cours des siècles. De Byzance reste, immuable, la première rangée qui a en son centre une *Déisis*, c'est-à-dire l'imploration de la Mère de Dieu et de saint Jean le Précurseur, qui tendent leurs mains vers le Christ, le plus souvent un «Christ en majesté»; au XIVᵉ siècle, on a disposé de chaque côté de ces trois figures centrales les icônes des archanges Michel et Gabriel et celles de Pierre et de Paul.

La rangée au-dessus de la *Déisis* a été ajoutée au XIVᵉ siècle: c'est celle des «Douze Grandes Fêtes» représentant des sujets christologiques et mariologiques (de gauche à droite: Nativité du Christ, Rencontre du vieillard Siméon, Baptême du Christ, Résurrection de Lazare, Transfiguration, Entrée à Jérusalem, Crucifixion, Descente aux Enfers, Ascension, Descente du Saint-Esprit sur les apôtres, Dormition de la Mère de Dieu).

A la fin du XVᵉ siècle, on ajoute une autre rangée au-dessus de celle des Fêtes, la rangée des Prophètes, de Moïse au Christ, qui s'ordonnent autour de l'icône centrale de la Mère de Dieu du Signe (les mains en position d'orante de Marie, qui porte dans son sein l'Emmanuel).

Enfin, au XVIᵉ siècle, une dernière rangée, celle des Patriarches, vient clore la paroi: elle représente l'Ancien Testament d'Adam à Moïse et comporte, en général dans son milieu, une représentation de la Trinité sous la forme des trois Voyageurs angéliques qui sont apparus à Abraham. Cela est le schéma général, mais il subit, selon les époques et les traditions locales, des variations. D'ailleurs, la peinture d'icônes, de façon générale, et la russe, tout particulièrement, ne suivent les modèles archétypiques donnés dans des ouvrages spéciaux à l'usage des iconographes que dans leur conformité essentielle aux canons ecclésiaux. Pour le reste, la fantaisie de chaque iconographe lui fait ajouter tel détail, varier telle pose, donner une gamme colorée personnelle, même si elle reste fidèle à la symbolique de chaque couleur isolée. Etant donné que les ouvrages sur l'icône restent partiels, on ne peut qu'imaginer ce que donnerait une étude exhaustive de cet art sacré, qui ne pourrait se faire que collectivement: ce seraient des volumes et des volumes qui montreraient, au travers des canons immuables, une infinie variété de sujets, de traitements des formes, des lignes et des couleurs, et ce à l'intérieur d'une même aire géographique, en l'occurrence la russe, et à l'intérieur des différentes écoles de ladite aire: ici sont exposées des œuvres de l'école de Iaroslavl, des glorieuses écoles de Moscou et de Novgorod, qui atteignent leur apogée au XIVᵉ et au XVᵉ siècle, de l'école de Pskov, des écoles du Nord... Il suffit d'ailleurs de comparer les œuvres des trois illustres iconographes de la grande époque de l'icône russe – Théophane le Grec (fin du XIVᵉ siècle), Andreï Roublev (début du

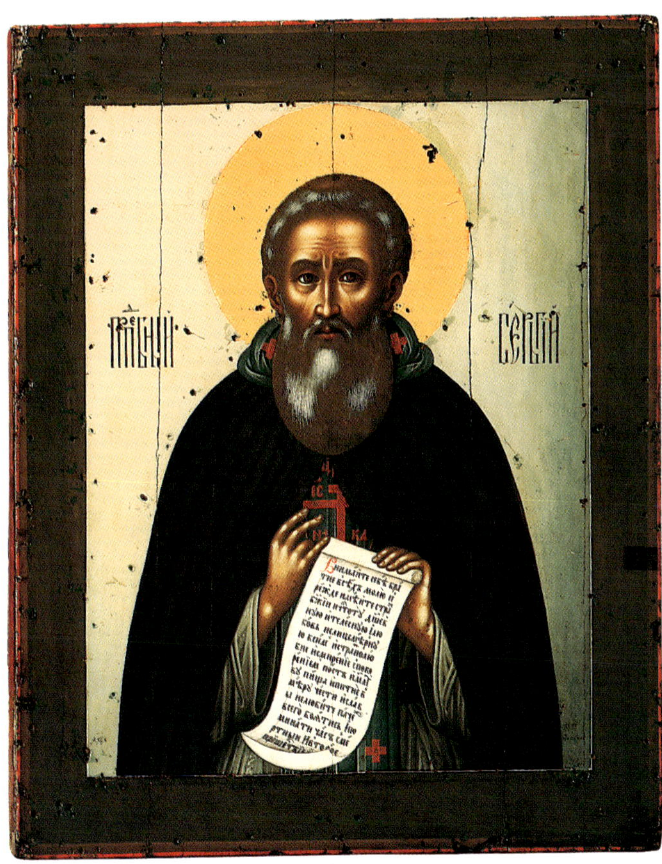

Simon Ouchakov, **Serge de Radonège**, 1669

XVe siècle) et Maître Denis (fin du XVe - début du XVIe siècle) – pour comprendre qu'il s'agit de styles aussi tranchés que dans l'histoire de la peinture occidentale. Egon Sendler note de la façon suivante les distinctions des fonds picturaux selon les écoles: «A Pskov prédomine le vert; à Novgorod on trouve des fonds rouges (saint Elie et saint Georges). A partir du XVIe siècle, à Moscou, les fonds deviennent assez foncés, jusqu'au ton marron. Dans l'école de Stroganov, on trouve souvent des tons vert olive foncé. Ces couleurs correspondent au style de la peinture de l'icône.»[12]

Si l'icône peut apparaître à un regard superficiel répétitive, monotone, cette impression ne résiste pas à une contemplation attentive. Certes, l'individualisme, tel qu'il s'est développé en Occident dès la fin du Moyen Age, est contraire à l'esprit de l'icône. L'icône n'a son sens que dans le consensus ecclésial, dans la catholicité du mouvement pneumatologique où elle est créée et se meut. Il est impensable d'inventer de nouveaux archétypes iconographiques qui ne seraient fondés que sur l'imagination individualiste de tel ou tel artiste, et non sur l'assentiment de toute la commune ecclésiale. Et malgré cela, répétons-le, quelle diversité des éléments figuratifs isolés, autres que ceux, obligatoires, pour reconnaître l'icône, du prisme coloré avec le jeu subtil que permet la symbolique! Souvent, l'iconographe ajoute telle scène de la vie courante et l'intègre au monde mystique du sujet principal. Dans d'autres cas, les iconographes manifestent un goût prononcé pour les ornements, en particulier floraux. Cela commencera à se répandre en Russie au XVIIe siècle, chez un Simon Ouchakov par exemple (entre autres, son *Arbre de l'Etat moscovite*), mais cette tendance à la surcharge décorative et à la miniaturisation sera surtout le fait de l'école Stroganov.

La réception de l'icône russe, en tant que distincte par son esprit et son «écriture» de toutes les branches orientales et byzantines, a débuté en Russie même dans la seconde moitié du XIXe siècle et a fini par s'imposer tout au long du XXe siècle: une suprématie esthétique et spirituelle certes méritée, mais qui ne devrait pas occulter l'originalité incomparable des autres icônes, qu'elles soient celles – les plus anciennes – des «Orients chrétiens», selon le titre d'un beau livre récent de Mahmoud Zibawi[13], ou celles, bien entendu, du monde byzantin. Et pourtant, cette originalité de l'icône russe par rapport à l'héritage grec ne fut pas longtemps perçue en Occident. L'époque n'est pas si lointaine où l'on pouvait entendre dire que l'icône russe n'était qu'une branche de l'arbre byzantin, ne s'en distinguant que peu. Je me souviens d'une intervention du célèbre historien de l'art soviétique Mikhaïl Alpatov, dans un séminaire de Pierre Francastel à l'Ecole des Hautes Etudes, dans laquelle, évoquant le problème de l'art byzantin et de l'art russe dans la peinture d'icônes, il affirma que celui qui ne voyait pas dans ces deux arts deux modes d'expression certes identiques, mais dissemblables, lui faisait penser à quelqu'un qui ne distinguerait pas Bach de Mozart...

En Russie même, l'importance universelle de l'icône en tant qu'art pictural était ignorée, méconnue, voire dédaignée, malgré des tentatives, vers le milieu du XIXe siècle, d'organisation de collections et malgré les premiers essais de systématisation de quelques savants, dont les plus éminents sont D. A. Rovinski et F. I. Bouslaïev. L'écrivain Leskov fit beaucoup pour la connaissance des icônes «en tant que commencement de la peinture russe»[14]. Sa nouvelle *L'Ange scellé* (1873), que Bernard Berenson rangeait, avec *Le Chef-d'œuvre inconnu* de Balzac, parmi les rares chefs-d'œuvre littéraires ayant traité de l'art avec pertinence, intègre au récit une information technique sur l'art des icônes et une interprétation esthétique de celui-ci, fondée sur une analyse de ses spécificités. Cela a favorisé un retour aux sources de cet art liturgique qui avait été défiguré depuis la fin du XVIIe siècle par la «manière franque», c'est-à-dire par la peinture occidentale avec sa recherche d'un mimétisme sensualiste et son souci toujours davantage exprimé de la perspective «scientifique». Leskov prend comme cadre de sa nouvelle le milieu des vieux-croyants, car ceux-ci ont préservé dans sa pureté la tradition antique de la peinture d'icônes jusqu'au XVIIe siècle avant son «italianisation», coïncidant avec sa décadence progressive.[15] Le chef du schisme *(raskol)* vieux-croyant, l'archiprêtre Avvakoum (1620-1682), qui s'opposa au patriarche moscovite Nikon et périra sur le bûcher de l'Eglise officielle, fulmine: «Dieu a permis la prolifération d'une peinture d'icônes fautive en Russie [...] On représente le Sauveur Emmanuel avec un visage bouffi, une bouche vermeille, des cheveux bouclés, des bras et des muscles épais, et son aspect général est celui d'un Allemand à cela près que l'on n'a pas attaché de sabre à sa ceinture [...] Les bons peintres anciens peignaient différemment la personne des saints: ils affinaient le visage, les mains, et tout ce qui a trait aux sens, les émaciant par le jeûne et le labeur et de nombreuses afflictions. Tandis que maintenant, vous avez changé leur visage, vous les peignez tels que vous êtes vous-mêmes.»[16] Comment ne pas penser qu'Avvakoum songe ici à un peintre comme Simon Ouchakov dont est présenté ici un *Sauveur Acheiropoïète* (1678), qui a un caractère plus douceâtre, plus charnel aussi, plus réaliste, que toutes les représentations antérieures. Ouchakov fait véritablement passer l'icône vers le tableau de chevalet de type occidental, même s'il garde la structure architectonique canonique. Il reste le grand peintre religieux de la seconde moitié du XVIIe siècle, sans avoir les vertus de l'iconographe traditionnel. Dans l'exposition, nous voyons quelques exemplaires – parmi les meilleurs – de cette tendance dès la fin du XVIIe siècle de rompre l'équilibre miraculeux obtenu du XIVe au XVIe siècle entre le hiérosymbolisme et le monde visible.

La sévérité que le véhément archiprêtre Avvakoum réclame des images sacrées n'est qu'un des aspects de la peinture d'icônes. En Russie s'est développée une gamme très riche d'expressions iconiques: cela va de l'austérité de l'aspect des moines qui ont témoigné de la lutte dans leur corps contre la nature mauvaise à la finesse des corps angéliques chez Roublev, en passant par la manifestation du caractère «national russe», à la fois physique et spirituel dans beaucoup d'icônes du Christ. Andreï Tarkovski a su dévoiler cela dans son film *Andreï Roublev*, fresque grandiose qui déroule l'itinéraire très charnel et très spiritualisé de l'homme russe du XVe siècle. La contamination de la peinture profane a fait perdre à la peinture d'icônes son vrai sens qui est autant théologique-philosophique qu'esthétique.

En notre siècle, le savant Père Paul Florensky a fortement accentué l'opposition entre la peinture d'icônes, telle qu'elle s'est maintenue dans les pays orthodoxes, et l'évolution de la peinture religieuse et profane dans les pays catholiques (peinture à l'huile dominante) et protestants (gravure dominante), voyant dans les procédés mêmes de la fabrication une indication de leur divergence «ontologique»: d'un côté, la planche de bois vivante, travaillée sur sa surface pendant des jours et des mois avant que ne s'y inscrivent des contours et ne s'y appliquent des couleurs au jaune d'œuf et à l'eau, puis des rehauts (blanc de céruse, poudre d'or, etc.); de l'autre, la peinture à l'huile, la toile ou le papier. Le Père Florensky peut affirmer: «L'iconographie est la métaphysique de l'existence concrète. Si la peinture à l'huile est plus apte à reproduire les données sensorielles du monde et la gravure son schéma rationnel, l'icône, elle, fait transparaître l'essence métaphysique de ce qu'elle représente. Si les techniques picturales et graphiques ont été élaborées en fonc-

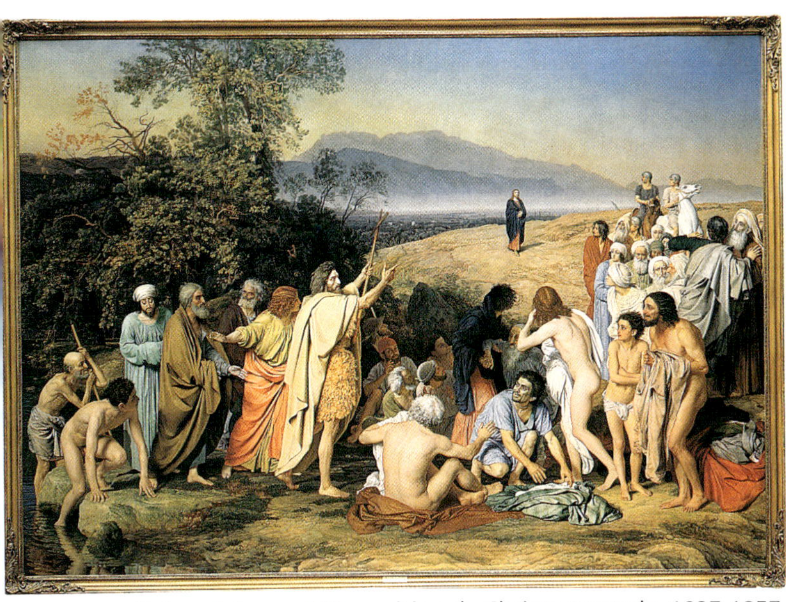

Aleksandr Ivanov, **L'Apparition du Christ au peuple**, 1837-1857

tion des nécessités culturelles et se présentent comme un condensé de l'époque, alors la technique iconographique s'exprime par l'exigence d'exprimer la métaphysique du monde. Ce qui est représenté sur l'icône n'a rien de fortuit, non seulement rien d'empiriquement fortuit, mais rien de métaphysiquement fortuit.»[17]

Dans une autre nouvelle de Leskov, *Aux confins du monde* (1875), est affirmée, en opposition à l'art religieux occidental, l'absence de tout sensualisme dans la représentation orthodoxe russe de la face du Christ qui «a une expression mais point de passions [...] Ses traits sont à peine indiqués mais l'impression que l'on en a est complète. Il a, c'est vrai, un air quelque peu paysan mais malgré cela vénération lui est due.»[18] L'évêque, qui prend la défense des icônes devant des interlocuteurs cultivés plus ou moins sceptiques, ajoute: «Comment nos vieux maîtres ont-ils atteint un tel charme dans cette représentation? C'est resté leur secret qui est mort avec eux et avec leur art méprisé. C'est net: il est impossible de souhaiter un art plus simple: les traits sont à peine indiqués mais l'impression est totale. Il est un peu frustre, je le répète, et on ne l'invitera pas dans un jardin d'hiver pour écouter des canaris mais le mal n'est pas grand.»[19]

Leskov et Dostoïevski ont réfuté également les nouvelles interprétations du Christ dans la peinture réaliste du XIXe siècle, chez Aleksandr Ivanov et surtout Nikolaï Gay[20]. Peindre le Christ comme un personnage exclusivement historique, selon une psychologie uniquement humaine, est un «divertissement des yeux qui corrompt la pureté de la raison». Dostoïevski s'indigne du tableau *La Cène* de Nikolaï Gay (1863): «On se demande: où sont donc et qu'ont à voir les dix-huit siècles consécutifs de christianisme? Comment est-il possible que de la querelle si ordinaire de gens si ordinaires, comme chez M. Gay, réunis pour dîner, il sorte quelque chose de grandiose?»[21]

Aleksandr Ivanov, l'auteur de la série d'aquarelles groupées sous le titre d'*Esquisses bibliques*, a laissé là un monument de l'art religieux du XIXe siècle sans égal ailleurs. Mais Aleksandr Ivanov et tous les peintres russes qui suivirent, en particulier ceux qui, dans la seconde moitié du XIXe siècle, se sont tournés vers le réalisme engagé et qui se sont appelés «Ambulants» à cause du caractère itinérant de leurs expositions, ont quitté le domaine de l'icône proprement dite pour introduire des éléments venus de leur philosophie du monde, d'un humanisme religieux, voire de leur idéologie sociopolitique. Les «Ambulants» n'ont presque plus rien à voir, dans la peinture religieuse qu'ils ont abondamment pratiquée, avec la tradition de l'icône russe. Dans la mesure où ils suivaient, tout en les adaptant, les préceptes de la peinture de chevalet telle qu'elle se pratiquait en Occident, leur art, comme l'art religieux occidental de l'époque, n'est plus iconique mais sensualiste, c'est-à-dire préoccupé de rendre avant tout sur la toile le monde sensible. Nikolaï Gay, qui avait adopté les idées de Tolstoï sur le Christ-Homme [en opposition au Christ-Dieu – *Bogotcheloviek* (le Dieu-Homme) – de la théologie de l'icône], ne pouvait aucunement s'inscrire dans la perspective de l'eschatologie chrétienne, toute tournée dans l'icône vers la plénitude à venir. Gay n'en fut pas moins un excellent peintre, même s'il s'est éloigné, comme tous les «Ambulants», des canons traditionnels de la peinture d'icônes. Des artistes de cette école

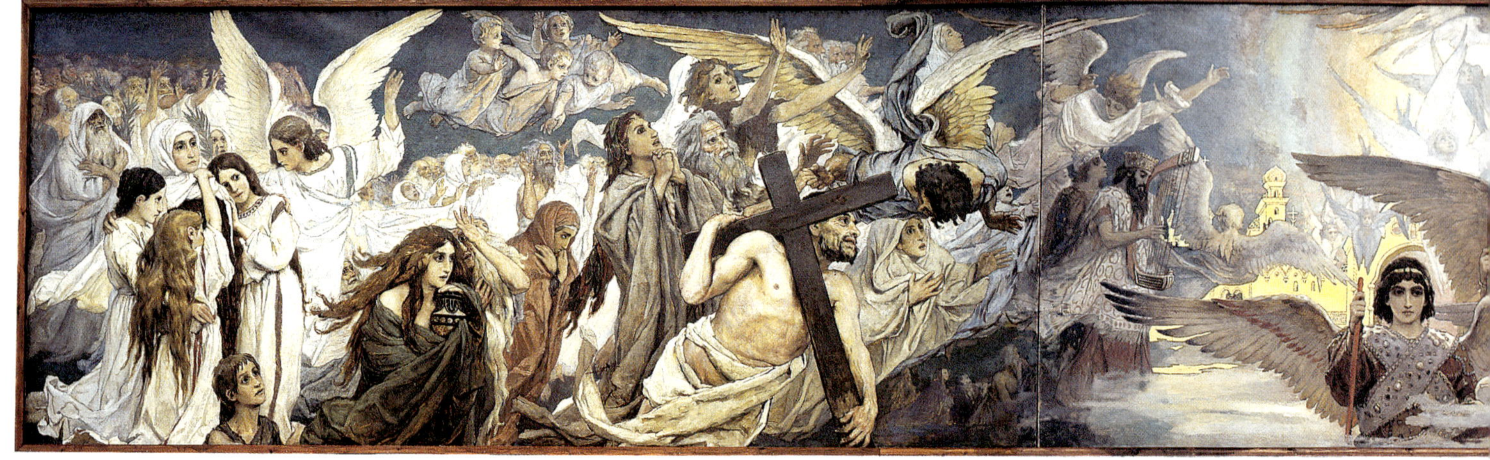

Le triptyque de Viktor Vasnetsov, esquisse faite pour la coupole de la cathédrale Saint-Vladimir de Kiev, 1885-1896

comme Kramskoï, Pérov, Répine, ont illustré des sujets évangéliques ou des scènes de la vie religieuse en leur donnant l'éclairage sociologique ou idéologique de leur temps, sans les inscrire dans la hiérohistoire ecclésiale. Ils ont peint des tableaux religieux à la manière occidentale, tout en conservant les spécificités extérieures propres à la culture orthodoxe russe.

Viktor Vasnetsov, auteur d'un vaste programme de fresques à la cathédrale Saint-Vladimir de Kiev, s'appuie, certes, sur la tradition byzantino-russe, mais met en avant le côté extérieur exotique (voir l'esquisse *La Princesse Olga* de la Galerie Trétiakov). Le grand visionnaire Vroubel, avec Aleksandr Ivanov le plus grand peintre russe avant la pléiade des maîtres de l'avant-garde russe, dans ses fresques pour l'église Saint-Cyrille-Saint-Méthode et ses esquisses pour la cathédrale Saint-Vladimir de Kiev (1887), «donne plus librement cours à son imagination et retient surtout de la leçon byzantine le caractère monumental»[22].

Tous les artistes des arts novateurs russes du début du XXe siècle ont subi l'influence de l'icône russe: Natalia Gontcharova, Larionov, Filonov, Malévitch, Tatline...[23] Malévitch déclarait: «A travers l'art de l'icône, je compris le caractère émotionnel de l'art paysan, que j'aimais auparavant, mais dont je n'avais pas élucidé la portée et que j'avais découvert d'après l'étude des icônes [...] Les peintres d'icônes, ayant atteint à une grande maîtrise technique, avaient transmis tout un contenu dans une vérité antianatomique, en dehors de la perspective aérienne et linéaire. La couleur et le fond étaient élaborés par eux dans une perception purement émotionnelle du thème.»[24] Le *Saint Nicolas*, l'icône la plus ancienne exposée ici (Iaroslavl, première moitié du XIVe siècle), a un visage très «russe», témoignant du mouvement qui s'opère alors tout au long du siècle en Moscovie, pour s'émanciper des modèles grecs.

L'icône a donc joué un rôle de premier ordre dans la révolution esthétique qu'a opérée l'avant-garde russe dans les années dix et vingt du XXe siècle. Elle a fait prendre conscience à cette dernière du trésor formel qu'elle représente. De plus, elle a fait opérer au tableau de chevalet un mouvement vers l'icône, c'est-à-dire vers un espace autonome qui se construit sur son rythme propre.

Natalia Gontcharova a provoqué un scandale en 1912 en montrant à Moscou, lors de l'exposition «La Queue d'âne», un panneau représentant les *Quatre Evangélistes* (Musée Russe), semblables aux icônes du rang apostolique de l'iconostase. La censure ne supporta pas que des œuvres sur un sujet sacré (il y avait aussi à cette exposition une toile intitulée *Dieu*) fissent partie d'une manifestation au nom si facétieux et provocateur. Mais les œuvres de Natalia Gontcharova n'étaient pas des icônes; il s'agissait de tableaux à thème religieux. Il en est de même pour un autre tableau de Natalia Gontcharova, *L'Ancien des Jours*, ou de ses décors pour la mise en scène non réalisée du ballet *Liturgie* pour les Ballets russes de Diaghilev en 1915. L'artiste a peint également de «véritables» icônes, mais il faut dire que rares sont les peintres qui atteignent dans ce domaine la perfection spirituelle et artistique de l'ancienne peinture d'icônes. Là où il n'y avait pas de confusion entre peinture d'icônes et tableau de chevalet, l'icône comme telle a pu donner des impulsions décisives pour la compréhension du tableau comme tel. C'est ainsi que Natalia Gontcharova, dans des séries d'œuvres consacrées aux travaux des champs, aux activités de la vie campagnarde, a intégré des éléments figuratifs venus de l'icône: yeux en amande, strabisme mystique, couleurs symboliques. Larionov donne à sa *Vénus katsape* du Musée de Nijni-Novgorod des yeux d'icône. La face humaine subit, chez les peintres de toutes les tendances de l'école russe du XXe siècle, l'influence des visages iconiques: les portraits sont de face, les yeux sont ouverts sur une autre réalité avec un «décalage» mystique, le regard traverse le

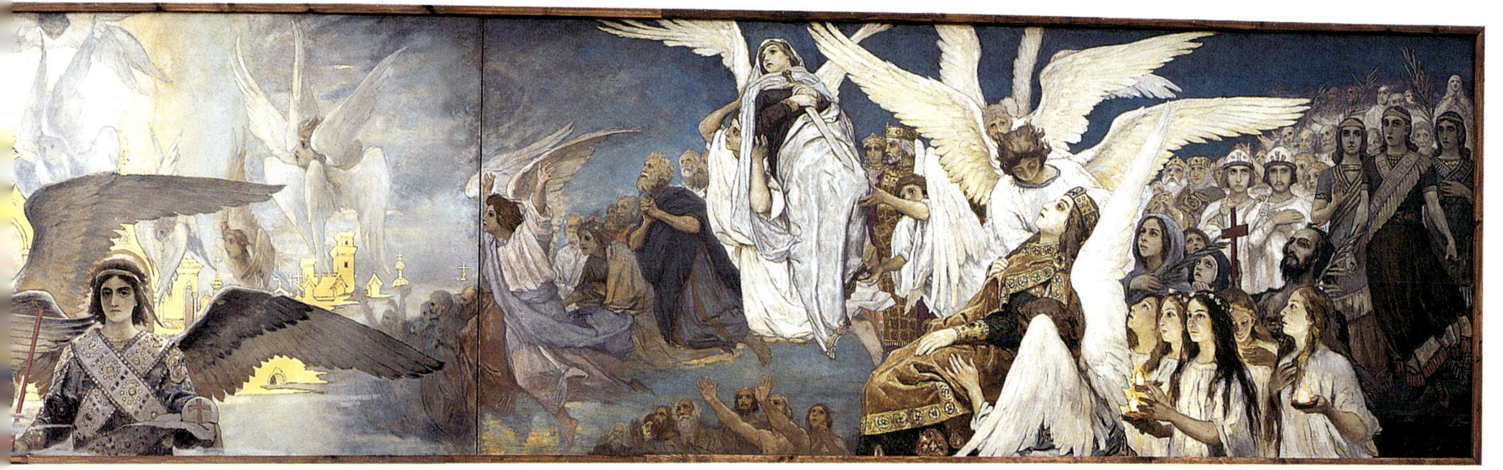

visible sans s'y arrêter, l'aspect d'ensemble est hiératique et méditatif (par exemple: Lentoulov, *Portrait de M. P. Lentoulova en robe bleue*, 1913, coll. M. Lentoulova; Boris Grigoriev, *Portrait de N. Roerich*, 1917, Galerie Trétiakov; David Bourliouk, *Portrait du poète futuriste Vassili Kamienski*, 1917, Musée Russe; Pétrov-Vodkine, *Tête de garçon ouzbek,* 1921, ou *Portrait d'Anna Akhmatova*, 1922, Musée Russe, etc.). Jawlensky a été marqué de façon exceptionnelle par l'esthétique byzantino-russe à travers la représentation des faces humaines auxquelles il donne toutes les nuances mystiques grâce à une palette somptueuse, raffinée, à un équilibre entre le fort pouvoir émotionnel des couleurs et l'ascèse expressive qui ira jusqu'à la quasi-abstraction des dernières méditations dans les années trente (entre mille exemples: *Le Turban violet*, 1911, coll. part.; *La Créole*, 1913, coll. part.; *Face du Sauveur (Regard suprême)*, 1919; *Tête abstraite (été tardif – croissant de lune)*, 1928; *Méditation VIII, n°* 7, 1935, Long Beach Museum of Art)[25]. Jawlensky et Malévitch, avec chacun sa propre picturologie et sa visée iconologique, ont en ce siècle pris la Face humaine comme paradigme métonymique de la Face du Monde, et cela d'un bout à l'autre de leur création.

C'est de l'icône, autant que du *loubok*, de l'art archaïque, ou des nabis, que vient le hiératisme des formes chez Larionov, Natalia Gontcharova, Tatline ou Malévitch. Un geste unique synthétise sur l'image les myriades de gestes répétés au cours des années, sinon des siècles, que ce soit dans la vie courante ou dans le travail. Filonov, dans son projet prométhéen de faire de la surface du tableau le lieu de recréation du monde dans sa totalité, emprunte des procédés formels et thématiques à la peinture d'icônes. Ainsi, dans la *Formule du prolétariat de Pétrograd* (début des années vingt) du Musée Russe, il utilise la combinaison d'un nombre inhabituel des parties du corps (à l'instar des icônes *La Mère de Dieu à trois mains* ou la *Sainte Trinité* avec trois yeux), les poses hiératiques, la représentation de deux pieds isolément ou des seules faces (à l'instar des icônes couvertes d'une chape de métal: la *riza*). Quant à Tatline, il a été formé à la technique des icônes et il intègre cette science à ses tableaux de 1911 à 1913 (regards et poses d'éternité dans les visages, lumière colorée qui vient de l'intérieur des formes, carnations iconiques des *Nus* de 1913). Le *levkas*, ce mélange de craie et de colle animale qui forme le premier fond luminescent blanc de la planche de l'icône, sera un des ingrédients des contre-reliefs tatliniens en 1914-1915.

Le procédé consistant à mettre un personnage de pied sur toute l'étendue du tableau, dominant de sa stature les autres événements figuratifs représentés en petit, vient de toute

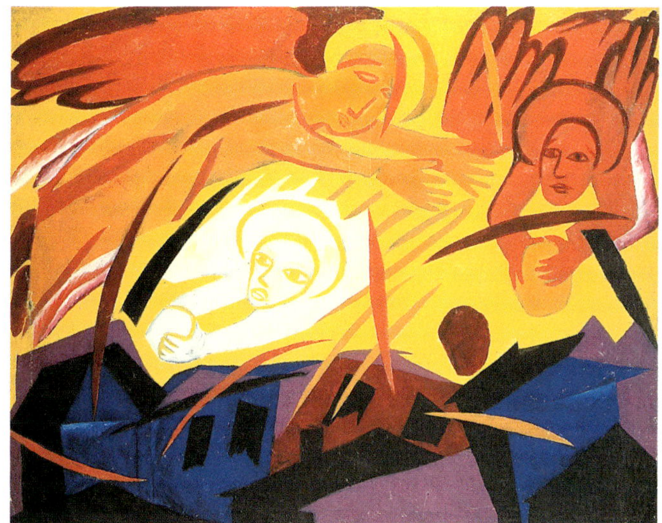

37 Natalia Gontcharova, **Anges lançant des pierres sur la ville**, 1911

évidence de la structure des icônes «biographiques» avec un saint au centre entouré de compartiments *(kleïma)* qui narrent les épisodes de sa vie. (Voir par exemple, à deux pôles stylistiques, Boris Koustodiev, *Portrait de Chaliapine*, 1922, Musée Russe; Malévitch, *A la fenaison*, 1928-1929, Galerie Trétiakov.)
L'enseignement de la «perspective inversée» donné par l'icône fut d'une importance capitale pour les artistes russes novateurs du XXe siècle dans leur refus de ne prendre en compte que la «perspective scientifique» héritée de la Renaissance.[26]
A la fin des années vingt, Malévitch prendra les archétypes du «Christ Acheiropoïète» et du «Pantocrator» pour créer ses propres tableaux-icônes. Malévitch n'imite pas telle ou telle icône pour la transformer à sa manière. Il construit une image à partir des éléments de la peinture d'icônes, éléments qu'il repense et dont il s'approprie pour les besoins de son tableau. A l'évidence, plusieurs des visages post-suprématistes de Malévitch invoquent l'icône, et pourtant on serait bien en mal de leur trouver un modèle précis dans la peinture d'icônes dans son ensemble.
Le lien de l'icône et de l'avant-garde russe s'est manifesté de façon éclatante lors de la «Dernière exposition futuriste de tableaux 0, 10» à Pétrograd à la toute fin de l'année 1915, où Malévitch installe son «Suprématisme de la peinture» comme le «Beau Coin» ou «Coin Rouge» des maisons orthodoxes russiennes avec, comme icône centrale, le *Quadrangle* (le fameux *Carré noir sur fond blanc* de la Galerie Trétiakov), qu'il déclare «l'icône de notre temps». Ce geste ne signifiait pas qu'il s'agissait d'une icône orthodoxe dans sa fonction cultuelle, mais de l'expression d'une image essentielle, débarrassée du fatras figuratif, s'opposant à l'*imago*, à l'effigie, rendue à l'Unique. Malévitch n'a pas seulement été influencé par le côté formel de l'icône; il a saisi par une intuition géniale la question philosophique-théologique de l'icône, à savoir que la présence réelle n'est pas dans l'image symbolique représentée, mais dans la *relation* de cette dernière avec le modèle qui est absent: «L'invisibilité de l'image est la source de la visibilité de l'icône.»[27] Le *Quadrangle* oscille entre iconoclasme et iconicité, entre l'effacement de la réalité charnelle et la manifestation du seul monde authentique, le sans-objet *(bespredmietnost')*.
On note une inflexion «hésychaste», par exemple dans le suprématisme de Malévitch dont l'*opus magnum* s'appelle *Le Monde comme sans-objet ou le repos éternel*, et qui traduit sur ses toiles le silence, l'ascèse minimaliste et l'harmonie de l'absence d'objets.
A travers l'image sainte, l'iconographe accomplit un acte qui entre dans la vie liturgique de l'Eglise. Le peintre de chevalet, quant à lui, fait apparaître l'être invisible du monde. Identité de la visée et dissemblance de la mise en œuvre. Récemment, contemplant à la Galerie Trétiakov l'image de la *Rencontre de l'icône de la «Vierge de Vladimir»* (Moscou, XVIIe siècle), j'ai été stupéfait de voir au-dessus de l'icône de la Mère de Dieu un carré noir entouré de rouge où se lisaient, comme en filigrane, les instruments de la Passion. Affirmer qu'il s'agit là d'une des «impulsions visuelles» données à Malévitch pour son *Quadrangle* serait bien hardi.[28] Cela est le signe, dans son caractère fortuit même, que l'icône est au cœur de l'art, de la vie intellectuelle, philosophique autant que religieuse, de la Russie d'hier, comme de celle d'aujourd'hui.
Le débat qui s'est fait jour dans la Russie postsoviétique porte sur la façon de présenter et de considérer l'icône aujourd'hui. Partant de l'évidence que l'icône n'est pas une œuvre d'art comme une autre, qu'elle n'a tout son sens que dans la symphonie-polyphonie ecclésiale, un certain nombre de croyants orthodoxes voudraient voir revenir dans les églises les images les plus vénérées qui y furent enlevées par la force. On peut constater aujourd'hui qu'à la Galerie Trétiakov on vient fleurir la *Mère de Dieu de Vladimir* du XIIe siècle, prier devant elle ou devant la *Trinité de l'Ancien Testament* de Roublev. Le moine Grégoire affirmait que la présence iconique dans le monde profane avait un sens: «C'est ainsi que les icônes ‹priées› *[molionnyïé]*, dont la destination est de servir à la prière, accomplissent leur action salvatrice dans le monde, peuvent quitter l'église, se trouver dans un musée ou chez des amateurs d'art, participer à des expositions. De telles conditions apparemment incongrues ne sont pas fortuites, ne sont pas absurdes.»[29]
En fait, l'icône russe a catalysé tout au long du XXe siècle le mouvement, à la fois utopique et prophétique, de métamorphose et de transfiguration de la peinture en général, et de la vie dans sa totalité vers ce que Bruno Duborgel

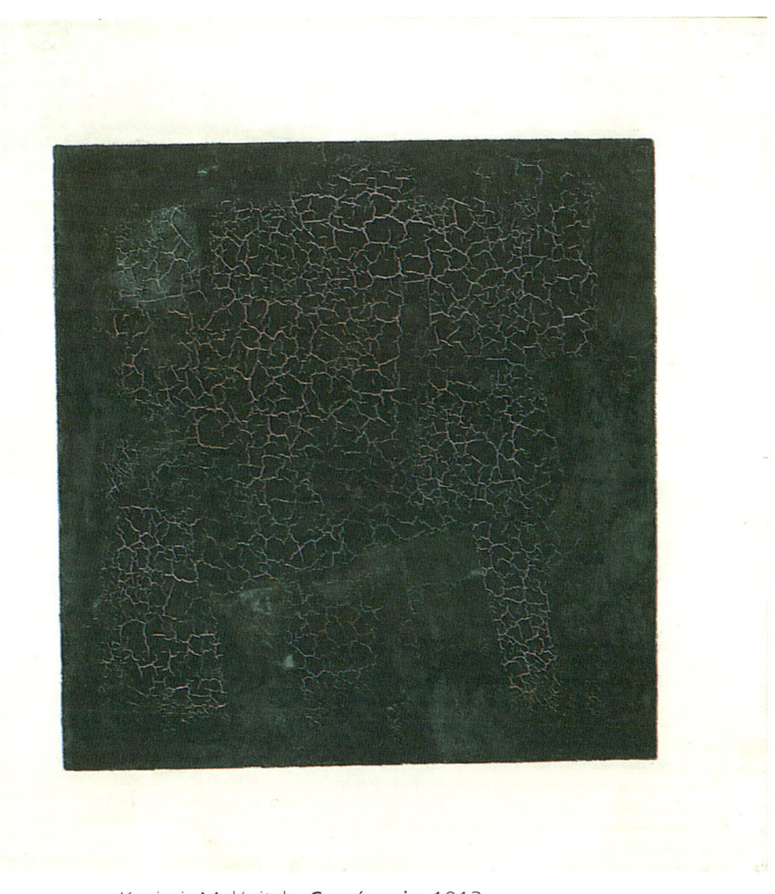

Kazimir Malévitch, **Carré noir**, 1913

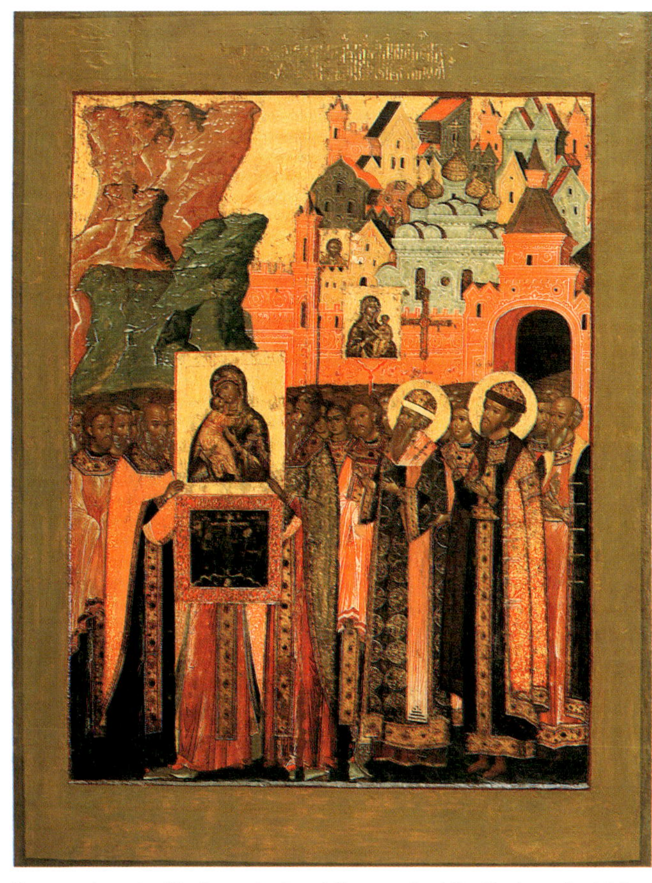

Rencontre de l'icône de la «Vierge de Vladimir», fin XVIe - début XVIIe siècle

appelle, face à «*l'iconoclasme par excès de l'image naturaliste* et par rupture avec elle», «l'obsession iconophile d'approcher une expérience de l'In-figurable»[30]. Bruno Duborgel fait dialoguer dans un beau livre récent l'icône et l'art de Malévitch, mais aussi de la peinture de chevalet plus généralement, dans la perspective d'une «homologie qui à la fois préserve leur distance, garantit leur altérité et révèle qu'ils *se regardent* cependant, voire se donnent dans cette altitude de leurs rapports»[31], manifestant ainsi leur pleine *contemporanéité*.

J.-C. M.

Notes:

[1] Eugène Troubetzkoï, *Trois études sur l'icône*, Paris, Ymca-Press, 1986, pp. 57-58.

[2] Le philosophe religieux Nikolaï Berdiaev a écrit qu'«à partir d'Ivan Kalita, la Russie s'est rassemblée avec esprit de suite et opiniâtreté et a atteint des dimensions qui frappent d'étonnement l'imagination de tous les peuples du monde». [«L'âme de la Russie (1915), *in*: *La question russe. Essais sur le nationalisme russe*, Paris, Editions Universitaires, 1992, p. 64.]

[3] Moine Grégoire (G. I. Krug), *Carnets d'un peintre d'icônes*, Lausanne, L'Age d'Homme, 1994 (deuxième impression), p. 37. L'iconographe russe écrit encore: «L'image imprimée miraculeusement par le Sauveur lui-même sur l'‹Oubrouss› [le Linceul] est devenue le témoignage de la vérité du Christ fait homme, de l'icône vivante de l'Incarnation véritable, la représentation du dogme lui-même de l'Incarnation de Dieu [...] L'Image Acheiropoïète devient l'angle, la source de la série des autres icônes; c'est précisément

pour cela que l'Eglise a choisi la pierre angulaire comme étendard de son triomphe. Cette icône couronne la confession ecclésiale du Christ qui s'est incarné.» *Ibidem*, pp. 36-37.

[4] V. O. Klioutchevski, «Blagodatel'ny vospitatel' rousskovo narodnovo doukha» (L'éducateur plein de grâce de l'esprit populaire russe) (1892), *in*: *Prépodobny Sergui Radoniejski*, Berlin, 1922, p. 40.

[5] Le grand historien russe Klioutchevski écrit à ce propos: «Le monachisme de l'ancienne Russie [celle qui commence précisément dans la seconde moitié du XIVe siècle] fut l'indicateur exact de l'état moral de toute la société laïque: l'aspiration à quitter le monde se renforçait non pas parce que s'accumulaient les désastres, mais dans la mesure où dans ce monde les forces morales étaient élevées. Cela veut dire que le monachisme russe fut le renoncement au monde au nom d'idéaux qui étaient au-dessus de ses forces et non pas le renoncement au nom de principes qui lui étaient hostiles.» (V. O. Klioutchevski, *op. cit.*, p. 42.)

[6] Père Paul Florensky, *La perspective inversée, suivi de l'Iconostase*, Lausanne, L'Age d'Homme, 1992, p. 33.

[7] En grec, *hesychia* veut dire «repos». Vers 1340 s'affrontèrent saint Grégoire Palamas, qui élabora une théologie de la lumière divine qui ne peut être perçue dans son essence, mais dans l'énergie incréée qui en est une émanation (la «lumière du Thabor»), et Barlaam le Calabrais, qui condamnait, en particulier, la pratique de la prière perpétuelle «de Jésus» chez les moines du mont Athos et lutta pour une conception plus rationaliste de la foi. Voir: Jean Meyendorff, *Saint Grégoire Palamas et la mystique orthodoxe*, Paris, 1976.

[8] Sur la *Trinité de l'Ancien Testament* de Roublev, voir, en langue française: Moine Grégoire (G. I. Krug), *Carnets d'un peintre d'icônes, op. cit.*, pp. 67-85; Père Paul Florensky, *La perspective inversée, suivi de l'Iconostase, op. cit., passim*; en russe, voir l'anthologie des textes suscités par la *Trinité de l'Ancien Testament*: *Troïtsa Andreïa Roubliova*, Moscou, 1989.

[9] Sous le grand-prince de Moscou Vassili III, vers 1515, un moine de Pskov, Philothée, a développé la thèse de Moscou «Troisième Rome», puisque la «Deuxième Rome», Constantinople, n'existait plus en tant que telle après sa prise par les Turcs en 1453.

[10] Mahmoud Zibawi, *L'icône. Sens et histoire*, Paris, Desclée de Brouwer, 1993, p. 15.

[11] Père Paul Florensky, *La perspective inversée, suivi de l'Iconostase, op. cit.*, p. 140.

[12] Egon Sendler S. J., *L'icône, image de l'invisible*, Paris, Desclée de Brouwer, 1981, p. 204.

[13] Mahmoud Zibawi, *Orients chrétiens*, Paris, Desclée de Brouwer, 1995 (l'auteur voit dans l'aire spirituelle et formelle syriaque «un laboratoire d'images où s'annonce l'art chrétien international de Byzance»).

[14] N. Leskov, «Blagorazoumny razboïnik (ikonografitcheskaïa fantaziya)» (Le bon larron – fantaisie iconographique), *in*: *Khoudojestvienny journal* (Revue d'art), mars 1883.

[15] Voir: N. Leskov, *Lady Macbeth au village, L'Ange scellé et autres nouvelles*, Paris, Folio Gallimard, 1982.

[16] Cité par Eugène Troubetzkoï, *Trois études sur l'icône, op. cit.*, pp. 24-25. Sur Avvakoum et son époque, voir l'ouvrage classique de Pierre Pascal, *Avvakoum et les débuts du raskol*, Paris - La Haye, Mouton et Cie, 1963.

[17] Père Paul Florensky, *La perspective inversée, suivi de l'Iconostase*, Lausanne, L'Age d'Homme, 1992, p. 175.

[18] N. Leskov, *Au bout du monde et deux autres récits*, Lausanne, L'Age d'Homme, 1986, p. 21.

[19] *Ibidem*.

[20] Sur ce problème, voir: Valentine Marcadé, *Le renouveau de l'art pictural russe. 1863-1914*, Lausanne, L'Age d'Homme, 1971, pp. 33-41.

[21] F. M. Dostoïevski, *Dnievnik pissatelia za 1873 god* (Le Journal d'un écrivain pour 1873), Paris, Ymca-Press, s.d., p. 283.

[22] Isabelle Tempestini, *L'icône et le visage dans la peinture russe du premier tiers du vingtième siècle (1905-1935)*, Mémoire de recherche, Paris, I.N.A.L.C.O., novembre 1996 (tapuscrit), p. 21.

[23] Une des premières études sur le sujet sera celle du peintre cézanniste fauve russo-ukrainien A. Grichtchenko, *O sviaziakh rousskoï jivopissi s Vizantieï i Zapadom* (Des liens de la peinture russe avec Byzance et l'Occident), Moscou, 1913.

[24] K. Malévitch, «Autobiographie» (1933), *in*: *Actes du Colloque International tenu au Centre Pompidou*, Lausanne, L'Age d'Homme, 1979, p. 164.

[25] Les exemples sont empruntés à Isabelle Tempestini, *L'icône et le visage dans la peinture russe, op. cit.*; sur Jawlensky, voir le catalogue d'Arles (Ed. Actes Sud), 1993 (textes d'I. Goldberg et de J. M. Palmier).

[26] Entre de multiples exemples, voir l'expérience de l'icône chez le sculpteur Pevsner: René Massat, «Antoine Pevsner ou la primordialité d'être», *in*: *Pevsner*, Villeurbanne, Le Nouveau Musée – Les Amis d'Antoine Pevsner, 1995, p. 156.

[27] Marie José Baudinet, Préface de *Nicéphore, Discours contre les iconoclastes*, Paris, Klincksieck, 1989, p. 25; voir aussi: Marie José Mondzain, *L'image naturelle*, Paris, Le Nouveau Commerce, 1995, et *Image, icône, économie. Les sources byzantines de l'imaginaire contemporain*, Paris, Seuil, 1996.

[28] Notons que le *Quadrangle* de Malévitch a été peint sur une toile sur laquelle se trouvait un sujet où l'on distingue des formes quadrilatères et cruciformes; voir à ce sujet: Milda Viktourina, Alla Loukanova, «A Study of Technique, Ten Paintings by Malevich in the Tretyakov Gallery», *in*: *Malevich*, Los Angeles, The Armand Hammer Museum of Art and Cultural Center, 1990, pp. 193-195. L'icône de la *Mère de Dieu de Géorgie* (début du XVIIe siècle, cathédrale de la Dormition, Moscou) est prolongée également par un linge comportant un carré noir sur lequel s'inscrivent les instruments de la Passion.

[29] Moine Grégoire (G. I. Krug), *Carnets d'un peintre d'icônes, op. cit.*, p. 44; en russe: Inok Grigori Krug, *Mysli ob ikonié*, Paris, Ymca-Press, 1978, p. 22.

[30] Bruno Duborgel, *Malévitch. La question de l'icône*, Université de Saint-Etienne, 1997, p. 35.

[31] *Ibidem*, p. 9.

La restauration des icônes

par Evguenia Gra
Directrice du Département de restauration de la peinture d'ancienne Russie
Restaurateur titulaire de la qualification supérieure
Critique d'art

Traduit par Virginie Gimaray

Arrivés en Russie de Byzance, la restauration et l'art des icônes se sont développés parallèlement. Mais il ne s'agissait pas de restauration comme nous l'entendons, à savoir la découverte et la conservation de la peinture ancienne originale. C'était plutôt un «rajeunissement» et une «correction», conférant à une vieille icône, pouvant être déformée, une apparence intègre, rajeunie et conforme à la mode et au style de l'époque de sa rénovation.

L'icône est un organisme complexe constitué de plusieurs couches. Le temps, les températures défavorables, les influences climatiques et le noir de fumée provoquent différentes déformations. Ainsi, les planches sur lesquelles sont peintes les icônes gauchissent, «travaillent» en termes de restauration, se courbent, se fendillent, s'écartent de leur raccord. La *pavoloka* (tissu qui est collé à la planche) a l'habitude de se décoller et d'attirer la poussière et la suie. Sur cette *pavoloka*, on dépose le *levkas* (préparation faite de craie, mélangée dans une solution aqueuse à de la colle extraite de nageoires d'esturgeon). Celui-ci se crevasse à tel point que toute la surface de l'icône se recouvre d'un réseau de fissures, de craquelures; le *levkas* aqueux réagit à l'humidité de l'air, s'écarte du support et de la *pavoloka*, se détériore et part avec la couche de couleur. Cette dernière se compose de pigments naturels, de terres de différentes couleurs, d'ocres et de pierres contenant des métaux: malachite ($CU_2(CO_3)(OH)_2$), cinabre (HgS), minium (Pb_3O_4), blanc de plomb ($2PbCO_3$, $Pb(OH)_2$), blanc de titane (TiO_2), hématite (Fe_2O_3) et autres. Ces pigments, finement broyés, étaient mélangés à du jaune d'œuf, selon la technique de la tempera. De l'or et de l'argent, sous forme de feuilles très fines ou rompues dans la couleur, étaient souvent ajoutés dans la peinture d'icônes. La couche colorée réagit, elle aussi, aux changements de température et à l'humidité de l'air, se détache de la préparation et s'effrite; en outre, la perte de la couche colorée et de la dorure est souvent due à un mauvais traitement de l'icône, malgré la protection de sa couche tégumentaire, l'*olifa* (vernis d'une composition compliquée à base d'huile de lin bouillie). L'*olifa*, revêtement élastique, protégeait les couleurs tout en les masquant. Elle s'assombrissait fortement, si bien que les tons bleus paraissaient vert foncé, les rouges bruns et les blancs jaune foncé. Parfois, on décorait l'icône d'un châssis en argent (ou en autres métaux) qui, fixé à l'œuvre avec des clous, détruisait la peinture et la préparation. *La Vierge de Smolensk «Chouïskaïa»* (cat. n° 48) conserve les traces de ces clous.

Outre ces déformations, les icônes étaient soumises à l'action des moisissures. Les xylophages transformaient la lignine – base de l'icône – en une substance molle et friable. Le restaurateur contemporain décèle facilement les transformations dont l'icône a été l'objet tout au long de sa vie, notamment celles qui sont liées à son «rajeunissement».

Les rénovateurs, ne se posant pas le problème de la mise en valeur et de la conservation de la peinture ancienne, ne voyaient dans l'icône qu'un objet de culte, utile pour le

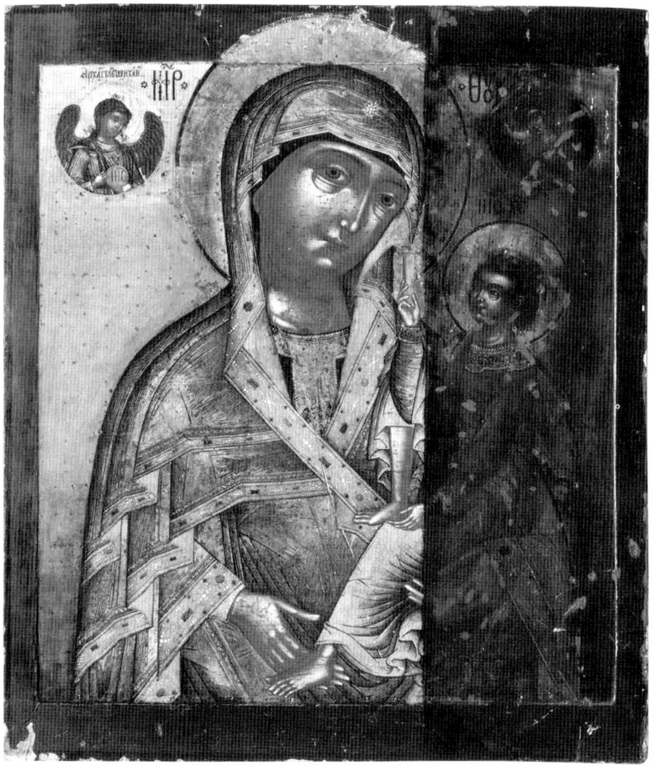

La Vierge de Smolensk «Chouïskaïa» (cat. n° 48), en cours de restauration

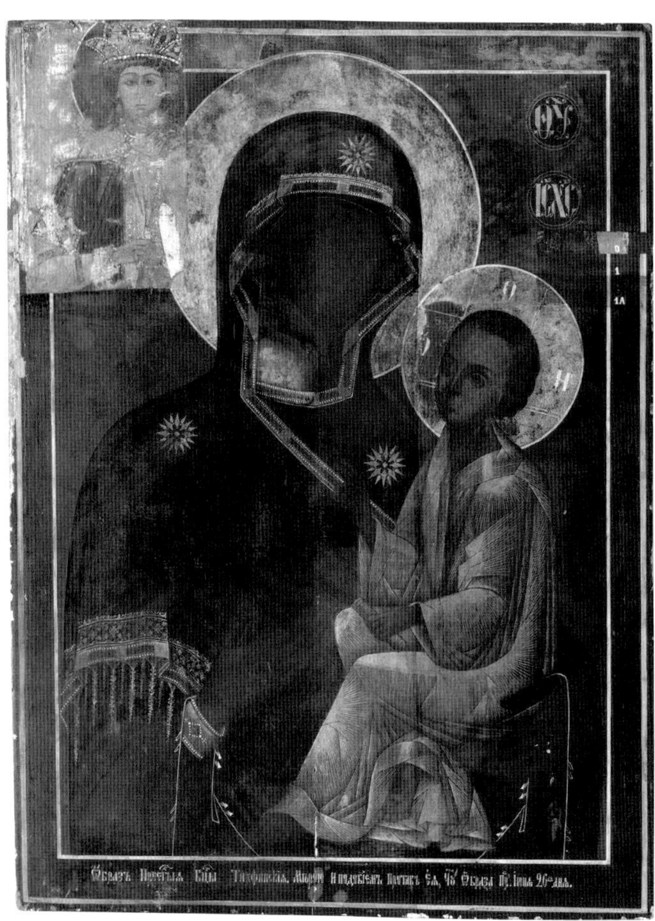

La Vierge Tikhvinskaïa avant la restauration. En haut, à droite, on voit par la «fenêtre» une autre couche de peinture: l'icône **Les Saints Elus** (cat. n° 36)

service liturgique. Pour cette raison, les parties se détachant de la préparation et de la *pavoloka* étaient renforcées avec une colle d'esturgeon. Si l'opération ne marchait pas, la préparation était ôtée et la *pavoloka* éliminée. La *Vierge Vladimirskaïa* du XIIe siècle, de la Galerie Tretiakov, montrant de nombreux rafistolages d'époques diverses, en est un exemple éclatant.

L'*olifa* qui s'assombrissait était diluée par des alcalis, puis nettoyée au couteau ou à la pierre ponce, ce qui endommageait fortement la couche de couleur. En effet, l'alcali transformait l'ocre et les pigments contenant du cuivre, et l'utilisation de la pierre ponce émaillait la surface de fines éraflures. Or, la surface de l'icône devait être lisse; c'est pourquoi on la nivelait en déposant un nouveau *levkas* par-dessus la peinture d'origine. Si celle-ci s'était mal conservée ou qu'elle ne correspondait pas à son temps, alors on la «rectifiait», soit en repeignant certaines parties, soit en retouchant toute la surface. Rares sont les icônes qui échappèrent à ces repeints. Souvent, ceux-ci reprennent le sujet de l'auteur, mais quelquefois, sous ce rajout, apparaît une peinture avec un autre sujet. Par exemple, l'icône présentée à l'exposition *Les Saints Elus: sainte Catherine, saint Jacques de Jérusalem (?) et sainte Marie l'Egyptienne* (cat. n° 36), de la fin du XVIe siècle, est entrée à la Galerie Tretiakov comme la *Vierge Tikhvinskaïa*, datée de la fin du XIXe siècle. Une autre icône de la Galerie Tretiakov, *Le Christ Pantocrator*, de la fin du XIXe siècle, révèle sous les repeints une image de saint Jean le Précurseur, du XVIe siècle. Les retouches reflètent toujours les goûts contemporains en matière de rénovation, la mode et le style de l'époque correspondant au rajout. Au début du XVIIIe siècle, les retouches commencent à ne plus être faites selon la technique traditionnelle de l'icône (la tempera), mais avec des matériaux nouveaux: les peintures à l'huile et les vernis colorés. Sur une même icône, il pouvait y avoir plusieurs couches de repeints et de parties redessinées, comme le montre l'icône *Le Patriarche Joseph* (cat. n° 49). Lorsqu'il s'en aperçut, le restaurateur Chirokov fit une «fenêtre» d'essai et mit en évidence trois couches repeintes. Au cours de la mise au jour des dernières couches apparut, sous le châssis, l'inscription «Fait par Piotr Bilindine», qui nous donne le nom de l'auteur de l'icône. C'est l'une des icônes affectées à l'église Saint-Nicolas et rattachées à la Galerie Tretiakov (l'importante iconostase à plusieurs registres de la fin du XVIIe siècle fut restaurée par l'atelier de la galerie).

Une telle attitude envers l'icône était dictée par des impératifs liés au service divin. Jusqu'au XIXe siècle, l'icône était perçue uniquement comme attribut cultuel, jamais comme œuvre d'art.

Au XIXe siècle, bien que l'étude de l'art d'ancienne Russie et l'iconographie eussent commencé, l'icône était toujours considérée comme un simple objet de culte ou comme un vestige religieux. Petit à petit cependant, on commença à collectionner, ce qui suscita l'intérêt pour la qualité esthétique de l'icône. Au début du XIXe siècle, une série d'expositions sur les icônes furent mises sur pied et quelques magnifiques collections se formèrent.
Les connaissances accumulées en matière de restauration, jusque-là anarchiques, ont progressivement pris forme sur une base théorique de l'art du restaurateur: consolidation-conservation, révélation de la peinture d'origine sous les repeints et l'*olifa*, restitution des lacunes. Le but de la restauration devint alors la restitution de la toute première apparence, de l'œuvre originelle en quelque sorte, «comme si c'était peint par l'auteur». Dès lors se fit jour une conception nouvelle de la restauration. Sakharov en posa les fondements de la première théorie scientifique. L'interdiction de rénover les parties conservées et la permission de ne retoucher que les petites lacunes constituèrent un moment important dans cette nouvelle approche.
A l'encontre des peintres d'icônes, rares furent les peintres profanes à avoir été invités par les sociétés archéologiques et les commissions de restauration d'icônes. Finalement, les restaurations ont toujours reflété les goûts du restaurateur, du client, de l'Eglise, même si les scientifiques se sont efforcés de contrôler et d'analyser ce processus. Il y avait alors des documents photographiques, des calques, des carnets de restauration, qui permettaient de suivre l'évolution de l'état de l'icône.
Au début du XXe siècle, la valeur artistique de l'icône devint significative; la restauration devait se limiter à consolider et à révéler la peinture d'origine. Aucune retouche n'était apportée; l'icône devait rester dans l'état où elle nous parvenait. Mais de tels exemples sont rares et, dans la pratique, ce postulat n'était presque jamais tenu.
En 1918 fut créée la Commission panrusse pour la mise au jour et la conservation de la peinture, dirigée par Igor Grabar. Ce fut la première institution nationale de restauration. Cette commission menait des expéditions dans tout le pays pour découvrir et dresser l'inventaire des icônes dans les églises, et emportait celles qui se trouvaient dans des édifices fermés et abandonnés. Elle s'occupait aussi de la restauration des icônes dans les musées périphériques et ouvrait des ateliers de restauration dans différentes villes. On lui doit aussi les premières radiographies destinées à révéler la présence éventuelle de plusieurs couches de peinture, et la rédaction d'instructions méthodologiques.
En 1923, l'atelier de restauration de la Galerie Tretiakov ouvrit sous la direction de Rybnikov. Des restaurateurs et des peintres d'icônes reconnus y travaillèrent.
Dans les années vingt, le scientifique-chercheur d'art Anissimov proposa de garder les derniers rajouts masquant les tons manquants, afin de conserver à l'icône une apparence

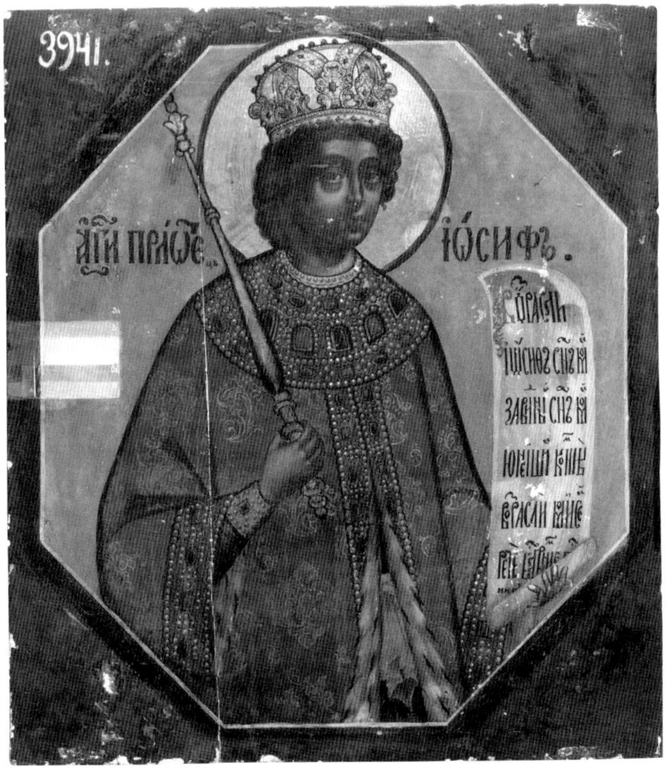

Le Patriarche Joseph (cat. n° 49) avant la restauration, avec une «fenêtre» montrant plusieurs couches de repeints

d'intégrité. Le résultat d'une telle approche était que l'œuvre paraissait hybride, ne se rattachant à aucune période déterminée, ni à un auteur précis. Igor Grabar défendait un point de vue opposé, consistant à mettre au jour la peinture d'origine et à remplacer les tons manquants par une vague tache de «ton neutre», sans restituer le dessin. Il existait un troisième point de vue; dans les années trente, on commença à restituer les tons en précisant le dessin, mais avec des couleurs plus claires et avec une ligne de démarcation entre la peinture d'origine et les rajouts.

En 1934, les ateliers centraux dépendant de la Commission furent fermés. L'atelier de restauration de la Galerie Tretiakov devint dès lors le principal atelier jusqu'à la fin de la Seconde Guerre mondiale. Quand les ateliers centraux (aujourd'hui, Centre de restauration Grabar) rouvrirent, l'atelier de la Galerie Tretiakov poursuivit son activité. Plusieurs icônes furent découvertes par d'éminents restaurateurs dans les années cinquante-soixante. De nombreuses «expériences» furent menées, consistant à ménager des «fenêtres» à travers l'*olifa* et les dernières couches de peinture. Ces essais permettaient de découvrir la peinture d'origine sous les nombreux repeints.

Malheureusement, les moyens techniques étaient limités. C'est seulement dans les années soixante que furent élaborés les dissolvants organiques, produits actifs mais respectant pleinement les couleurs anciennes: habilement utilisés, ils dissolvaient les couches superficielles et l'*olifa*, sans nuire à la peinture d'origine. Les dissolvants organiques, réagissant chimiquement avec les pigments naturels de l'icône, ne devaient pas modifier les tons.

Aujourd'hui, nous disposons d'une vingtaine de dissolvants différents, qui s'utilisent purs ou en mélanges. Ainsi, la restauratrice Sobarchova, lors de l'extraction du revêtement de composition complexe de l'icône *La Vierge «Fleur Impérissable»*, de la fin du XVIIIe siècle (cat. n° 46), a appliqué sur différentes parties trois sortes de dissolvants organiques. Le restaurateur fait tout d'abord l'analyse de l'*olifa*, du vernis et des couleurs rajoutées qu'il faut éliminer, déterminant quel dissolvant précis est compatible. Outre les analyses chimiques, la restauration est précédée de radiographies et de photographies, et de l'analyse de l'icône aux rayons infrarouges et ultraviolets. Dans le processus de restauration, on conduit un deuxième ensemble de recherches sur la peinture d'origine et sur ses particularités technologiques. Par exemple, l'icône *Les Saints Elus: sainte Catherine, saint Jacques de Jérusalem (?) et sainte Marie l'Egyptienne* (cat. n° 36) fut étudiée par le restaurateur Soukhoverkov au Centre des techniques historiques et traditionnelles de l'Institut Nasliédié (Héritage). Grâce à la spectrographie et au matériel d'étude dans la lumière polarisée, une analyse de la composition des pigments et des liants fut réalisée et un système stratigraphique des couches de préparation et de la peinture établi.

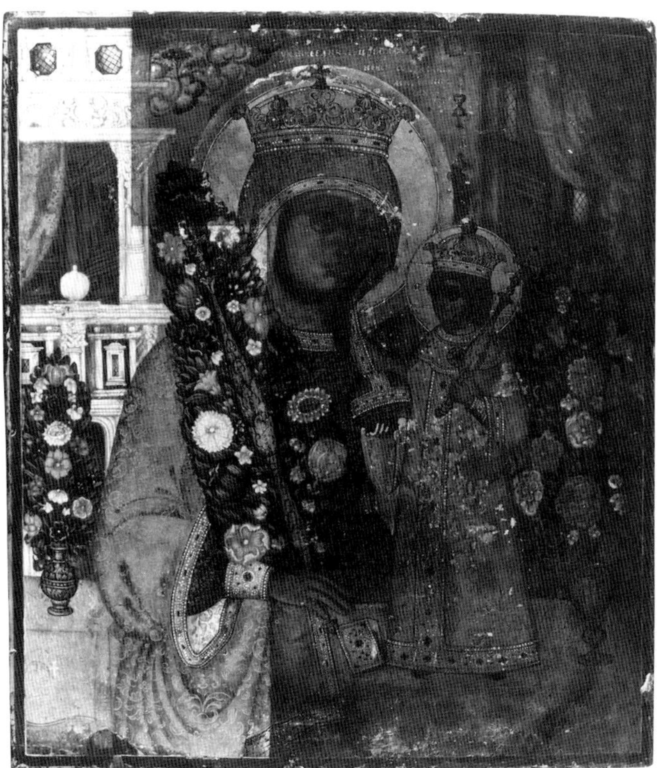

La Vierge «Fleur Impérissable» (cat. n° 46), en cours de restauration

Les débats sur les principes de décèlement et de rajout des tons sur les manques sont à l'origine de différences entre les écoles de restauration contemporaines. Les plus vives d'entre elles apparaissent dans des expositions de restauration, telles que la «Triennale», où l'on invite des ateliers de restauration et des organisations commerciales. La restauration commerciale (ou «rénovation») consiste à combler les pertes en les redessinant pour que l'icône ait l'air d'être entière et nouvelle. Mais il lui manque la patine du temps et, point essentiel, l'authenticité de l'œuvre, qui la rend vivante. Cette rénovation prospère surtout dans les organisations commerciales de restauration, où le goût du client joue un rôle primordial. De nos jours, les écoles de restauration des musées de Moscou et de Saint-Pétersbourg travaillent sur une base scientifique. Les écoles du Centre de restauration Grabar et de la Galerie nationale Tretiakov sont très proches. Mais, ces derniers temps, la Galerie Tretiakov s'efforce, dans la mesure du possible, de faire apparaître l'«auteur pur», en complétant prudemment les pertes et uniquement dans le cas où les manques gênent la lisibilité du chef-d'œuvre. Chaque icône dicte le nombre de retouches à faire. Les repeints, à l'atelier de la galerie, ne sont pas tous admis. Seules des applications de tons, dans les limites de la tache colorée, sont autorisées.

Les principes de base de notre approche de la restauration à la Galerie Tretiakov sont:

- conserver l'icône, et donc réaliser une consolidation en premier lieu;
- conduire la mise au jour de la peinture d'origine cachée par les repeints sous le contrôle obligatoire d'un microscope optique binoculaire et procéder par couches successives, c'est-à-dire extraire une couche repeinte et photographier l'icône, puis extraire la couche suivante et, de nouveau, faire une photofixation, etc., cela afin de conserver l'historique de l'œuvre et voir concrètement de quoi une icône du XVIe siècle, par exemple, avait l'air au XVIIe siècle, XVIIIe siècle…;
- ne pas se servir, pour le renforcement et l'application de la *levkas* restaurée, de substances ou de cires synthétiques qui n'aient pas été utilisées à l'époque, mais seulement de substances qui entraient dans la composition de la préparation initiale;
- opérer discrètement des rajouts et des additions de tons, afin que le restaurateur ne devienne pas le «coauteur» de l'icône.

La réversibilité des interventions en matière de restauration est notre principe de base: si, au fil du temps, celle-ci devait se révéler par trop vieillie, elle se doit d'être réversible. C'est pourquoi nous n'incorporons à l'icône aucun synthétique. Nous rajoutons nos tons mélangés à des couleurs d'aquarelle délayées à l'eau et utilisons une fine couche de vernis comme revêtement protecteur.

A la reconstruction de la Galerie nationale Tretiakov, de grandes pièces lumineuses furent assignées aux ateliers de restauration de peintures à l'huile, d'icônes, de sculptures et d'art graphique. Notre atelier a aujourd'hui un emplacement bénéficiant des techniques modernes, entre autres un système puissant de renouvellement de l'air, qui protège la santé des restaurateurs, en contact permanent avec des substances nocives. Une température et un degré d'humidification constants, analogues à ceux de la réserve et des salles d'exposition, sont maintenus dans l'atelier de restauration et assurent ainsi la conservation des icônes.

Aujourd'hui, neuf restaurateurs, dont cinq jeunes spécialistes, travaillent au Département de restauration de la peinture d'ancienne Russie. Tous suivent une formation selon leur spécialité et bénéficient d'une expérience éprouvée sur le terrain.

Actuellement, la restauration exige de nombreuses qualités, surtout à la Galerie nationale Tretiakov où l'on est amené à travailler sur des œuvres uniques. Puisque la restauration se trouve à la charnière de plusieurs disciplines scientifiques, le restaurateur doit être non seulement peintre et historien de l'art, mais aussi physicien et chimiste. Et, surtout, il doit posséder le sens de la mesure et respecter l'auteur d'origine. Tous les restaurateurs de la Galerie Tretiakov, à n'importe quel niveau, possèdent ces connaissances et ces qualités, et s'efforcent de les transmettre à leurs étudiants, futurs restaurateurs, qui suivent leur formation dans notre atelier.

Aujourd'hui, à l'atelier, on restaure des icônes des XIVe-XVIe siècles. Sous les nombreux repeints, les restaurateurs découvrent des chefs-d'œuvre de l'art ancien, jusque-là inconnus de la culture russe.

E. G.

L'architecture religieuse et la peinture d'icônes russes font incontestablement partie des meilleures créations. En elles, l'âme du peuple a exprimé ce qu'elle contenait de plus beau et de plus intime, cette profondeur limpide de l'inspiration religieuse qui s'est illustrée par la suite dans les œuvres classiques de la littérature russe. Dostoïevski disait que «la beauté sauvera le monde»… Nos peintres d'icônes voyaient cette beauté qui sauvera le monde et l'ont immortalisée dans leurs couleurs.

Troubetzkoï, *Réflexion par les couleurs*, 1916

L'artiste d'ancienne Russie représentait les bâtiments à une échelle relativement sous-dimensionnée. Parfois, ces bâtiments paraissaient plus petits que les figures humaines voisines, parfois au même niveau qu'elles, parfois un peu plus hauts, et cela indifféremment. Ce n'était pas que le peintre d'ancienne Russie ne voyait pas la grandeur réelle des bâtiments ou qu'il ne savait pas représenter ces bâtiments dans des proportions réalistes, mais la représentation exacte des bâtiments n'était pas son problème. Il accordait les dimensions de ce qu'il représentait avec la signification qu'il leur donnait. Il ne cherchait pas à créer dans ses œuvres l'illusion de la réalité. Il exprimait son essence, son «esprit» parfois caché, tels qu'il les appréhendait.

Likhatchev, *L'Homme dans la littérature de l'ancienne Russie*, 1970

Œuvres exposées

Toutes les icônes présentées à cette exposition sont peintes à la tempera sur bois.

1

Saint Nicolas

Première moitié du XIVe siècle. Iaroslavl

114 × 74 cm

Acquis en 1936 (inv. DR 47)

Expositions:

Exposition d'icônes en l'honneur du IVe Congrès international des slavistes. Galerie nationale Tretiakov, Moscou, 1958

Exposition-jubilé d'Andreï Roublev, célébrant le 600e anniversaire de sa naissance. Galerie nationale Tretiakov, Moscou, 1960 (cat. n° 12)

Ecole de peinture de Rostov-Souzdal. Galerie nationale Tretiakov, 1967 (cat. n° 24)

Saint Nicolas est un important saint chrétien, devenu célèbre pour les miracles qu'il a accomplis durant sa vie et après sa mort. Son souvenir est vénéré partout dans les églises chrétiennes, en Occident comme en Orient. Dans l'ancienne Russie, le culte de ce saint fut introduit parallèlement à la christianisation et connut une large diffusion. On s'adressait à lui pour trouver une aide sur terre comme sur mer, comme à celui qui secourt chaque malheur, comme au protecteur des navigateurs et des voyageurs, comme au vainqueur du diable.

Saint Nicolas a vécu durant la seconde moitié du IIIe siècle et la première du IVe, et fut l'archevêque de la ville de Myra, capitale et métropole de Lycie en Asie Mineure. Saint Nicolas fut soumis à plusieurs répressions. Il est mort en 343. En 1087, sous l'empereur Comnène Manuel, les reliques du saint furent transportées de Myra en Lycie à la ville de Bari en Apulie (Italie du Sud). Dans l'ancienne Russie, le métropolite de Kiev, Efrem, institua une fête en souvenir de la translation des reliques du saint; depuis ce temps s'est constituée une hagiographie importante sur Nicolas.

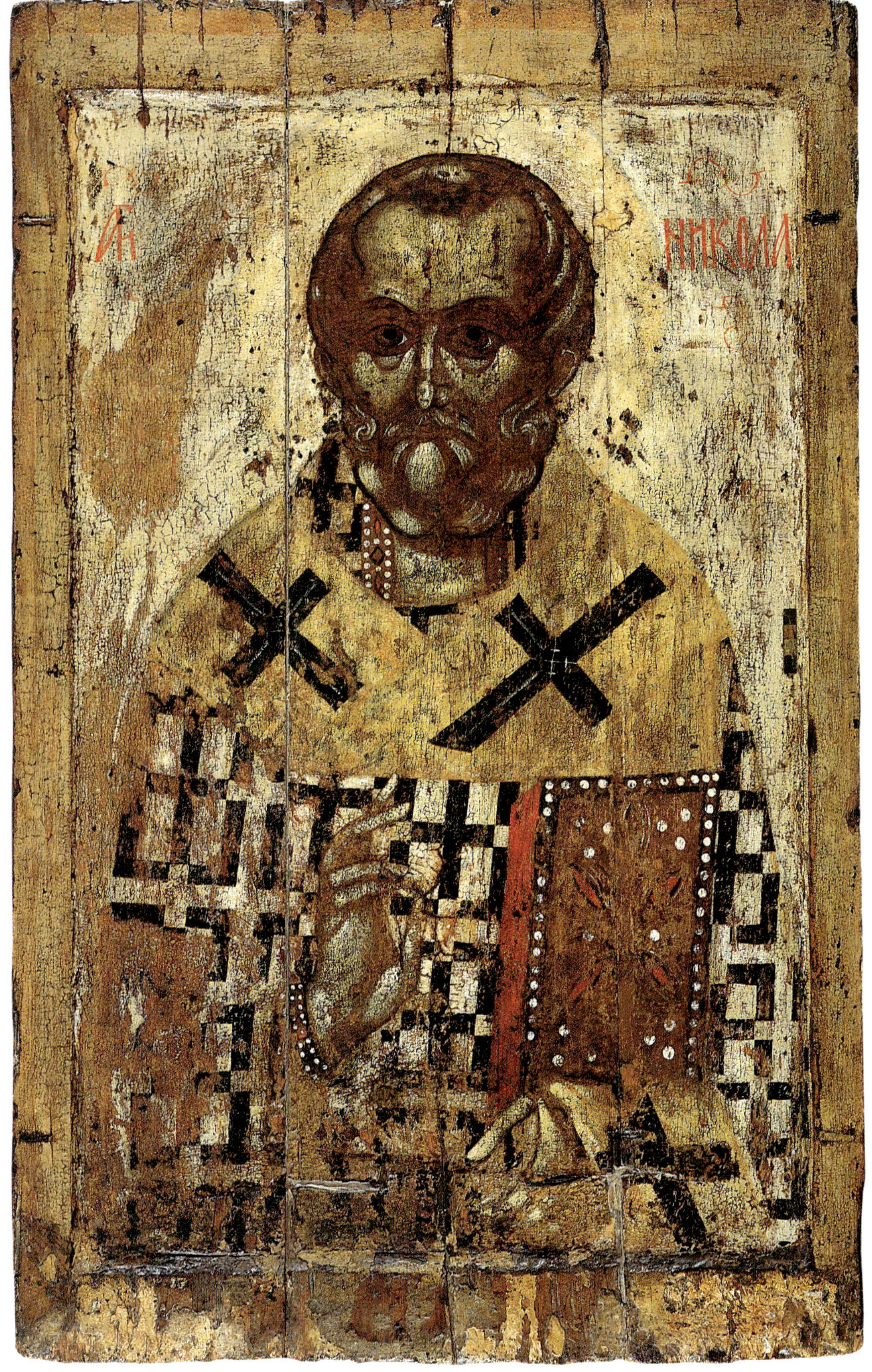

2

La Vierge Hodigitria

Début XVᵉ siècle. Moscou (?)
87 × 57 cm
Provient de l'iconostase de la cathédrale de Mourom
Acquis en 1935 (inv. 30532)

Expositions:

Exposition-jubilé d'Andreï Roublev, célébrant le 600ᵉ anniversaire de sa naissance. Galerie nationale Tretiakov, Moscou, 1960 (cat. nº 73)

Ecole de peinture de Rostov-Souzdal. Galerie nationale Tretiakov, 1967 (cat. nº 47)

Icônes de la Vierge dans les collections de la Galerie nationale Tretiakov. Galerie nationale Tretiakov, Moscou, 1994

La tradition, fondée sur les textes de plusieurs auteurs, veut que l'iconographie de la Vierge Hodigitria (Vierge conductrice) remonte à l'une des trois icônes peintes par l'évangéliste Luc.

L'Hodigitria de Smolensk, rapportée en Russie en 1046 pour la fille de l'empereur Constantin, la tsarine Anna, servit de modèle pour de nombreuses copies. La peinture d'icônes grecque et russe ne connaît presque exclusivement que le type d'Hodigitria en buste.

L'Hodigitria de Mourom est l'une des meilleures versions du prototype de l'iconographie traditionnelle, conservant non seulement les proportions et la composition de l'image ancienne, mais aussi le type, les gestes, les coloris et d'autres éléments. Ses procédés picturaux et stylistiques correspondent aux œuvres grecques. Les particularités de la paléographie grecque dans les monogrammes et inscriptions, ainsi que le caractère du traitement des planches avec une «cuvette» (le creux au centre de l'icône) et un biseau profonds, confirment la provenance grecque de cette œuvre.

D'après les témoignages du XVIIIᵉ siècle, cette icône est une contribution du tsar Ivan le Terrible. Elle serait liée à la bataille de Kazan et à la reconstruction de la cathédrale de Mourom, demandée par le tsar en souvenir du courage des habitants de la ville et des succès guerriers des milices populaires. L'icône était l'objet sacré le plus vénéré de la cathédrale; on la portait durant les processions.

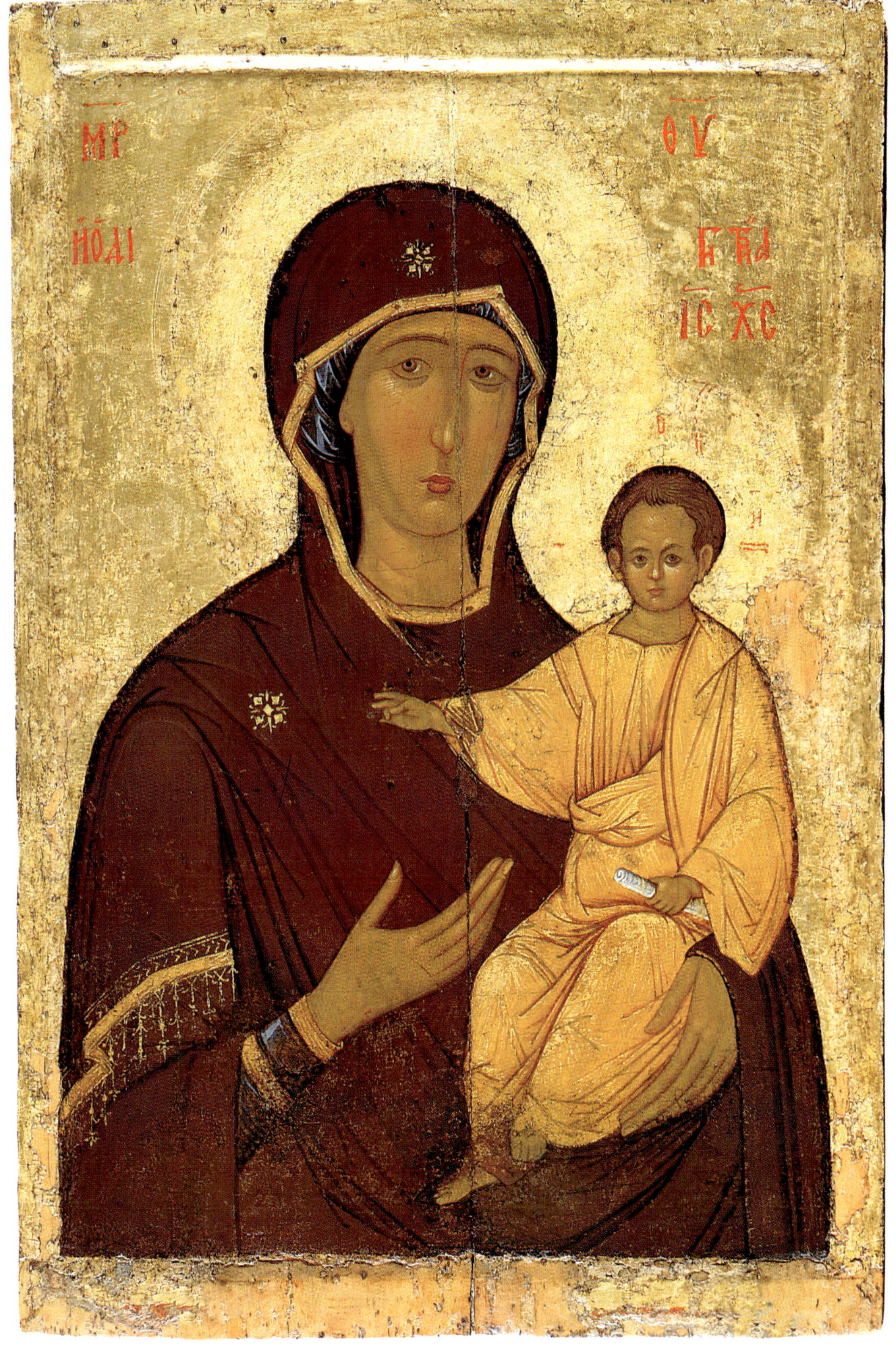
ΜΡ ΘΥ
ΙC ΧC

3

L'Intercession

Première moitié du XVe siècle. Novgorod
58 × 42 cm
Ancienne collection A. V. Morozov
Acquis en 1930 (inv. 14557)

Expositions:

Peinture de l'ancienne Russie. Musée national d'histoire, Moscou, 1926

Trésors de l'art russe. Icônes du XIVe au XVIIe siècle. Musée national Fernand Léger. Béote, 1976 (cat. no 5). Marseille, Cannes, 1976 (cat. no 5). Liège, Bruxelles, 1976-1977 (cat. Liège no 5). Luxembourg, 1977 (cat. no 5)

Peinture ancienne des collections de la Galerie nationale Tretiakov. Musée national d'art, Tbilissi, Géorgie, 1982 (cat. no 2)

Les trésors russes. Icônes et arts décoratifs du XIe au début du XXe siècle des collections de la Galerie nationale Tretiakov et des Musées du Kremlin de Moscou. Retretti, Finlande, 1996 (cat. no 42)

L'épisode tiré de la Vie d'André l'Innocent relatant le miracle de l'apparition de la Sainte Vierge dans l'église des Blachernes à Constantinople, au temps où la ville était assiégée par les sarrasins, est un des fondements de l'iconographie russe. La Vierge étendit son maphorion (voile recouvrant la tête) au-dessus des implorants, les gardant sous sa défense et sa protection. La Fête de l'Intercession fut instituée en Russie au XIIe siècle, sous le prince Andreï Bogolioubski, à Vladimir.

L'iconographie de l'Intercession est spécifique à la Russie. Dans cette icône, la scène est représentée selon les traditions iconographiques de Novgorod. Dans les chefs-d'œuvre de Novgorod, la composition a une structure claire et agencée en trois registres. La Vierge est représentée au centre, devant l'autel et sous les Portes Saintes, les mains levées au ciel (dans la pose de l'orante). Appuyés sur sa tête, les archanges déploient le drap vermillon, au-dessus duquel se trouve le Christ en buste, bénissant des deux mains (bénédiction épiscopale). Autour de la Vierge figurent, à gauche, les hiérarques Jean Chrysostome, Basile le Grand, Grégoire le Théologien et, à droite, les anges. Sous les Portes Royales fermées se trouvent, à gauche, les apôtres, conduits par Jean le Précurseur, et, à droite, André l'Innocent, montrant la Vierge à son disciple Epiphanie et aux martyrs.

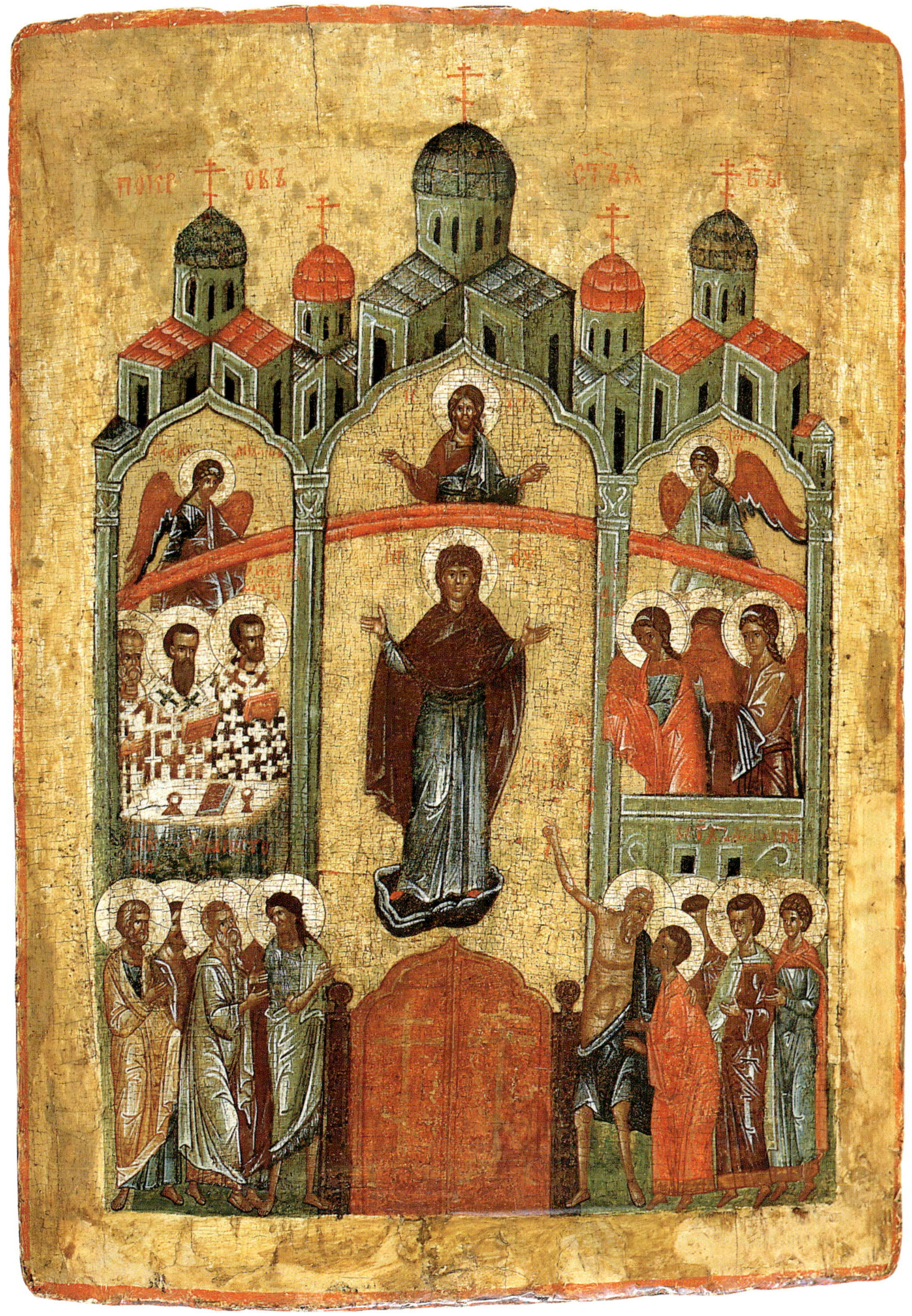

4

La Dormition de la Vierge

XVe siècle. Tver

113 × 88 cm

Ancienne collection I. S. Ostrooukov

Acquis en 1929 (inv. 22303)

Expositions:

Exposition d'icônes en l'honneur du IVe Congrès international des slavistes. Galerie nationale Tretiakov, Moscou, 1958

Exposition-jubilé d'Andreï Roublev, célébrant le 600e anniversaire de sa naissance. Galerie nationale Tretiakov, Moscou, 1960 (cat. n° 75)

Peinture de l'ancienne Tver. Musée d'art d'ancienne Russie Andreï Roublev, Moscou, 1969-1970 (cat. n° 12)

Maître Denis et l'art de Moscou des XVe et XVIe siècles. Musée national russe, Léningrad, 1976 (cat. n° 10)

L'iconographie de la Dormition s'est formée d'après les textes apocryphes et les sermons des Pères de l'Eglise. Au centre de la composition, la Vierge en Dormition est couchée sur un lit. Derrière, le Christ en gloire tient l'âme de la Vierge, représentée sous la forme d'une figure emmaillotée. Autour de la couche se trouvent les apôtres et les saints. Selon la recommandation de Marie, qui savait son décès prochain, une chandelle est maintenue allumée devant son lit. Le fond architectural, derrière le dos des pleureuses, symbolise la maison de Marie sur la colline de Sion à Jérusalem. Dans la partie supérieure de la composition est représentée l'Ascension de la Vierge, qui confie sa ceinture à l'apôtre Thomas, arrivé en retard pour ses funérailles. Sur les côtés, les apôtres, volant dans les nuages, accompagnent les anges à l'endroit où la Vierge est morte. Ce type d'iconographie de la Dormition, avec les apôtres planant dans les nuages, s'appelle «nuageuse». Dès la seconde moitié du XVe siècle, elle jouit d'une popularité significative dans la peinture d'icônes russe. Le rendu de cette icône est minutieux et classique. Il faut noter en particulier la gamme chromatique, qui s'appuie sur une étude poussée des différents bleus et des tons foncés. Cette dominance de tons a valu à l'icône le surnom de *Dormition Bleue*.

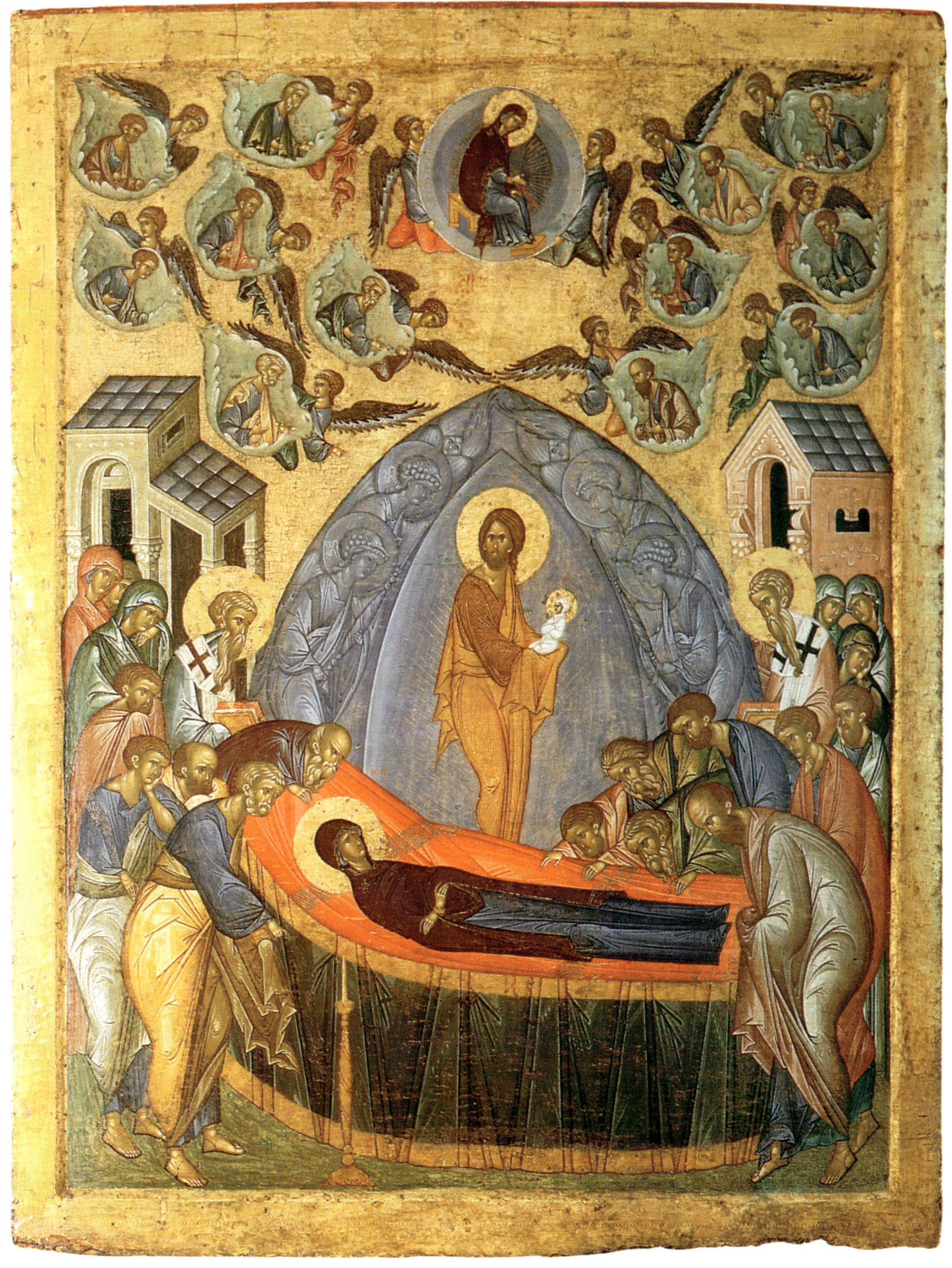

5

La Nativité

Fin XVe - début XVIe siècle. Souzdal
59 × 47 cm
Ancienne collection A. M. et A. V. Maraev, Serpoukhov
Acquis en 1934 (inv. 15033)

Expositions:

Ecole de peinture de Rostov-Souzdal. Galerie nationale Tretiakov, 1967 (cat. n° 92)
Les trésors russes. Icônes et arts décoratifs du XIe au début du XXe siècle des collections de la Galerie nationale Tretiakov et des Musées du Kremlin de Moscou. Retretti, Finlande, 1996 (cat. n° 48)

Le sujet de la Nativité du Christ est fondé sur les récits évangéliques de Matthieu (1: 18-24; 2: 1-12) et de Luc (2: 1-20), ainsi que sur la liturgie byzantine et les apocryphes. Selon les textes, Marie et Joseph se rendent à Bethléem pour le recensement général décrété par l'empereur romain Auguste. «Or il advint, comme ils étaient là, que les jours furent accomplis où elle devait enfanter. Elle enfanta son fils premier-né, l'enveloppa de langes et le coucha dans une crèche, parce qu'il manquait de place dans la salle» (Luc 2: 6-7).
L'icône de la Galerie Tretiakov est exécutée selon un schéma iconographique répandu. Sur fond de montagnes, la Mère de Dieu est allongée sur une couche au centre; derrière elle, il y a la grotte avec la crèche où se trouve le Christ nouveau-né. Un cheval et une vache sont penchés sur l'enfant emmailloté. En haut à gauche, sur les montagnes, sont représentés les Rois mages, guidés par l'étoile et suivis par un ange. A droite, un des anges admire l'enfant dans la crèche, alors qu'un autre, claironnant dans une corne de berger, répand la nouvelle de cet important événement. Dans la partie basse de la composition sont représentées la scène de la tentation de Joseph par le diable (à gauche) et celle de l'ablution des femmes dans les fonts baptismaux du nouveau-né (à droite).
La délicatesse des figures et l'harmonie colorée montrent les affinités du peintre avec son contemporain, l'illustre Maître Denis, auteur des fresques du monastère de Ferapontovo, connues dans le monde entier.

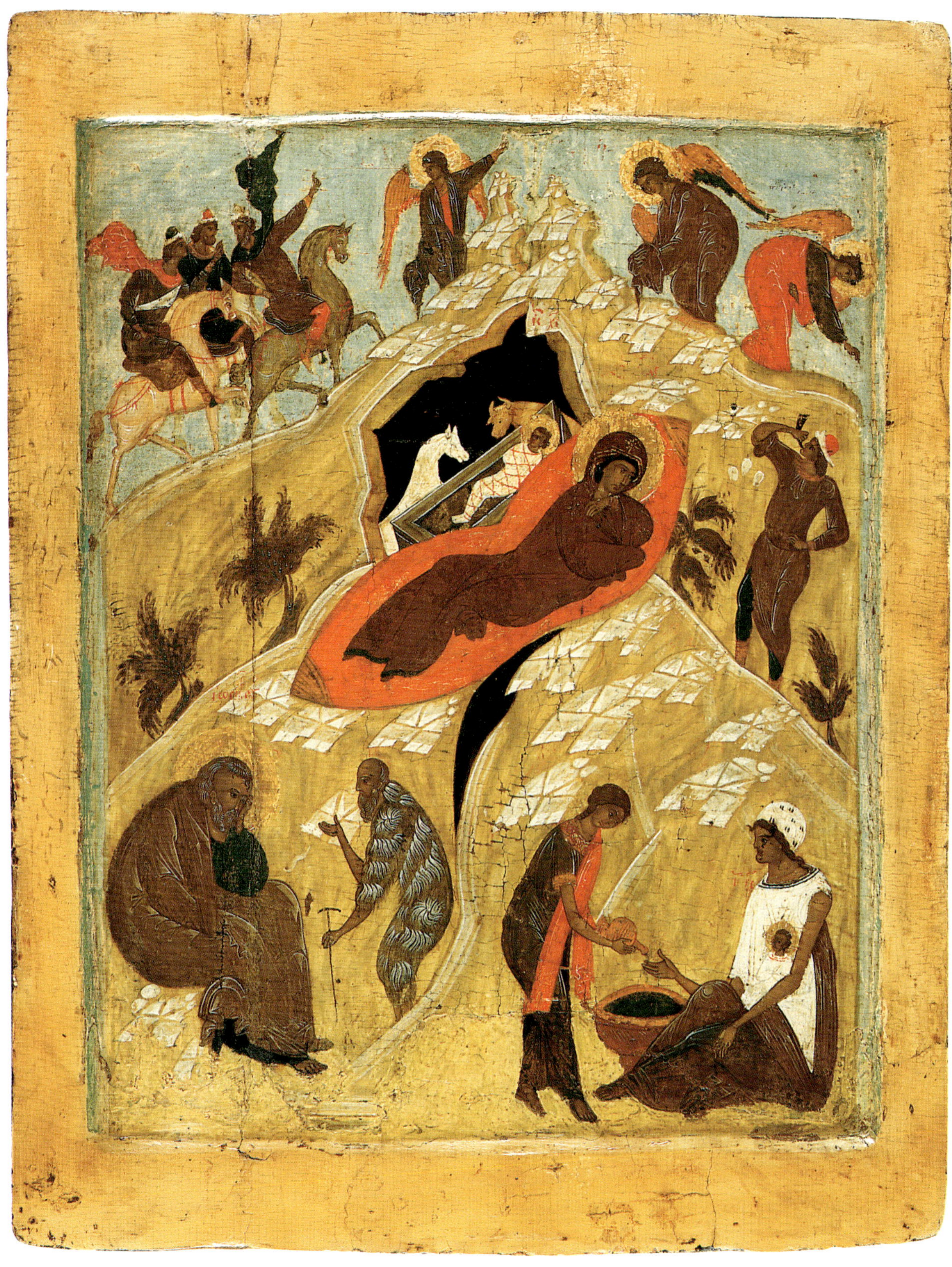

6

Nicolas et les hiérarques de Rostov, Isaïa et Léonce, avec la vie de Nicolas

Fin XVe - début XVIe siècle. Rostov
117 × 81 cm
Ancienne collection A. V. Morozov
Acquis en 1930 (inv. 14547)

Expositions:

Exposition-jubilé d'Andreï Roublev, célébrant le 600e anniversaire de sa naissance. Galerie nationale Tretiakov, Moscou, 1960 (cat. n° 18)

Ecole de peinture de Rostov-Souzdal. Galerie nationale Tretiakov, 1967 (cat. n° 33)

Les trésors russes. Icônes et arts décoratifs du XIe au début du XXe siècle des collections de la Galerie nationale Tretiakov et des Musées du Kremlin de Moscou. Retretti, Finlande, 1996 (cat. n° 47)

Au milieu de l'icône sont représentés saint Nicolas (au centre) et les hiérarques de Rostov, Isaïa (à droite) et Léonce (à gauche).
Sur saint Nicolas, voir cat. n° 1.
Léonce, premier archevêque de Rostov (élu pas plus tard qu'en 1051), né en Grèce, religieux du monastère de Kiev Petcherski, a prêché la foi chrétienne à la population païenne de Rostov. Il est décédé, probablement, au début du XIIe siècle. Ses reliques furent trouvées en 1164.
Isaïa, quatrième archevêque de Rostov (élu en 1077), natif de Kiev, fut religieux au monastère de Kiev Petcherski, puis au monastère Dmitrovski. Comme Léonce, il prêcha le christianisme. Il est décédé en 1090. Ses reliques furent trouvées par le prince Andreï Bogolioubski en 1160.
La représentation centrale est bordée de vingt compartiments illustrant la vie de saint Nicolas, dont les sujets sont:

1) Naissance de Nicolas
2) Instruction
3) Nicolas ordonné diacre
4) Nicolas sacré évêque
5) Nicolas calme les tempêtes
6) Saint Nicolas apparaît en songe à l'empereur Constantin et lui enjoint de libérer des innocents condamnés
7) Apparition de saint Nicolas à Evlav
8) Nicolas délivre trois hommes du supplice
9) Nicolas délivre trois hommes de la prison
10) Nicolas délivre les gens de l'esprit maléfique
11) Sauvetage du jeune Dimitri du fond de la mer
12) Nicolas chasse les démons des arbres et des puits
13) Miracle de l'adolescent noyé que Nicolas ressuscite et rend à ses parents, après l'avoir allongé dans la cathédrale Sainte-Sophie à Kiev
14) Nicolas achète un tapis à un vieillard
15) Un sarrasin est délivré de prison
16) Nicolas rend le tapis à la femme du vieillard
17) Miracle du fils d'Agricos (Nicolas affranchit l'adolescent Basile de la captivité sarrasine)
18) Nicolas dépose le jeune homme devant ses parents
19) Mort de Nicolas
20) Translation des reliques de Myra à Bari

La représentation centrale a été repeinte. Les compartiments ont été réalisés à la fin du XVe - début du XVIe siècle, mais dans un style plus proche des représentations antérieures (fin XIVe - début XVe). Cela illustre la permanence des traditions picturales des peintres de Rostov.

Enumération des scènes
de la vie des saints
bordure de l'icône

1	2	3	4	5
6				7
8				9
10				11
12				13
14				15
16	17	18	19	20

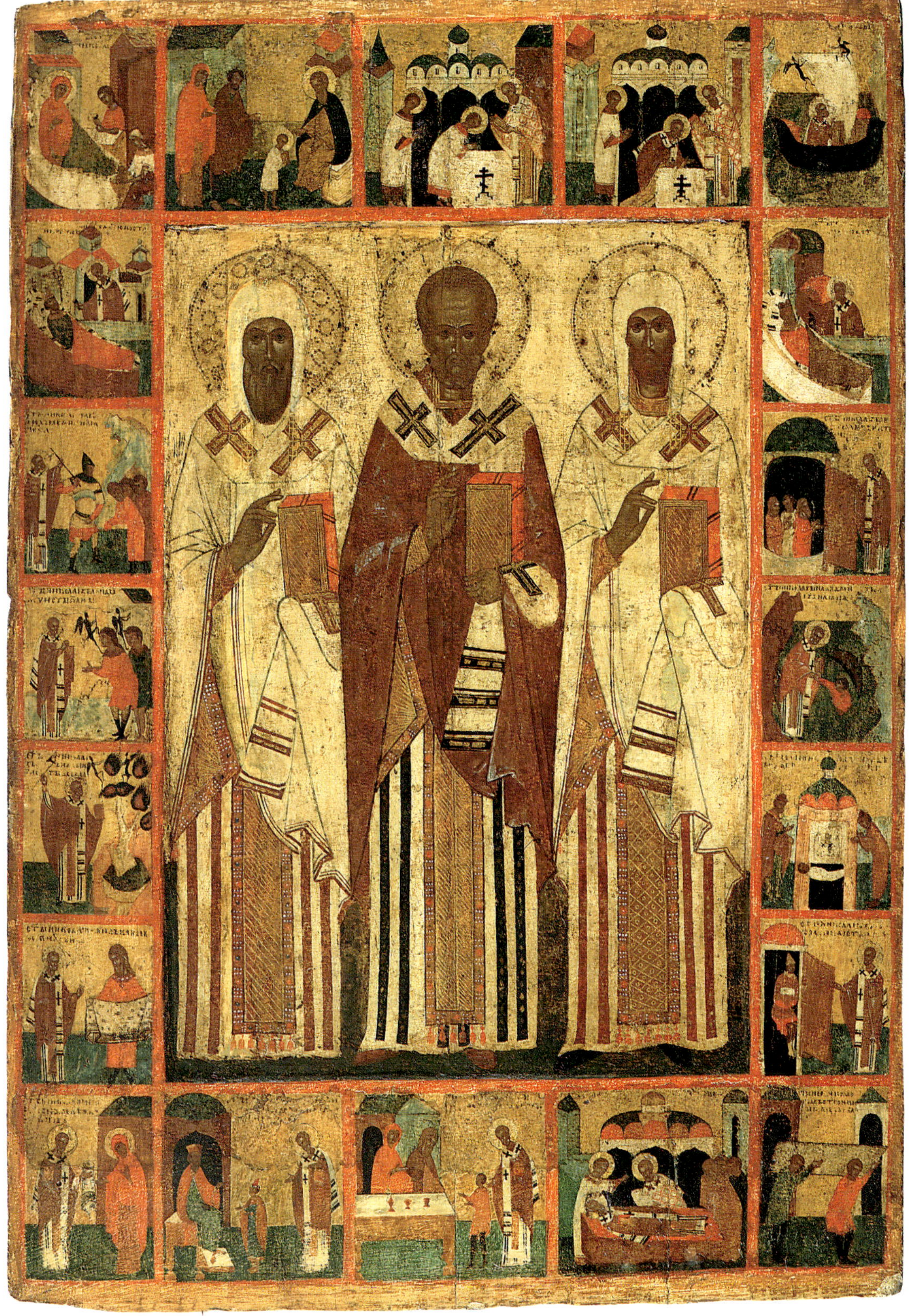

7

Le Miracle de saint Georges terrassant le dragon

Fin XVe - début XVIe siècle. Moscou
89 × 67 cm
Provient du village de Chenkoursk, région de Vologda
Acquis en 1965 grâce à la donation de l'écrivain Iouri Arbat (inv. DR 168)

Expositions:

Les icônes du nord de la Russie. Galerie nationale Tretiakov, 1964-1965

Trésors de l'art russe. Icônes du XIVe au XVIIe siècle. Musée national Fernand Léger. Béote, 1976 (cat. n° 15). Marseille, Cannes, 1976 (cat. Cannes n° 15). Liège, Bruxelles, 1976-1977 (cat. Liège n° 15). Luxembourg, 1977 (cat. n° 15)

Peinture ancienne des collections de la Galerie nationale Tretiakov. Musée national d'art, Tbilissi, Géorgie, 1982 (cat. n° 27)

Saint Georges est un grand martyr, qui vécut à la fin du IIIe - début du IVe siècle en Cappadoce (Asie Mineure).

Le sujet de l'icône remonte à l'épisode du «miracle sur le dragon», qui apparaît dans les textes sur la vie de Georges, vers le IXe siècle.

Les textes apocryphes sont incroyablement proches des nombreux contes sur les preux et les héros du folklore mondial et de la mythologie.

D'après son hagiographie, Georges sauva la princesse Elissava, envoyée à la merci du dragon, et libéra de l'ennemi tout le pays de Lybie. Il existe une variante courte de l'iconographie, où est représenté le chevalier terrassant le dragon et l'empoignant par le col. Cette icône relève de la variante longue, où la princesse Elissava, sauvée par Georges, est représentée à ses côtés. Avec sa ceinture rouge, elle conduit le dragon ailé qui étouffe dans la ville, où l'attendent le tsar, la tsarine et les habitants. Ici, Georges n'est pas représenté avec sa lance, mais avec une épée qu'il brandit. Un ange volant couronne le vainqueur. A gauche, Nicolas en buste est représenté sur un arc de cercle.

Saint Georges, appelé aussi le Victorieux, est l'un des saints les plus vénérés et aimés d'ancienne Russie.

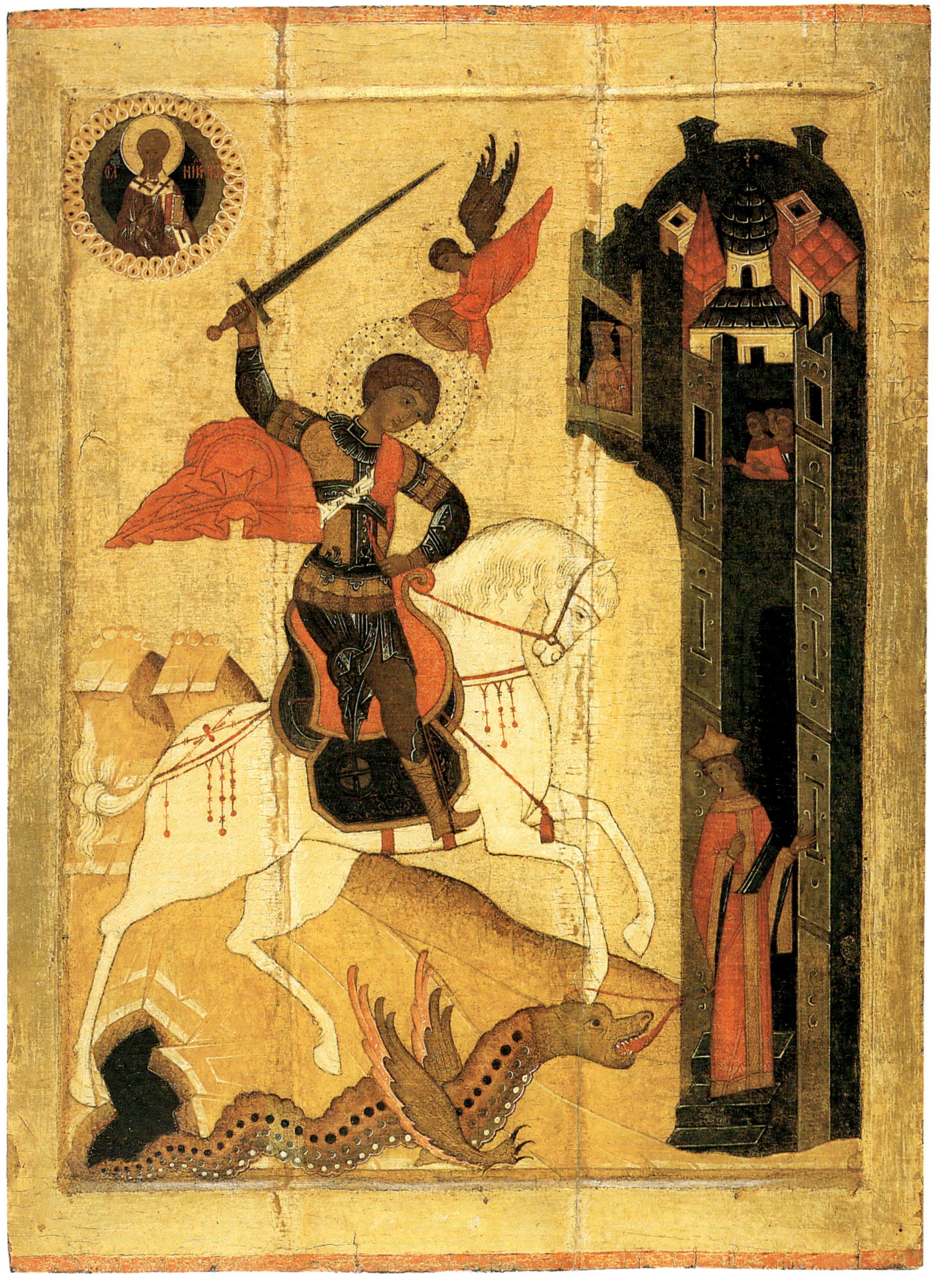

8

Miracle de l'archange Michel sur Florus et Laurus

Début XVIe siècle. Novgorod
67 × 52 cm
Ancienne collection A. V. Morozov
Acquis en 1930 (inv. 14558)

Expositions:

Peinture de l'ancienne Russie. Musée national d'histoire, Moscou, 1926

Malarstwo rosyjskie XIV-XX w. Musée national, Varsovie, 1957 (cat. no 8)

L'art russe des Scythes à nos jours. Trésors des musées soviétiques. Grand Palais, Paris, 1967-1968 (cat. no 254)

L'art paléochrétien et byzantin. Berlin, 1967

La culture et l'art de l'ancienne Russie. Salle centrale d'exposition Manège, 1969

Des temps anciens jusqu'à nos jours. Prague, Bratislava, 1970-1971 (cat. no 80)

La peinture de Novgorod. Musée national russe, Léningrad, 1971-1972 (cat. no 104)

L'art russe et soviétique des temps anciens jusqu'à nos jours. Palais de Venise, Rome, Florence, 1974

Trésors de l'art russe. Icônes du XIVe au XVIIe siècle. Musée national Fernand Léger. Béote, 1976 (cat. no 20). Marseille, Cannes, 1976 (cat. no 20). Liège, Bruxelles, 1976-1977 (cat. Liège no 20). Luxembourg, 1977 (cat. no 20)

Saint Michel et sa symbolique. Palais des Beaux-Arts, Bruxelles, 1979 (cat. no 106)

Les trésors russes. Icônes et arts décoratifs du XIe au début du XXe siècle des collections de la Galerie nationale Tretiakov et des Musées du Kremlin de Moscou. Retretti, Finlande, 1996 (cat. no 52)

Les sources constitutives de cette iconographie ne sont pas claires. De l'avis de certains chercheurs, cette iconographie, usuelle en Russie seulement, à Novgorod et dans ses provinces du Nord essentiellement, serait le résultat d'un art populaire original. L'icône a pour sujet l'apparition de l'archange Michel, remettant à Florus et à Laurus des chevaux bridés et sellés. Trois autres saints sont représentés dans la composition de l'icône, Spevsyppe, Melevsyppe, Elevsyppe (dont les noms, en grec, signifient «celui qui accélère l'allure des chevaux», «celui qui prend soin des chevaux», «celui qui fait courir les chevaux»).

Les frères martyrs Florus et Laurus vivaient au IIe siècle en Illyrie (Balkans), où est née la tradition de leur vénération, dérivée du culte antique des frères Dioscure, les cavaliers.

Le culte de Florus et de Laurus contient plusieurs aspects: les frères étaient vénérés comme guérisseurs et protecteurs des chevaux et des troupes montées. Le jour même de la commémoration de Florus et de Laurus, le vénérable Serge de Radonège a béni le prince Dimitri Donskoï à la bataille de Koulikovo. Ce fait marqua la consolidation en Russie du culte de ces saints comme patrons des troupes montées.

Les autres frères éleveurs de chevaux, Spevsyppe, Melevsyppe, Elevsyppe, conformément à certains écrits sur leur vie, vivaient aussi au IIe siècle en Cappadoce (Asie Mineure). Ils admiraient la déesse Némézide et prenaient soin des chevaux qui participaient aux fêtes en son honneur. Après s'être convertis au christianisme, les frères souffrirent pour leur foi. Selon d'autres écrits, ils étaient de jeunes notables de Gaule, soumis au martyre du temps de Marc Aurèle.

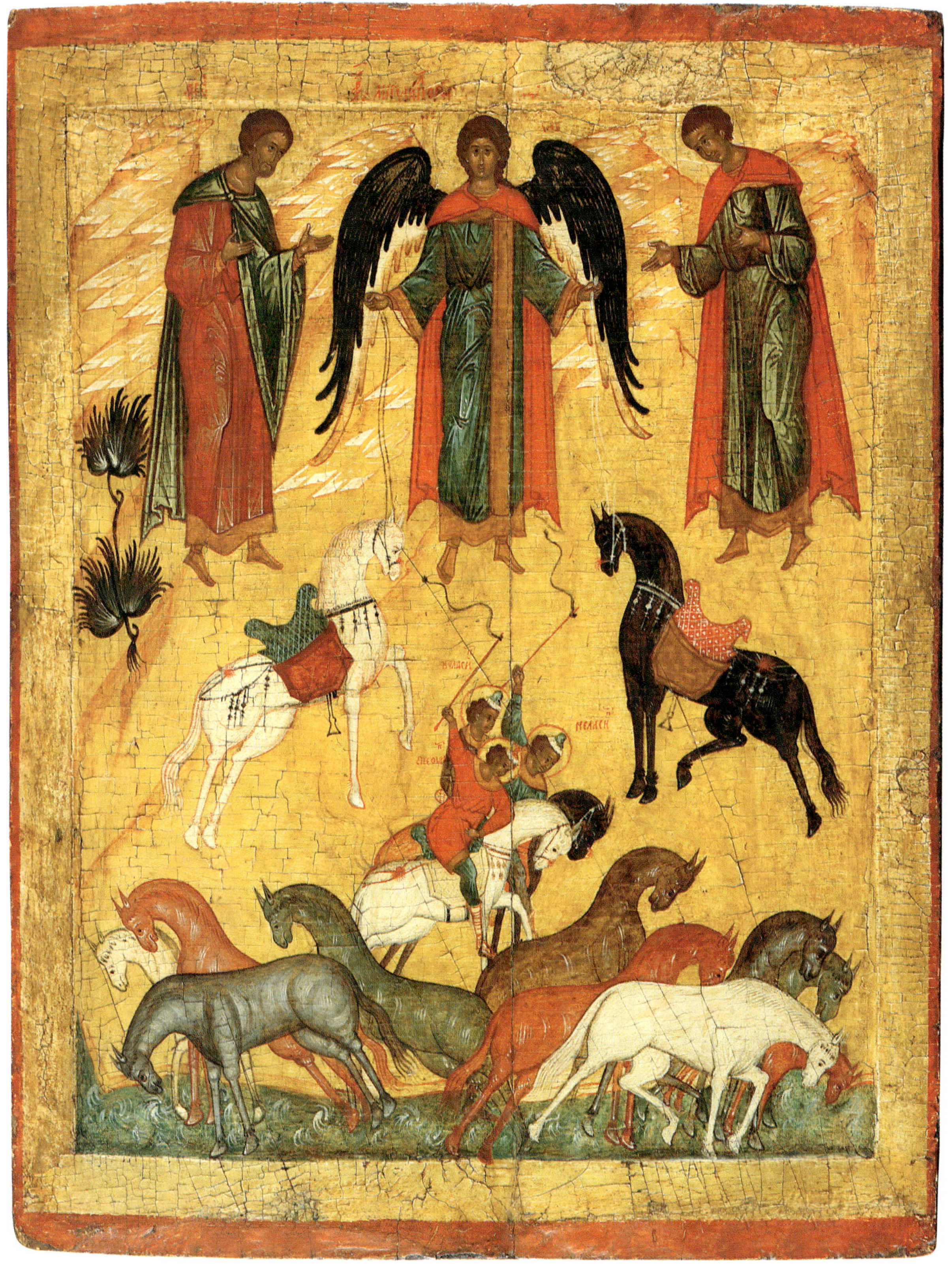

9

Les Portes Royales

Premier tiers - moitié du XVIe siècle. Russie centrale (Rostov?)
165 × 40 cm (chaque battant)
Ancienne collection A. I. Anissimov
Acquis en 1931 (inv. 28607-28608)

Expositions:
La culture et l'art de l'ancienne Russie. Salle centrale d'exposition Manège, 1969
La peinture de l'ancienne Russie des musées d'U.R.S.S., Delhi, Inde, 1988

Les Portes Royales sont disposées au centre de l'iconostase et sont indispensables au temple orthodoxe. Pendant l'office religieux, les Saints Dons étaient transportés par ces portes, appelées aussi «Portes du Paradis». Leur ouverture au cortège solennel des offices symbolisait celle du royaume des cieux. Cette grande entrée est représentée nécessairement par l'Annonciation, liée au thème liturgique de l'Incarnation. Sur les Portes Royales, l'Annonciation se trouve dans les parties supérieures des battants qui, comme d'habitude, sont de forme semi-circulaire avec un couronnement arqué. Plus bas, sur les parties orthogonales, sont représentés soit les deux figures en pied des auteurs de la liturgie, Basile le Grand et Jean Chrysostome (comme dans cette œuvre), soit les quatre évangélistes écrivant, deux sur chaque montant.

Cette pièce, dont la provenance (voir cat. n° 15) n'est pas connue avec précision, est typique de la manière de Russie centrale, probablement de la peinture de Rostov, avec un coloris délicat et clair, des silhouettes élégantes, une douceur attentive dans l'expression des visages. Il faut rattacher aux caractéristiques de cette variante iconographique quelques particularités dans la représentation de l'Annonciation. Ainsi, la figure de la jeune fille filant près de la Vierge s'apparente aux représentations d'Andreï Roublev et de ses élèves sur les Portes Saintes provenant de l'iconostase de la cathédrale de la Trinité du monastère Troïtsé-Serguiev, près de Moscou.

La pose de la Vierge, la paume ouverte devant la poitrine et tournée vers l'archange, est également comparable à celle figurant sur les Portes de cette même cathédrale.

Les détails du fond architectural représentent de manière conventionnelle l'intérieur du temple de Jérusalem avec la Vierge, entourée d'autres jeunes filles, tissant un rideau.

Tous ces motifs prennent pour exemple la peinture de la capitale de la période classique.

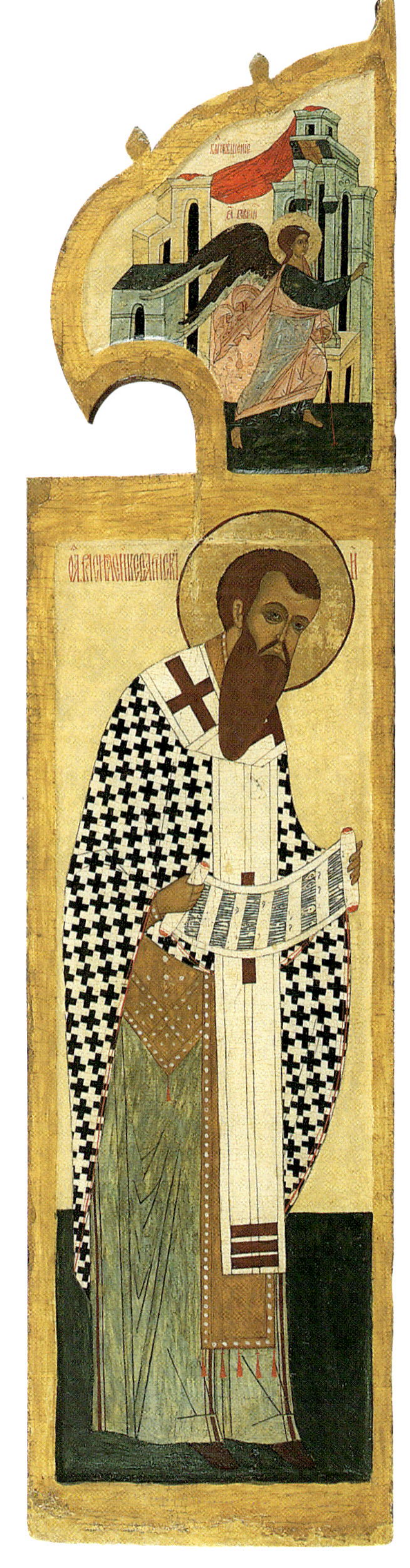

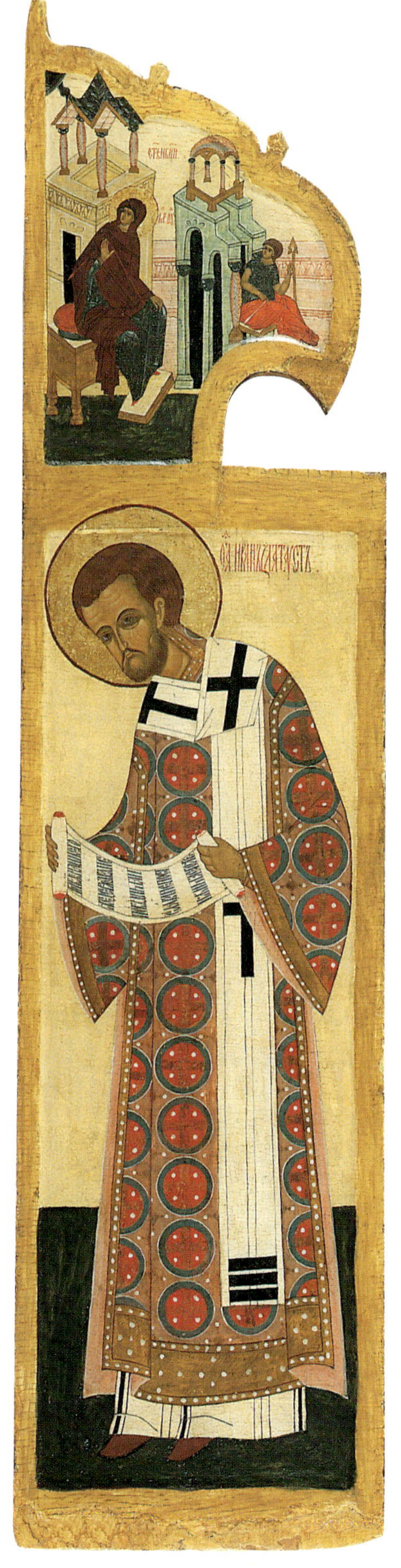

10

La Crucifixion

Première moitié du XVIe siècle. Moscou

86 × 72 cm

Acquis en 1931 (inv. 12806)

Expositions:

Peinture d'ancienne Russie des collections de la Galerie nationale Tretiakov. Galerie Seïbo, Tokyo, Japon, 1978 (cat. no 28)

Le sujet de la Crucifixion s'appuie sur les Evangiles de Matthieu (27: 21-55), de Marc (15: 24-31), de Luc (23: 33-49) et de Jean (19: 18-37). Il existe plusieurs types iconographiques dans la représentation de la Crucifixion: une version austère (avec seulement le Crucifié, la Vierge et Jean le Théologien) et une plus développée, à laquelle se rattache cette icône. De part et d'autre du Crucifié se trouvent, à droite, la Vierge et les saintes femmes, à gauche, Jean le Théologien et Longin, le centurion. La représentation de ce guerrier est liée aux textes évangéliques selon lesquels Longin aurait dit devant le Crucifié: «Il était vraiment le fils de Dieu.»

La croix est dressée sur le Golgotha, représenté sous la forme d'un mont et d'une caverne avec le «crâne d'Adam». Des anges pleurent autour du Christ. Dans le fond se profile le mur double de Jérusalem.

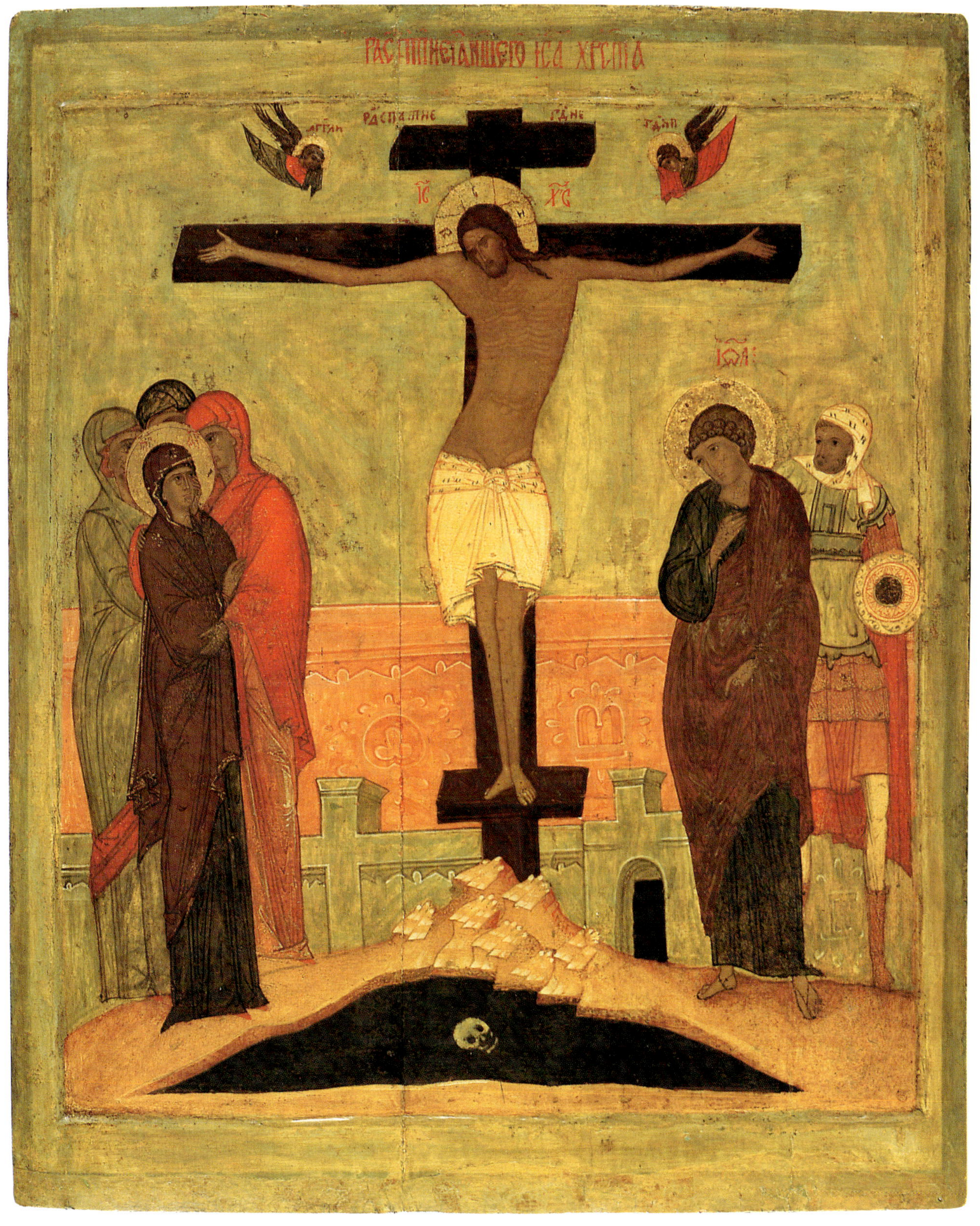

11

Résurrection – Descente aux Enfers

Première moitié du XVIe siècle. Pskov

54 × 45 cm

Ancienne collection des frères Tchirikov. Passée dans la collection S. P. Riabouchinski

Acquis en 1930 (inv. 24336)

Expositions:

Exposition d'art russe ancien au Congrès panrusse des peintres. Académie des Beaux-Arts, Saint-Pétersbourg, 1911-1912

La peinture de l'Ancien Pskov. Moscou, Léningrad, 1970-1971

La peinture de Pskov XIIIe-XVIIe siècle. Galerie nationale Tretiakov, Moscou, 1991 (cat. n° 58)

Les trésors russes. Icônes et arts décoratifs du XIe au début du XXe siècle des collections de la Galerie nationale Tretiakov et des Musées du Kremlin de Moscou. Retretti, Finlande, 1996 (cat. n° 53)

En Russie, jusqu'au XVIe siècle, la Résurrection du Christ est représentée seulement sous la forme d'une Descente aux Enfers. L'iconographie de la Descente aux Enfers remonte à l'art byzantin et s'appuie sur les récits apocryphes de l'évangéliste Nicodème, sur les textes des psaultiers, sur les Epîtres de Pierre et sur les recueils des Pères de l'Eglise. En accord avec les textes, le Christ, le jour de la résurrection, descendit en enfer pour y sortir les ancêtres de l'humanité, Adam et Eve, les Justes de l'Ancien Testament, les Prophètes et les Patriarches, dont il expia les péchés en mourant sur la croix.

Cette iconographie est caractéristique des icônes de Pskov dans sa construction dynamique autour du groupe central. Le Christ, vêtu de rouge, prend par la main dans un mouvement impétueux Adam et Eve et les sort de l'enfer. Derrière Adam et Eve agenouillés se trouvent les Patriarches et les Prophètes. Au-dessus du rocher sont représentés les anges. Au-dessous, l'antre infernal, démarqué par une ligne courbe, montre diverses scènes de captivité et de tortures de Satan, et le cortège des Justes ressuscités au centre.

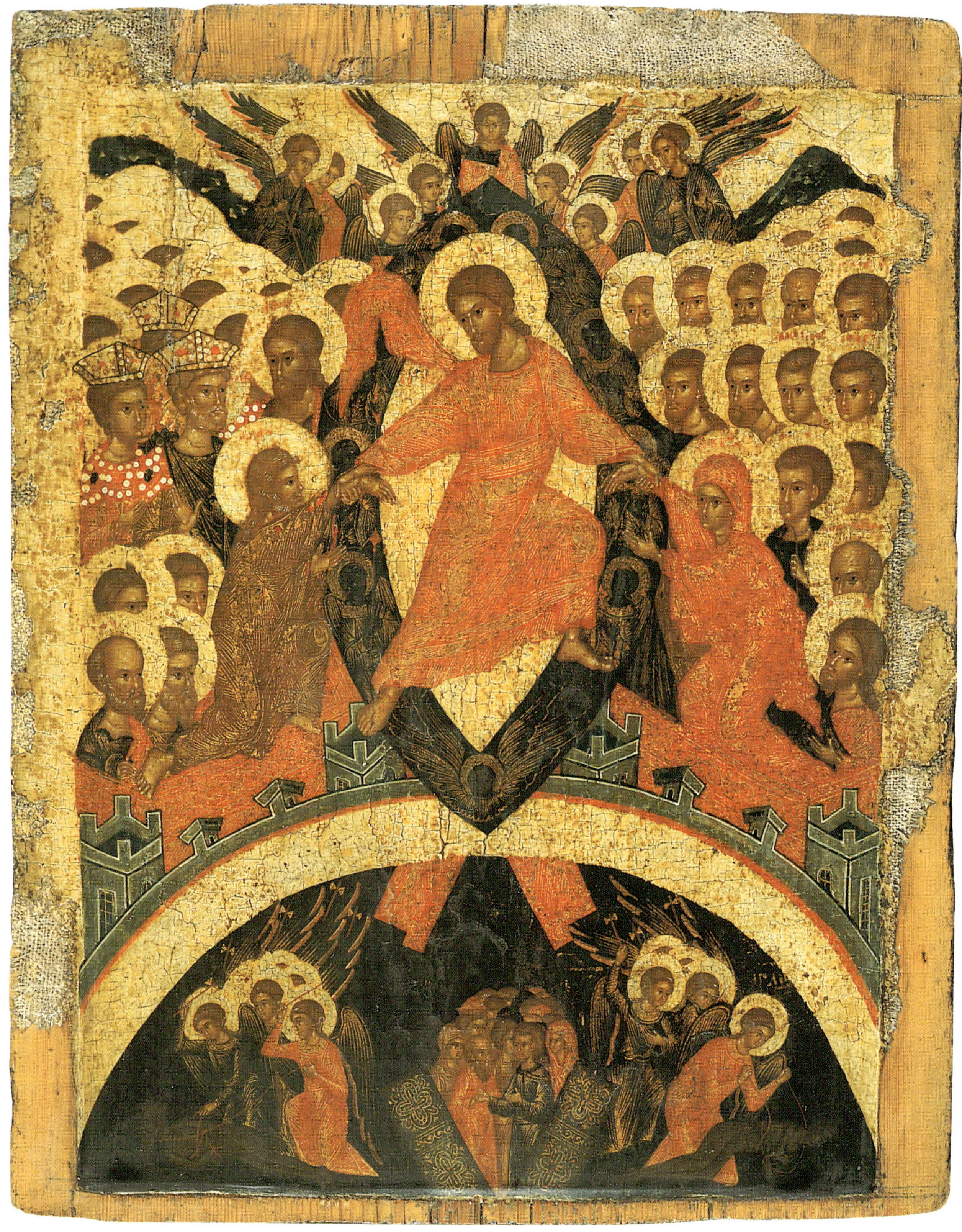

12

La Vierge de Jérusalem

Milieu du XVIe siècle. Novgorod

110 × 80 cm

Acquis en 1934 (inv. 20579)

Expositions:

Trésors de l'art russe. Icônes du XIVe au XVIIe siècle. Musée national Fernand Léger. Béote, 1976 (cat. n° 26). Marseille, Cannes, 1976 (cat. n° 26). Liège, Bruxelles, 1976-1977 (cat. Liège n° 26). Luxembourg, 1977 (cat. n° 26)

Peinture d'ancienne Russie des collections de la Galerie nationale Tretiakov. Galerie Seïbo, Tokyo, Japon, 1978 (cat. n° 5)

Les trésors russes. Icônes et arts décoratifs du XIe au début du XXe siècle des collections de la Galerie nationale Tretiakov et des Musées du Kremlin de Moscou. Retretti, Finlande, 1996 (cat. n° 54)

Cette œuvre est la réplique d'une icône arrivée en Russie de Constantinople en 988 et hautement appréciée à Novgorod, dans le nord de la Russie, dans la région de la Volga et à Moscou. Selon la légende, le prince de Kiev, Vladimir Sviatoslavitch, après s'être fait baptiser dans la ville de Korsoun qu'il avait soumise, reçut cette icône remarquable en cadeau de l'empereur byzantin Léon VI le Philosophe. On donne à cette icône le nom de Jérusalem à cause de la provenance initiale du prototype (créé, d'après la tradition, par l'évangéliste Luc).

L'icône de Jérusalem, ainsi arrivée en Russie, fut donnée par Vladimir en cadeau aux habitants de Novgorod baptisés dans la foi chrétienne. A Novgorod, l'icône de Jérusalem fut appelée icône de Korsoun, du nom de la ville dont elle avait été rapportée. En 1571, Ivan Vassilievitch IV, dit le Terrible, déplaça l'icône dans l'église de la Dormition du Kremlin de Moscou, sur l'un des piliers de laquelle elle resta jusqu'en 1812. L'icône disparut avec d'autres objets sacrés au moment du pillage de Moscou par les armées napoléoniennes. La plupart des versions anciennes de cette icône de Jérusalem suivaient un schéma unique: figure en buste, l'enfant Jésus debout dans la main droite de la Vierge, tourné vers elle, portant un phylactère dans la main gauche et bénissant de la droite. La Vierge, en position verticale, a la tête fortement inclinée du côté de l'Enfant, mais leurs visages ne se touchent pas. L'Enfant est généralement vêtu d'un chiton clair, avec une grande encolure ouvrant sur le cou. Celui-ci est souvent décoré d'une ornementation végétale. Le maphorion de la Vierge est largement échancré sur la poitrine, et forme deux plis symétriques, avec des revers de couleur vive.

L'icône de la collection de la Galerie Tretiakov présente des particularités qui la distinguent des autres icônes de ce type: le chiton de l'enfant Jésus est vert clair, avec une ornementation de mouches dorées; les accessoires sont traversés des rayons dorés de l'assiste.

L'icône, dans sa partie principale, est placée sur une nouvelle planche. Autour, le fond est couvert d'un *levkas* récent du XIXe siècle. A gauche, un fragment de la peinture d'origine, présentant deux couches tardives, a été conservé.

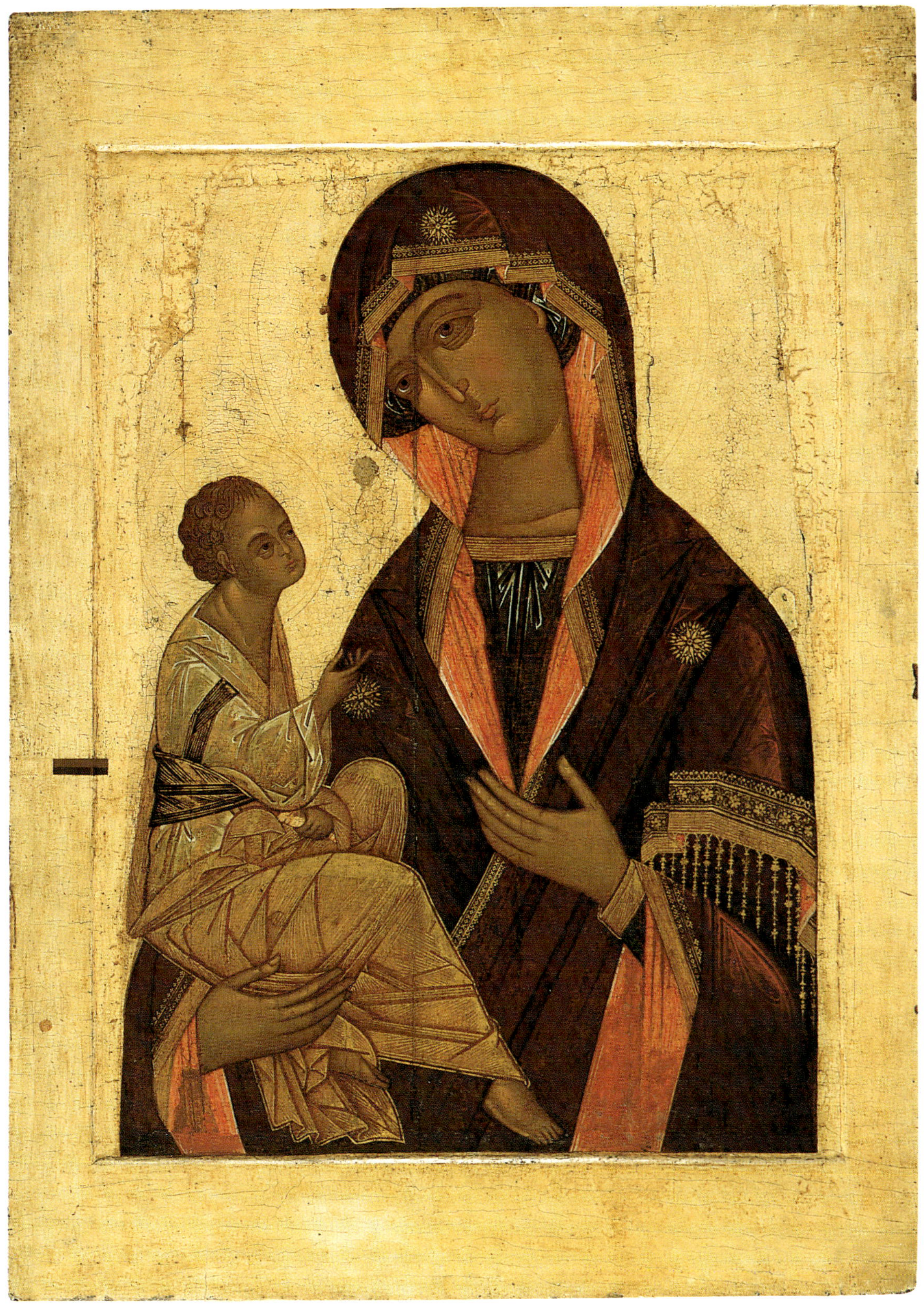

13

La Transfiguration

Milieu du XVIe siècle. Moscou

71 × 55 cm

Provient de la rangée des Douze Fêtes de l'iconostase du monastère de la Dormition de Tikhvin

Acquis en 1934 (inv. 21542)

Expositions:

Trésors de l'art russe. Icônes du XIVe au XVIIe siècle. Musée national Fernand Léger. Béote, 1976 (cat. n° 2). Marseille, Cannes, 1976 (cat. n° 2). Liège, Bruxelles, 1976-1977 (cat. Liège n° 2). Luxembourg, 1977 (cat. n° 2)

L'iconographie de la Transfiguration repose sur les Evangiles de Matthieu (17: 1-9), de Marc (9: 2-9) et de Luc (9: 28-36).

Le Christ, accompagné des apôtres Pierre, Jacques et Jean, grimpe sur le mont Thabor pour prier. C'est ici qu'a lieu la Transfiguration: le visage de Jésus resplendit comme le soleil et ses vêtements deviennent blancs comme la lumière. Les prophètes Moïse et Elie apparaissent et s'entretiennent avec lui. Soudain, d'une nuée lumineuse, une voix se fait entendre: «Celui-ci est mon fils bien-aimé, qui a toute ma faveur, écoutez-le.» A cette voix, les disciples, effrayés, tombèrent à genoux.

Les icônes de la Transfiguration et de l'Entrée à Jérusalem (cat. n° 14) tirent leur origine de la rangée des Douze Fêtes des iconostases (une des rangées de l'iconostase illustre les principaux épisodes de la vie de Jésus-Christ et de la Vierge; y sont représentées les icônes des Douze Fêtes principales).

L'église de la Dormition de Tikhvin fut construite en 1515 à la demande du grand-prince Vassili Ivanovitch. En 1560, sur ordre d'Ivan le Terrible, un monastère fut fondé à cet endroit.

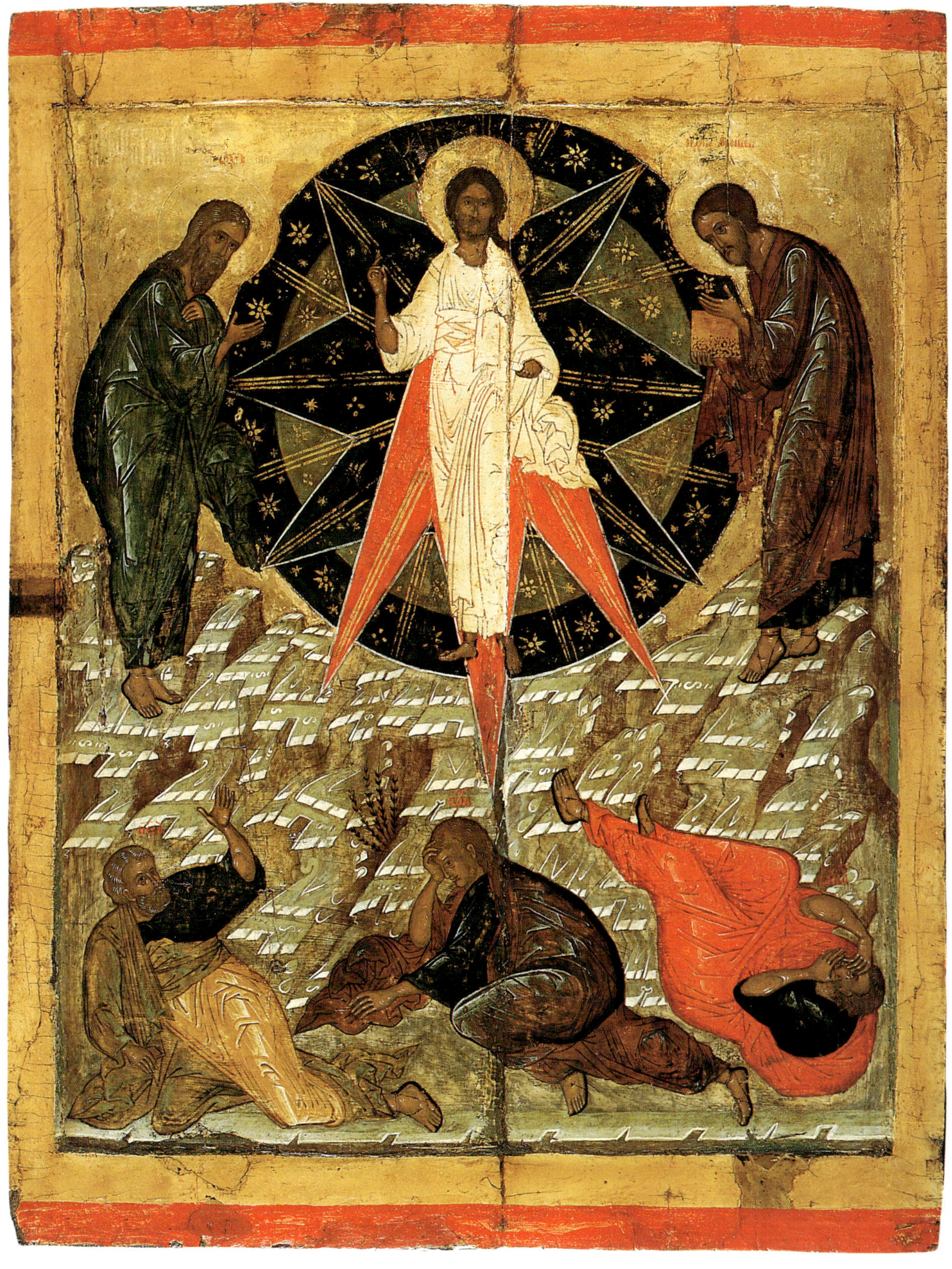

14

Entrée à Jérusalem

Milieu du XVIe siècle. Moscou

71 × 56 cm

Provient de la rangée des Douze Fêtes de l'iconostase du monastère de la Dormition de Tikhvin

Acquis en 1934 (inv. 20700)

Expositions:

Trésors de l'art russe. Icônes du XIVe au XVIIe siècle. Musée national Fernand Léger. Béote, 1976 (cat. n° 43). Marseille, Cannes, 1976 (cat. n° 43). Liège, Bruxelles, 1976-1977 (cat. Liège n° 43). Luxembourg, 1977 (cat. n° 43)

Peinture d'ancienne Russie des collections de la Galerie nationale Tretiakov. Galerie Seïbo, Tokyo, Japon, 1978 (cat. n° 16)

Peinture ancienne des collections de la Galerie nationale Tretiakov. Musée national d'art, Tbilissi, Géorgie, 1982 (cat. n° 20)

L'iconographie de l'Entrée à Jérusalem repose sur les Evangiles de Matthieu (21: 1-11), de Marc (11: 1-11), de Jean (12: 12-19) et de Luc (19: 29-44).

Sur la route de Jérusalem, vers le mont des Oliviers, le Christ, sur un jeune âne, se dirigeait vers la ville. Les gens étendaient leur manteau sur le chemin, d'autres coupaient des branches aux arbres et en jonchaient le parcours. Les foules qui marchaient devant et derrière Jésus s'écriaient: «Hosanna au fils de David, béni soit celui qui vient au nom du Seigneur.» Quand il entra dans Jérusalem, toute la ville était en effervescence. «Qui est-ce?» demandait-on. Et les foules de s'écrier: «C'est le prophète Jésus de Nazareth, en Galilée.»

Traditionnellement, d'après l'Evangile de Nicodème, les enfants sont représentés dans ce sujet. Sur les icônes russes, l'âne est remplacé par un cheval.

Les icônes de l'Entrée à Jérusalem et de la Transfiguration (cat. n° 13) proviennent de la rangée des Douze Fêtes de l'iconostase du monastère de la Dormition de Tikhvin.

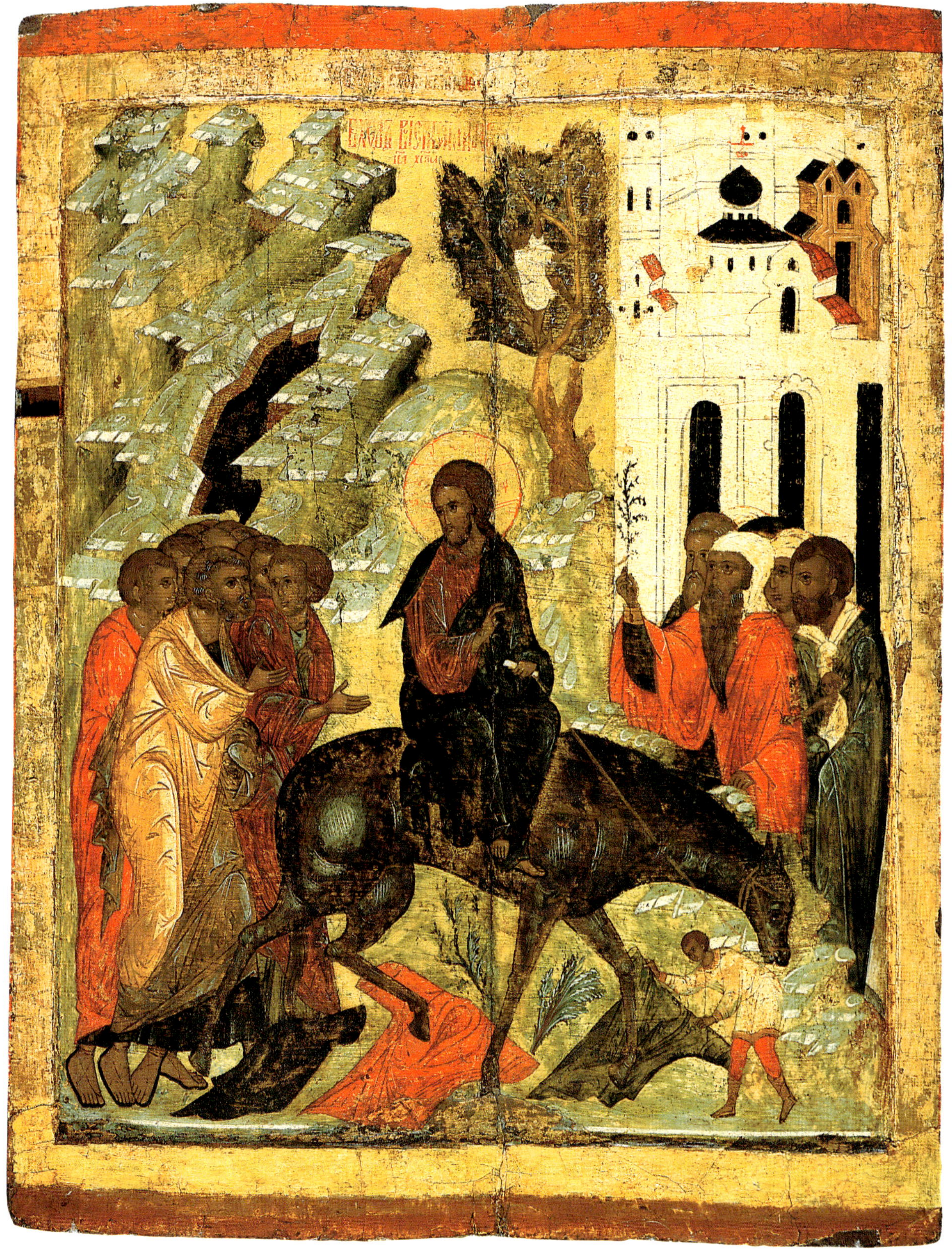

15

Les Portes Royales

Milieu du XVIe siècle. Moscou

169 × 40 cm (battant gauche); 176 × 41 cm (battant droit)

Provient de l'église du village de Blagoviéchtchiénié, près de Moscou

Acquis en 1933 (inv. 28633-28634)

Expositions:

Exposition-jubilé d'Andreï Roublev, célébrant le 600e anniversaire de sa naissance. Galerie nationale Tretiakov, Moscou, 1960 (cat. n° 99)

L'art paléochrétien et byzantin. Berlin, 1967

L'art russe et soviétique des temps anciens jusqu'à nos jours. Palais de Venise, Rome, Florence, 1974

Peinture d'ancienne Russie des collections de la Galerie nationale Tretiakov. Galerie Seïbo, Tokyo, Japon, 1978 (cat. nos 26-27)

1000 Jahre russische Kunst/1000 ans d'art russe. Museum Wiesbaden, Allemagne, 1988

Les Portes Royales du village de Blagoviéchtchiénié représentent un type de composition différant de celui des portes de l'ancienne collection Anissimov (cat. n° 9). Les Portes Saintes figurent la bonne nouvelle qui mène à Dieu. C'est pourquoi on y représente l'Annonciation et les évangélistes. Sur les battants, dans quatre compartiments, sont représentés les évangélistes écrivant. Sur le bord gauche, Jean Chrysostome et, plus bas, Luc. Sur le bord droit, Marc et, en dessous, Matthieu. Dans la partie supérieure se trouve l'Annonciation. La construction de la représentation et son iconographie relèvent du type des Portes Royales, développé principalement à Moscou dès le XVIe siècle. Les Portes Saintes du cercle d'Andreï Roublev, provenant de l'iconostase de la cathédrale de la Trinité du monastère Troïtsé-Serguiev (1425-1427), en sont un exemple classique.

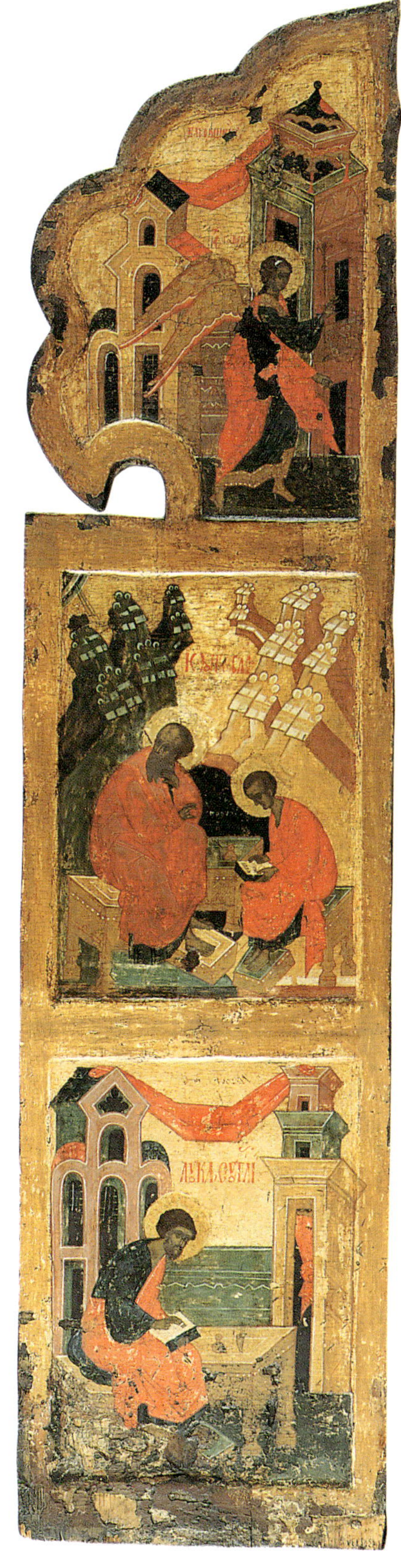

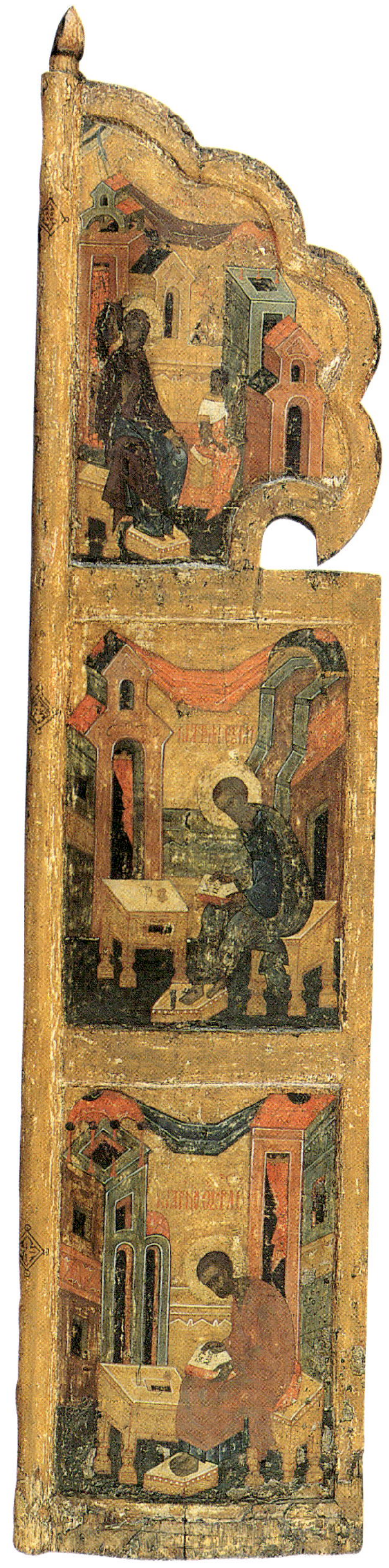

16

La Vierge de Jérusalem

Milieu du XVIe siècle. Vologda

128 × 100 cm

Acquis en 1934 (inv. 22051)

Expositions:

Ecole de peinture de Rostov-Souzdal. Galerie nationale Tretiakov, 1967 (cat. n° 119)

La culture et l'art de l'ancienne Russie. Salle centrale d'exposition Manège, 1969

Pour les informations sur l'histoire et l'iconographie de l'image de la Vierge de Jérusalem, voir cat. n° 12. Cette icône représente l'enfant Jésus dans la main gauche de la Vierge (alors qu'il l'est plus fréquemment dans la main droite). Cette version était aussi très répandue, surtout au XVIe siècle, à Novgorod et dans le nord de la Russie, en particulier à Vologda. Les dimensions de l'icône permettent de supposer que l'image avait une place précise dans l'iconostase. A la différence des œuvres célèbres de Novgorod sur ce sujet, cette icône se distingue par les caractéristiques des icônes «de place»: délicatesse dans le tracé des visages, douceur dans les tons traditionnels des vêtements, des modelés blancs, impression d'ensemble lyrique et contemplative.

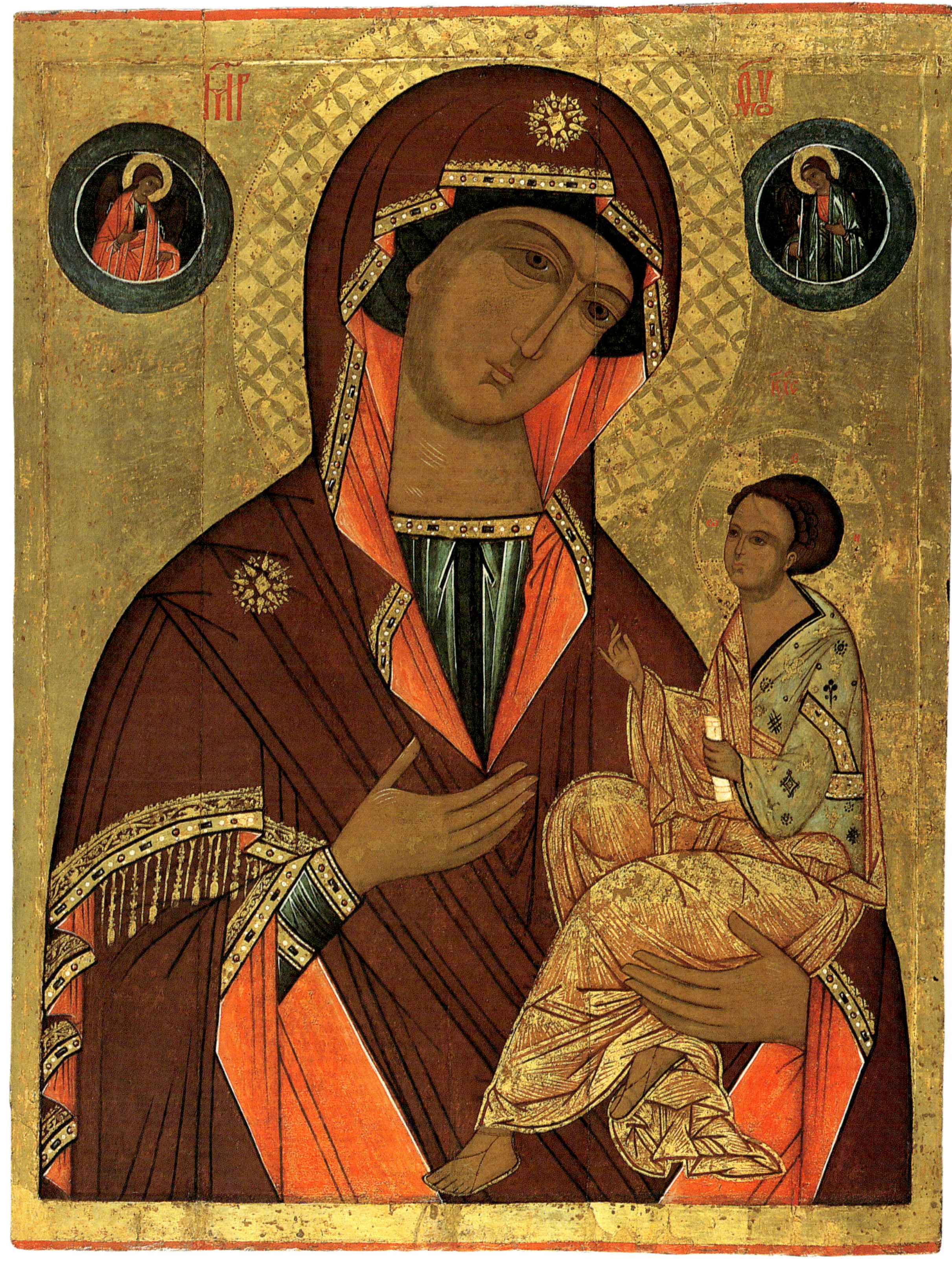

17-23

Le Registre de la Déisis

XVIe siècle. Novgorod

Ancienne collection S. P. Riabouchinski

Acquis en 1930

17 Le Christ en gloire, 108 × 75 cm (inv. 14676)

18 La Vierge, 109 × 40 cm (inv. 14422)

19 Saint Jean le Précurseur, 109 × 40 cm (inv. 14674)

20 L'Archange Michel, 109 × 43 cm (inv. 14421)

21 L'Archange Gabriel, 109 × 38 cm (inv. 14671)

22 L'Apôtre Pierre, 109 × 41 cm (inv. 147673)

23 L'Apôtre Paul, 109 × 40 cm (inv. 14672)

La Déisis est la plus importante rangée de l'iconostase dans l'Eglise orthodoxe russe. Le terme de *deisis*, signifiant en grec «prière» ou «demande», s'applique à la prière de la Vierge, de Jean le Précurseur, des apôtres et des hiérarques, intercédant auprès du Christ pour l'humanité. L'image centrale de la Déisis est celle du Sauveur. Elle présente des variantes iconographiques qui sont liées aux différentes traditions picturales: alors que les icônes de Moscou montrent le Sauveur tout-puissant, celles de Novgorod préfèrent représenter le Christ en majesté. Ici, le Christ trône, avec sa couronne de gloire. Dans la lumière de celle-ci, les évangélistes sont représentés avec leurs symboles: l'aigle pour Marc, le lion pour Jean, le bœuf pour Luc et l'ange pour Matthieu. Sur l'Evangile ouvert du Christ est écrit: «Cessez de juger sur l'apparence, jugez selon la justice. Ne jugez pas, afin de ne pas être jugés, car du jugement dont vous jugez, on vous jugera, et de la mesure dont vous mesurez, on mesurera pour vous» (Jean 7: 24; Matthieu 7: 2).

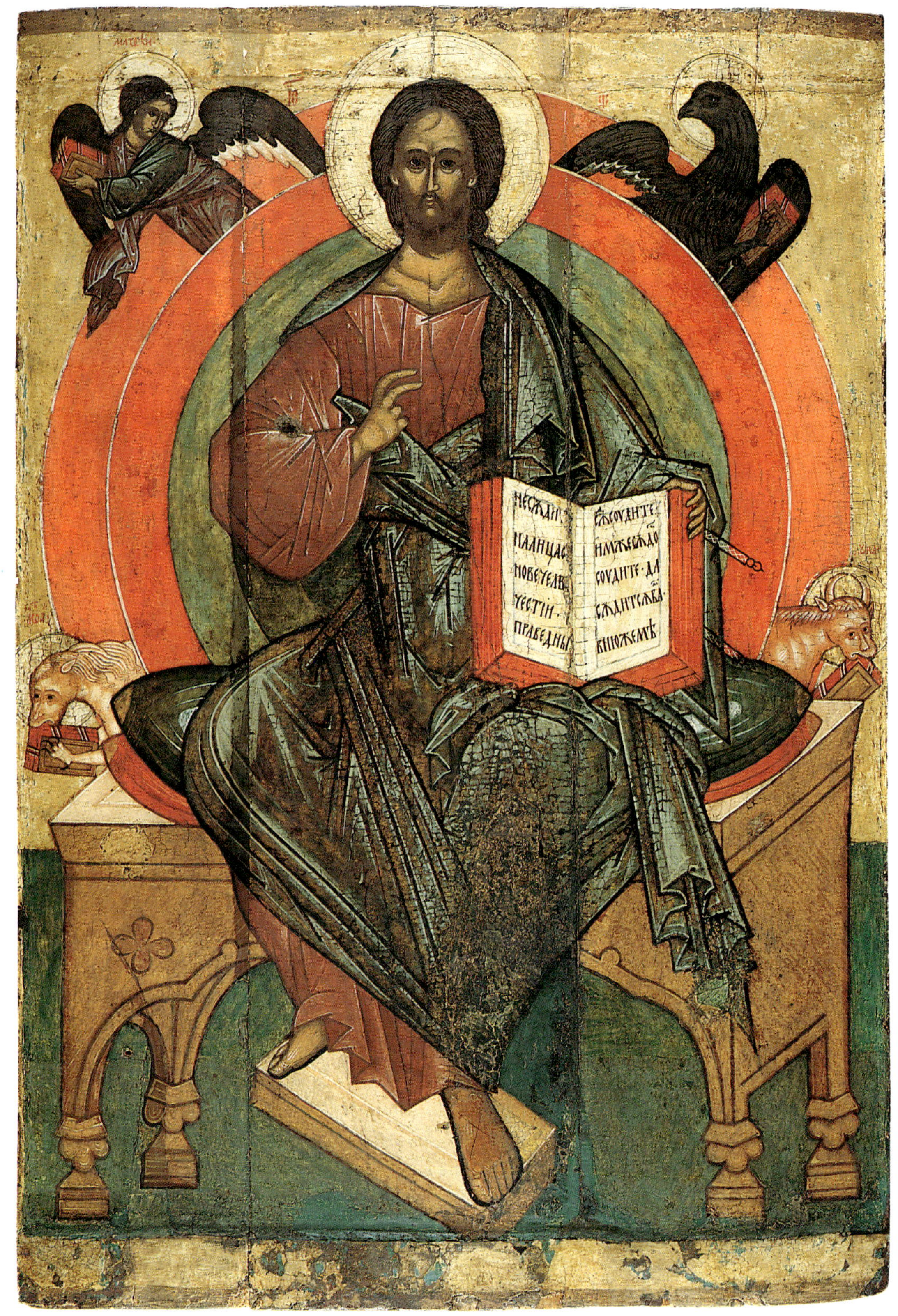

17 Le Christ en gloire

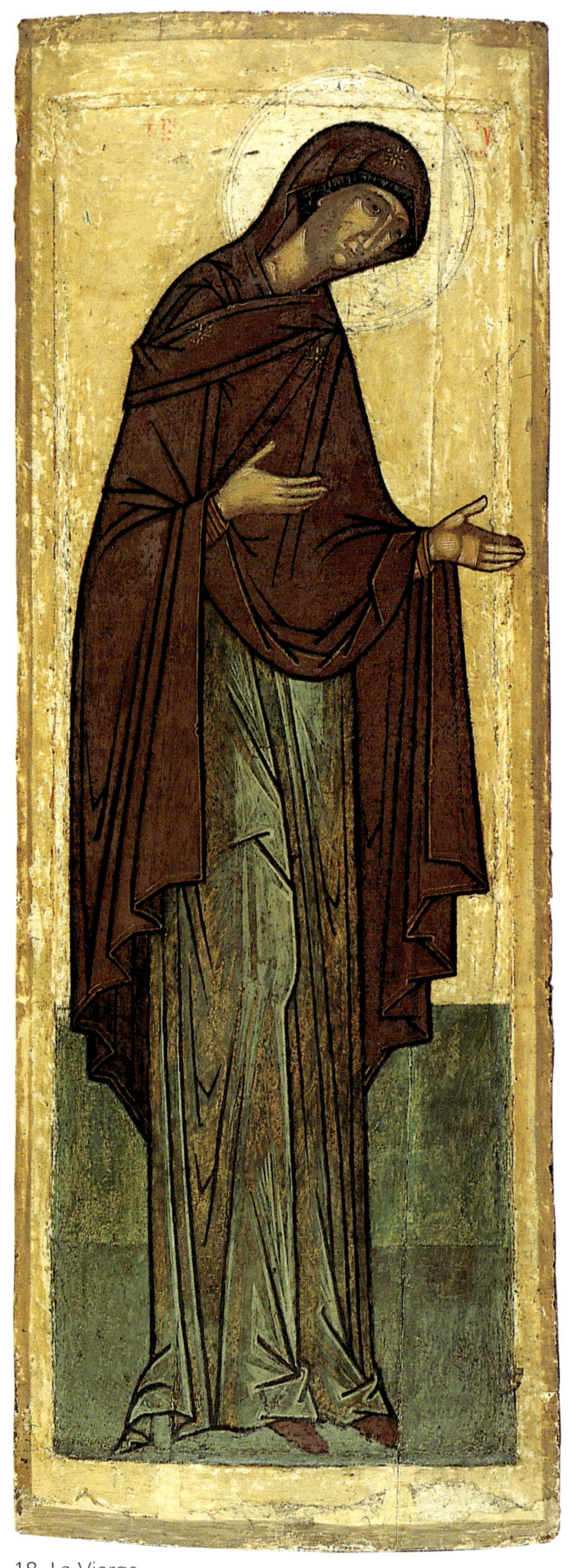

18 La Vierge

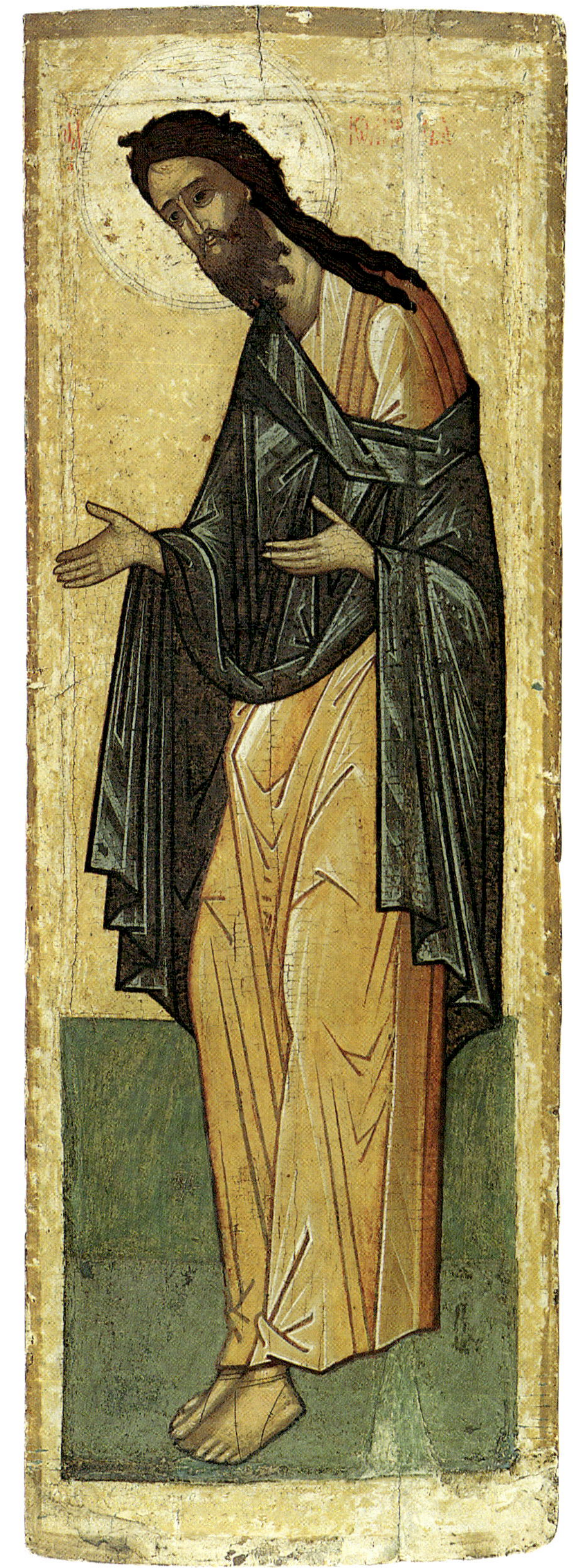

19 Saint Jean le Précurseur

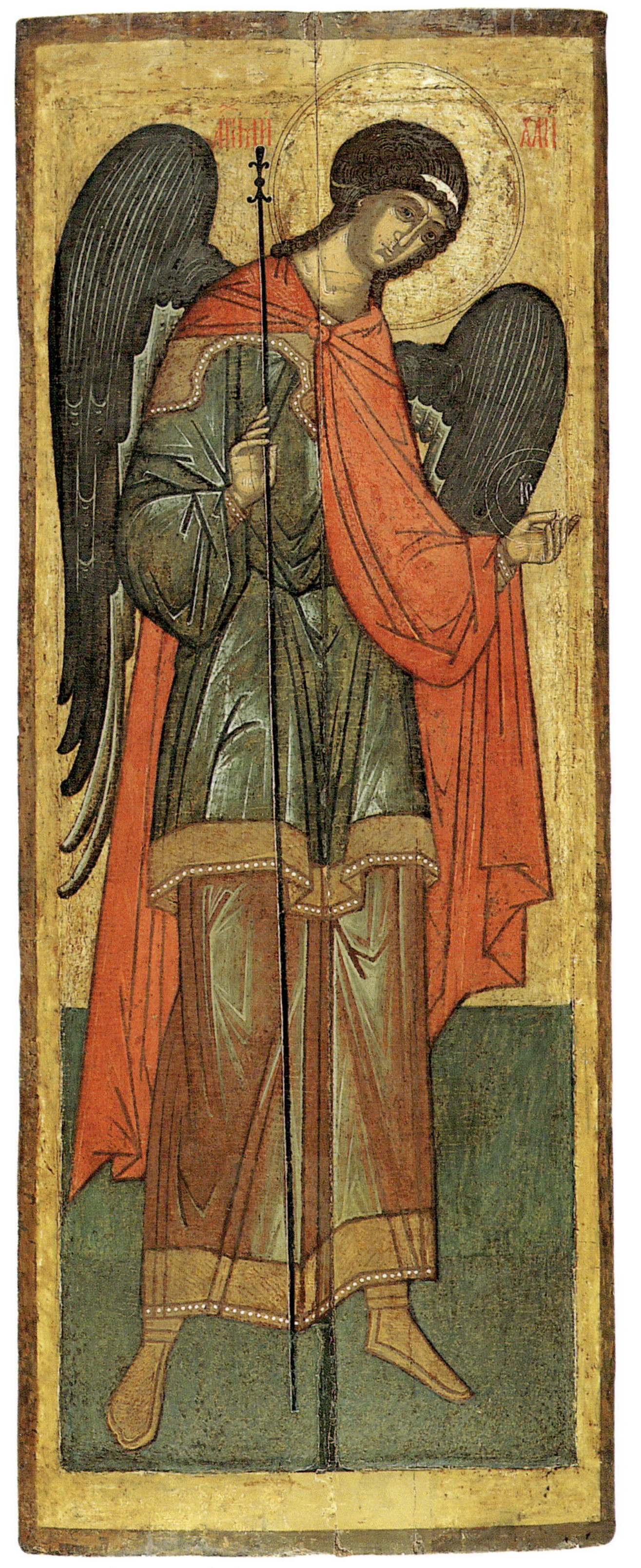

20 L'Archange Michel

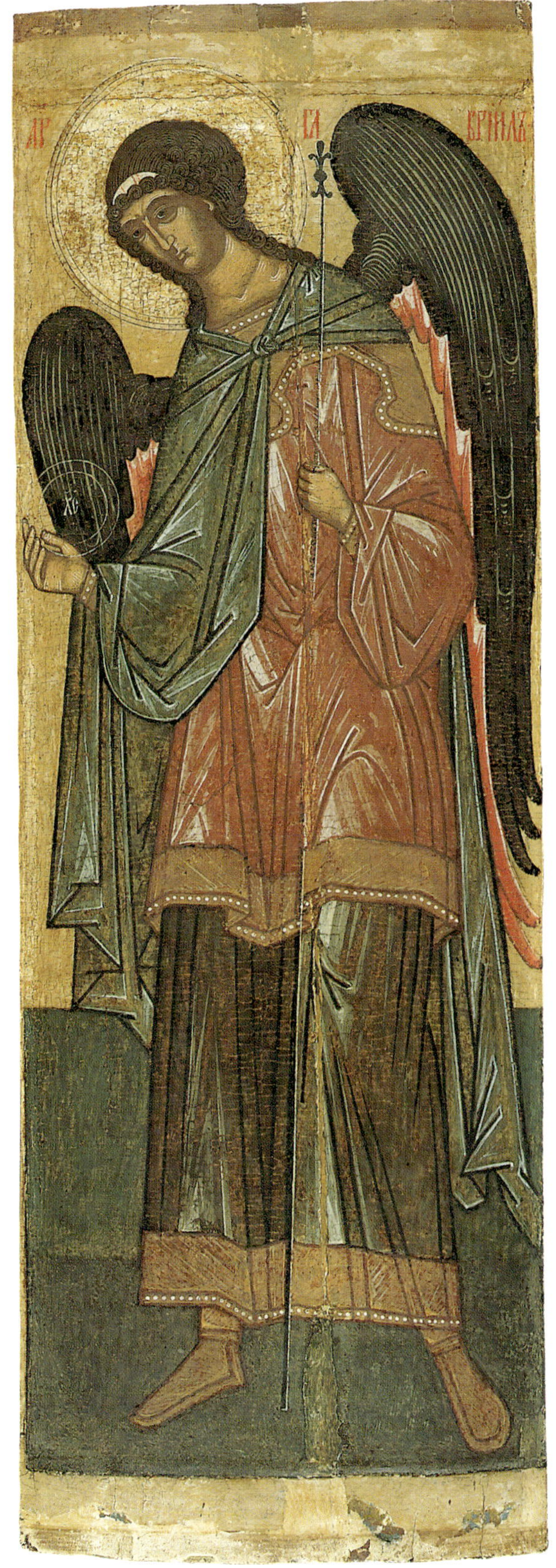

21 L'Archange Gabriel

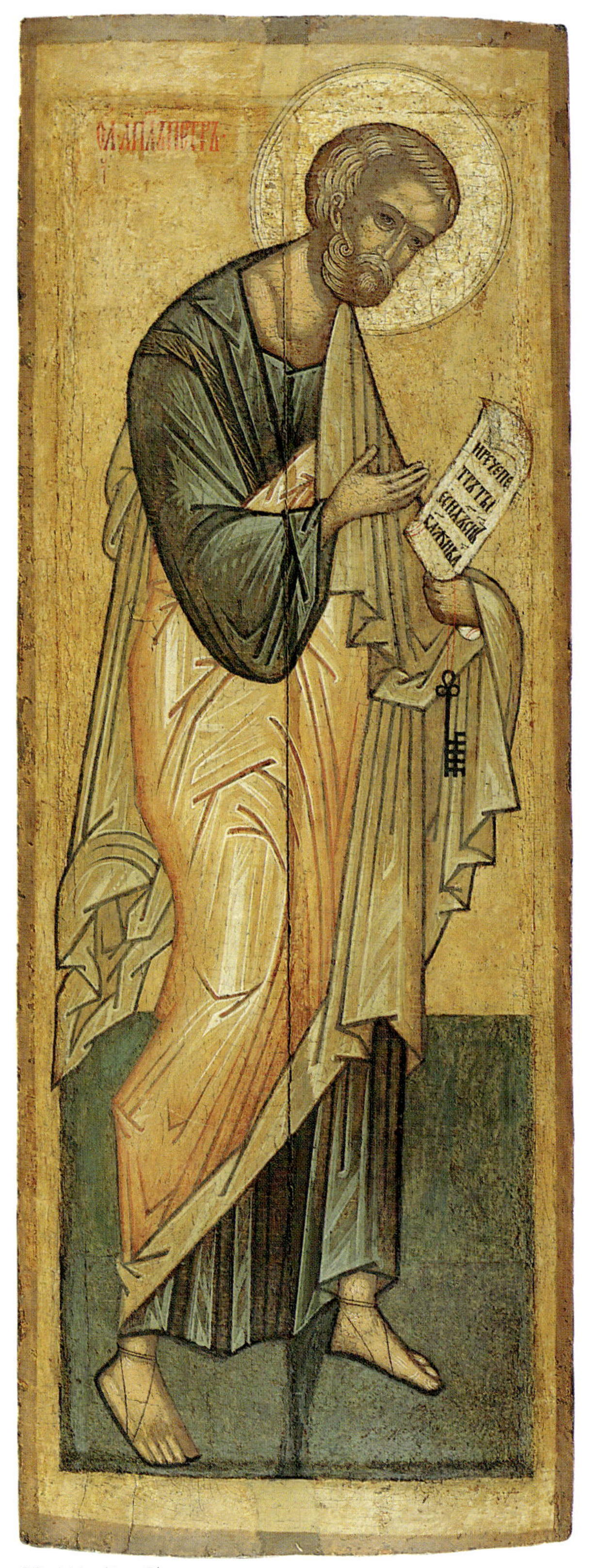

22 L'Apôtre Pierre

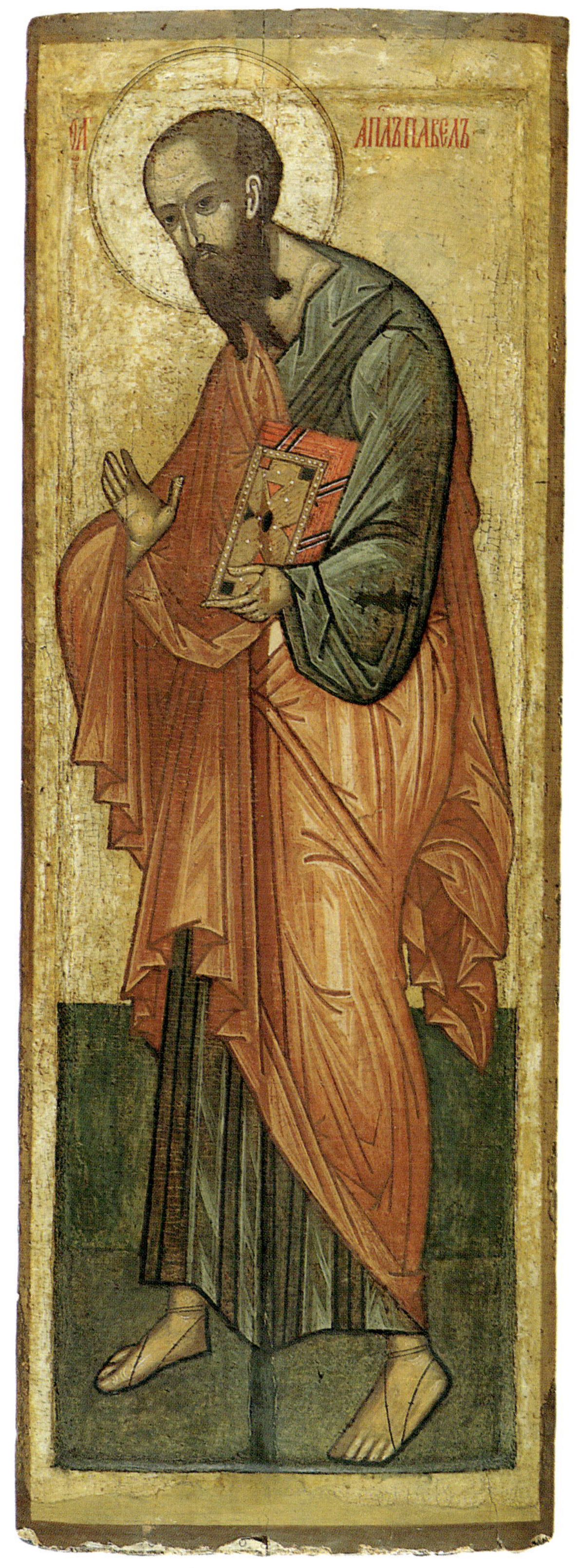

23 L’Apôtre Paul

24

Les Myrrophores

XVIe siècle. Novgorod
103 × 78 cm
Ancienne collection A. I. Anissimov
Acquis en 1931 (inv. 22939)

Expositions:

Malarstwo rosyjskie XIV-XX w. Musée national, Varsovie, 1957 (cat. n° 6)

Les trésors russes. Icônes et arts décoratifs du XIe au début du XXe siècle des collections de la Galerie nationale Tretiakov et des Musées du Kremlin de Moscou. Retretti, Finlande, 1996 (cat. n° 59)

L'arrivée des femmes portant la myrrhe au tombeau du Christ a donné naissance aux fêtes religieuses de la deuxième semaine après Pâques. La composition s'appuie sur les Evangiles de Matthieu (28: 1-7), de Marc (16: 1-10) et de Jean (20: 1-18). Les récits des évangélistes, unanimes dans l'interprétation de l'événement, diffèrent cependant dans les détails et dans le nombre des femmes qui apportent le parfum. Trois femmes, Marie de Magdala, Marie, mère de Jacques, et Salomé, achetèrent des aromates et partirent oindre le corps du Christ, un jour après son inhumation. Elles virent un ange, assis près du tombeau et vêtu d'une robe blanche, qui leur annonça la résurrection du Christ. Parfois, comme sur cette icône, deux anges sont représentés près du tombeau et du linceul. En bas à droite, les soldats, effrayés par la disparition du corps du Christ, reposent à terre. Derrière les femmes se profile Jérusalem, représentée par des tours et des murs.

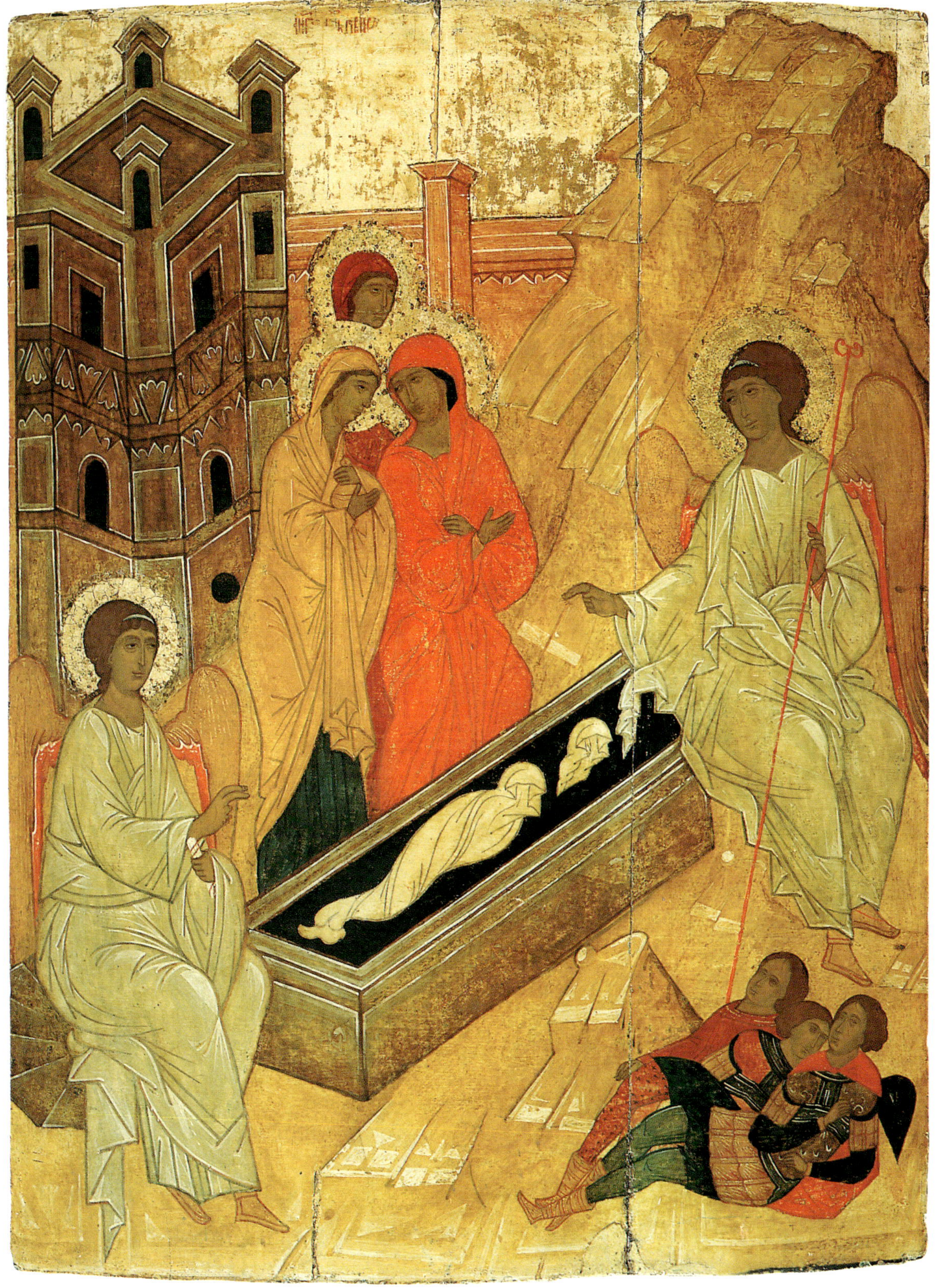

25

La Sainte Face

XVIe siècle. Novgorod
129 × 92 cm
Ancienne collection A. V. Morozov
Acquis en 1930 (inv. 14459)

Expositions:

Trésors de l'art russe. Icônes du XIVe au XVIIe siècle. Musée national Fernand Léger. Béote, 1976 (cat. n° 2). Marseille, Cannes, 1976 (cat. n° 2). Liège, Bruxelles, 1976-1977 (cat. Liège n° 2). Luxembourg, 1977 (cat. n° 2)

Peinture d'ancienne Russie des collections de la Galerie nationale Tretiakov. Galerie Seïbo, Tokyo, Japon, 1978 (cat. n° 1)

Les icônes russes de la collection de la Galerie nationale Tretiakov. Musée national de Belgrade, 1980 (cat. n° 2)

Les icônes russes anciennes du XIVe au XVIIe siècle de la collection de la Galerie nationale Tretiakov de Moscou. Galerie nationale, Prague, 1981-1982 (cat. n° 3)

La peinture de l'ancienne Russie des musées d'U.R.S.S., Delhi, Inde, 1988 (cat. n° 5)

Les trésors russes. Icônes et arts décoratifs du XIe au début du XXe siècle des collections de la Galerie nationale Tretiakov et des Musées du Kremlin de Moscou. Retretti, Finlande, 1996 (cat. n° 43)

En Russie, l'iconographie de la Sainte Face a pris son essor à partir des légendes de l'Eglise sur la guérison du roi d'Edesse, Abgar. Souffrant d'une maladie incurable et espérant un miracle du Christ, Abgar envoya au Sauveur son peintre pour recevoir de l'aide. Arrivé en Judée à l'endroit où prêchait le Christ, l'émissaire d'Abgar tenta de peindre le visage du Sauveur, en vain. C'est alors que le Christ fit un miracle. Après son sermon, il se rinça et s'essuya le visage. Miraculeusement, les traits du Christ s'étaient imprimés sur le voile. Cette image acheiropoïète (c'est-à-dire, qui est due à un miracle) fut envoyée au roi d'Edesse, Abgar, qui guérit. Une des particularités de cette icône vient de la forme allongée de la barbe. Une telle image du Sauveur, à la barbe allongée, fut appelée «Sauveur acheiropoïète à la barbe mouillée». En bas de l'icône, on voit l'inscription «Image due à un miracle; Image de notre roi et Dieu, Jésus-Christ». Dans les compositions russes tardives apparaît une variante de cette iconographie, avec le Christ portant la couronne d'épines. Elle est liée à la diffusion en Occident des récits sur sainte Véronique. Selon l'Evangile de Nicodème, la sainte était présente pendant la montée au Calvaire. Elle essuya le visage de Jésus, lequel s'imprima sur son mouchoir (image acheiropoïète).

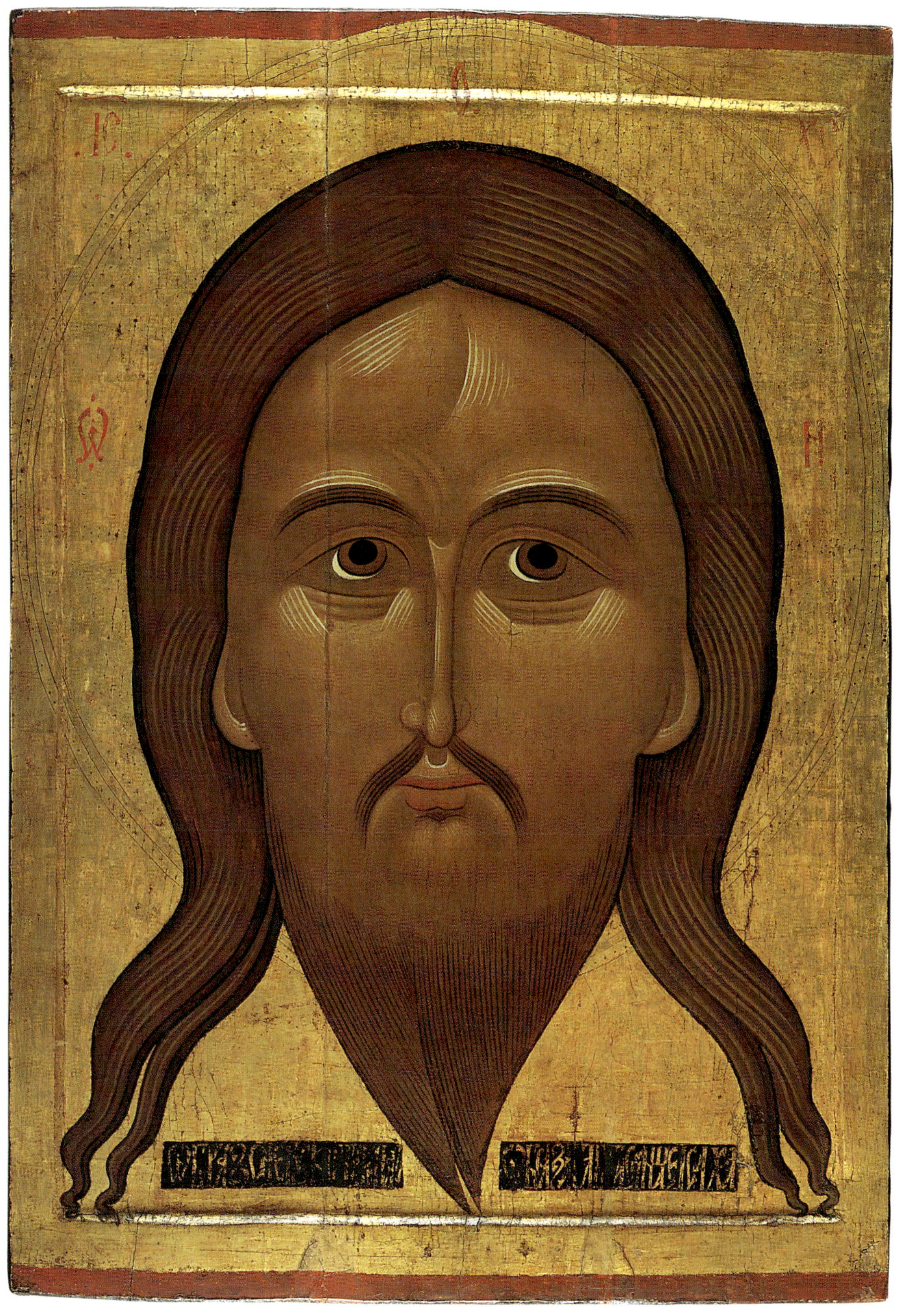

26
L'Annonciation
Seconde moitié du XVIe siècle. Novgorod
41 × 33 cm
Acquis en 1934 (inv. 23113)

Expositions:
Exposition de l'art russe ancien. Tokyo, Japon, 1964
Peinture d'ancienne Russie des collections de la Galerie nationale Tretiakov. Galerie Seïbo, Tokyo, Japon, 1978 (cat. n° 7)

La composition, relatant l'apparition de l'archange Gabriel à la Vierge Marie, se fonde sur l'Evangile de Luc (1: 26-38) et sur les apocryphes. L'archange s'approche de Marie et lui dit: «Réjouis-toi, ô comblée de grâce, le Seigneur est avec toi; tu es bénie entre toutes les femmes.» Les particularités de cette icône résident dans les représentations de Sabaoth et de la servante qui file. Sabaoth se trouve dans la partie supérieure de l'icône, assis auprès de séraphins rouges, un globe en or dans la main. Un rayon blanc sort de sa bouche et entoure la colombe blanche, symbole du Saint-Esprit, d'un cercle lumineux; cela correspond au texte de l'Evangile: «L'Esprit Saint viendra sur toi, et la puissance du Très-Haut te prendra sous Son ombre.» D'après les récits apocryphes, la Vierge, lors de l'Annonciation, filait le pourpre pour le rideau du temple. Une servante, représentée dans cette composition, l'aidait.

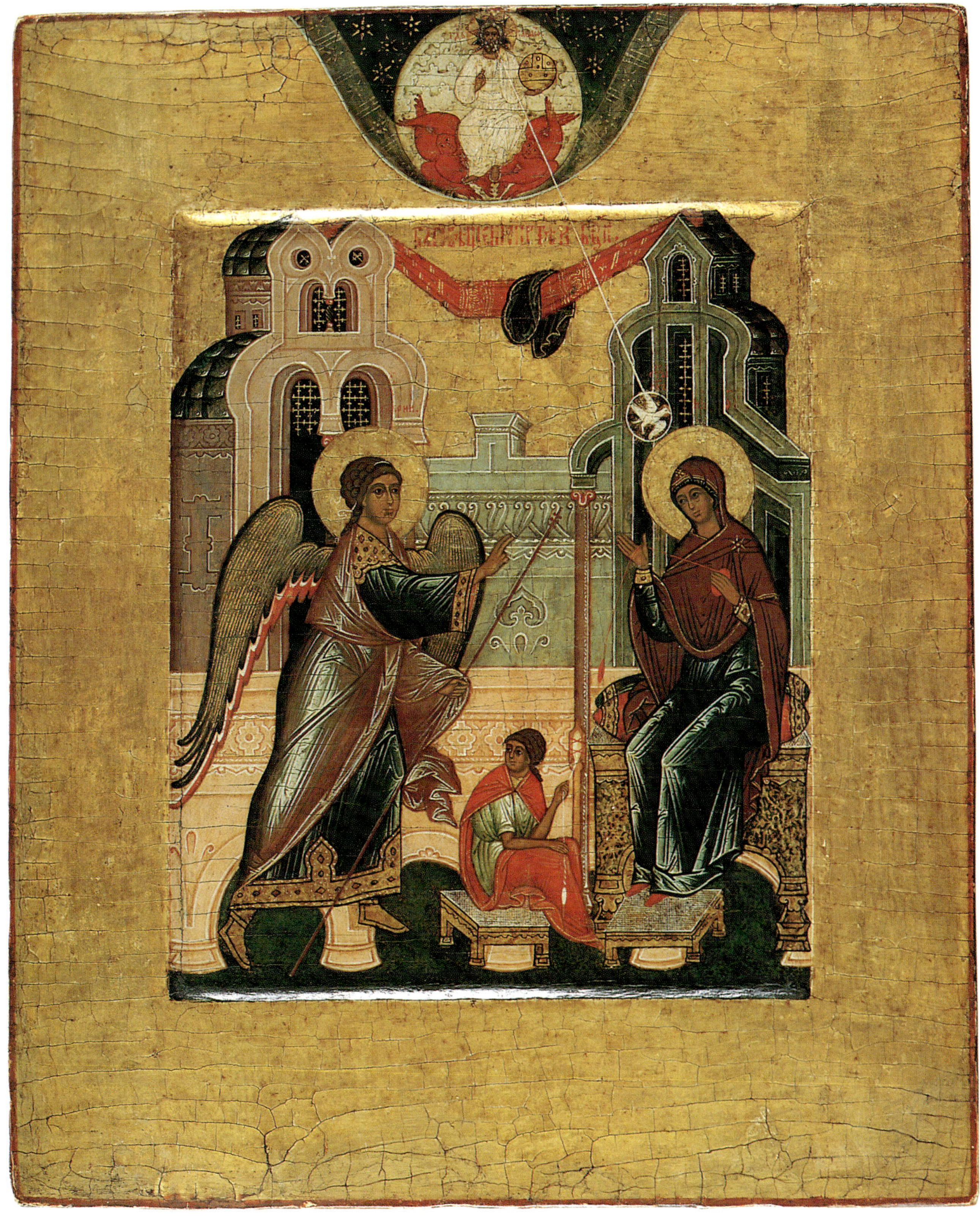

27

La Dormition

Seconde moitié du XVIe siècle. Pskov
113 × 81 cm
Ancienne collection I. S. Ostrooukov
Acquis en 1929 (inv. 12074)

Expositions:

Exposition de l'art russe ancien, inaugurée en 1913 en l'honneur du tricentenaire de la dynastie des Romanov. Institut archéologique, Moscou, 1913

Peinture d'ancienne Russie des collections de la Galerie nationale Tretiakov. Galerie Seïbo, Tokyo, Japon, 1978 (cat. n° 20)

La peinture de Pskov XIIIe-XVIIe siècle. Galerie nationale Tretiakov, Moscou, 1991 (cat. n° 111)

Cette icône appartient à la variante «nuageuse» des Dormitions (voir cat. n° 4). L'épisode de l'ange coupant les mains de l'hérétique qui voulait renverser la couche de la Vierge pour l'insulter est inclus dans la composition. Il est fort probable que l'introduction de cet épisode soit liée à la lutte contre les mouvements hérétiques remettant en cause les dogmes de l'enseignement chrétien. Signalons un détail iconographique intéressant de cette icône de Pskov: les apôtres, dans les nuages, sont portés par des aigles. Cette image fait peut-être allusion aux paroles de saint Jean Damascène décrivant les apôtres qui se rassemblent comme les nuages et les aigles pour servir la Mère de Dieu.

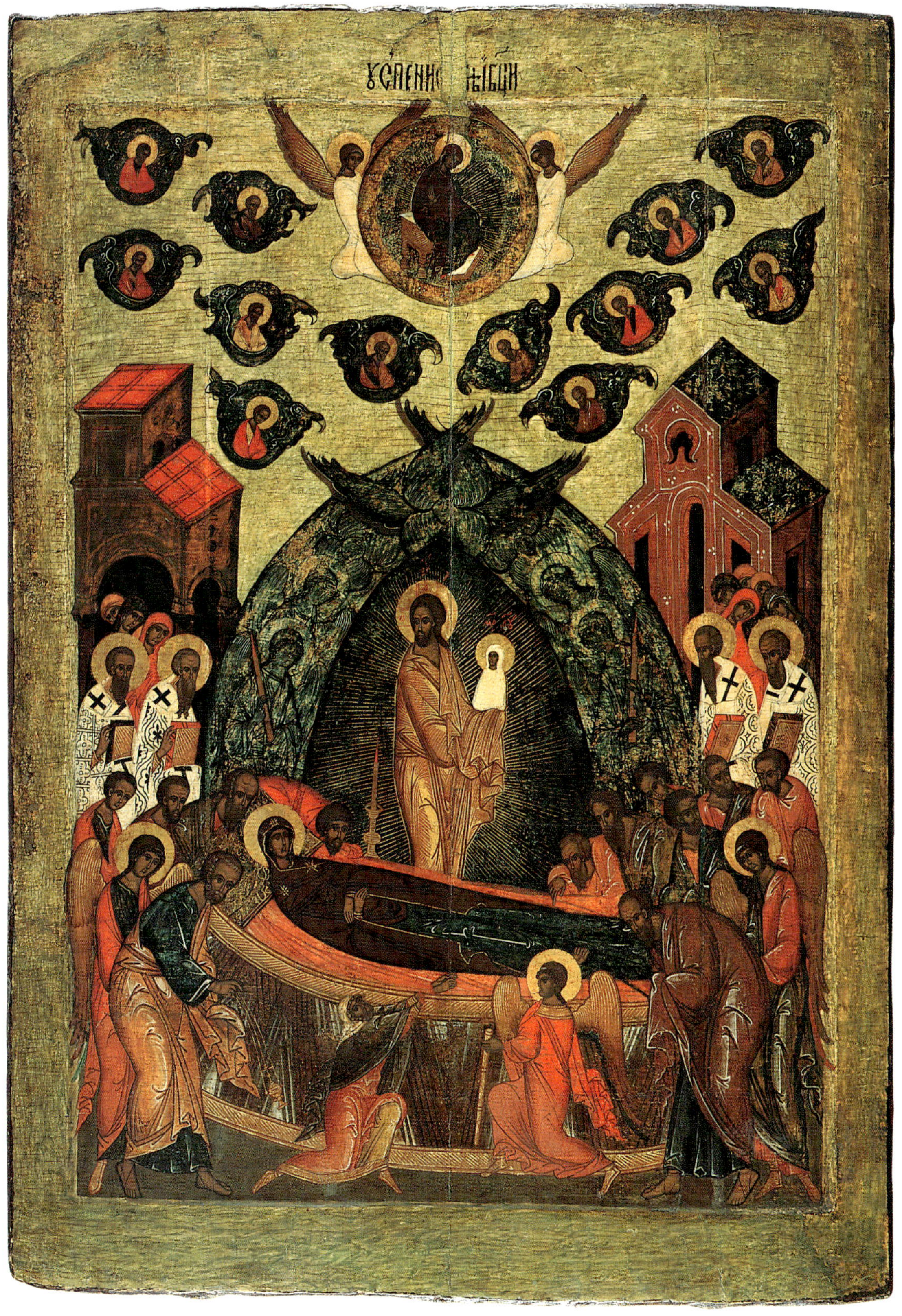

28

«Toute créature te glorifie»

Seconde moitié du XVIe siècle. Rostov
154 × 120 cm
Provient de l'église du village de Troïtsa-Bor près de Rostov-le-Grand
Acquis en 1930 (inv. DR 68)

Expositions:

Russian painting from the 13th to the 20th century. Royal Academy of Art, Londres, 1959

La culture et l'art de l'ancienne Russie. Salle centrale d'exposition Manège, 1969

Sacred Arts. Expo Museum of Fine Arts. Kyoto, Japon, 1970

L'iconographie de «Toute créature te glorifie» apparut en Russie à la fin du XVe - début du XVIe siècle et connut, dès lors, un large développement. Ce sujet repose sur le texte des Cantiques, glorifiant la Vierge et l'Incarnation du Christ: «Toute créature te glorifie, pleine de grâce, le concile des anges et le genre humain, le temple consacré et le paradis verbal.» L'auteur passe pour être saint Jean Damascène (vers 675-753), philosophe, théologien et poète byzantin. La composition est une métaphore en images de la Jérusalem céleste. En haut, sur le fond du temple, trônent la Vierge et l'enfant Jésus. Ils sont entourés par le concile des anges, mené par Michel et Gabriel. En bas, on voit le genre humain glorifiant la Vierge Marie. Au pied du trône se trouvent saint Jean Damascène et saint Jean le Précurseur, avec leurs phylactères déroulés sur lesquels on lit le commencement du cantique. De part et d'autre, il y a les femmes justes et, plus bas, les patriarches, les prophètes, les apôtres, les hiérarques et les martyrs.

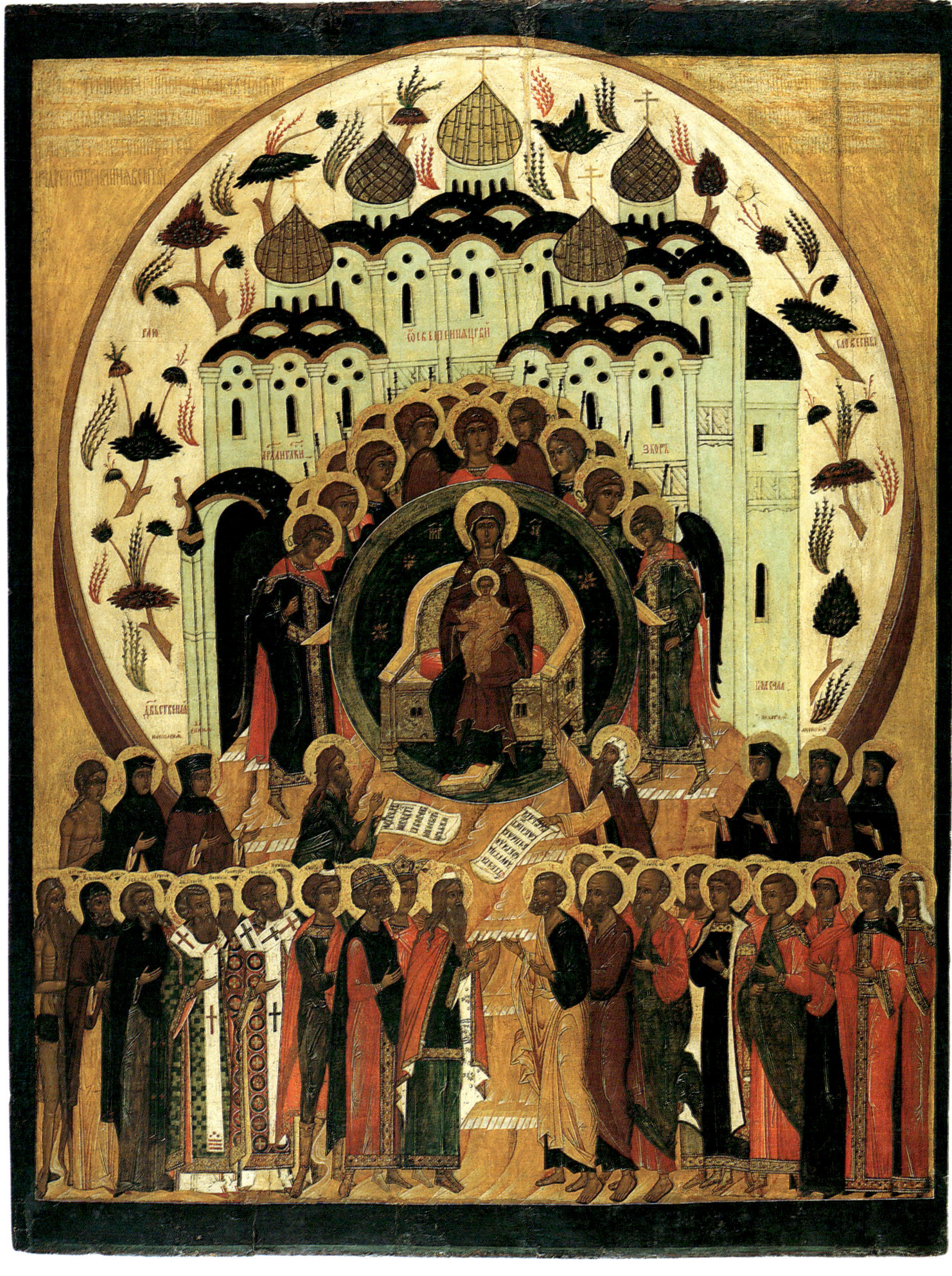

29

Le Baptême du Christ (Théophanie)

Seconde moitié du XVIe siècle. Moscou
60 × 51 cm
Acquis en 1989 (inv. DR 1740)

Expositions:
«Les biens restitués», Galerie nationale Tretiakov, 1992

Le sujet est tiré de l'Evangile de Matthieu (3: 13-17). Jésus arrive sur les bords du Jourdain pour se faire baptiser par Jean. Quand il fut baptisé et sorti de l'eau, les cieux s'ouvrirent et le Saint-Esprit descendit sous la forme d'une colombe. Une voix venue des cieux dit: «Celui-ci est mon fils bien-aimé, qui a toute ma faveur.» Ce sujet, nommé Baptême du Christ, est aussi appelé Théophanie, car Jésus y apparaît pour la première fois en tant que Dieu. Depuis lors, Jésus fut nommé Christ et Jean devint saint Jean-Baptiste. Sur l'icône, Jésus est nu dans le Jourdain et bénit l'eau de la main droite. Jean lui met la main sur la tête, conformément au rite du baptême. Au-dessus du Christ, le Saint-Esprit descend sous la forme d'une colombe. A droite, les anges sont debout, les mains couvertes en signe de respect. Dans cette scène, ils parrainent le baptême. Bien que les anges ne soient pas cités dans les Evangiles, ils apparaissent dans les représentations depuis très longtemps.

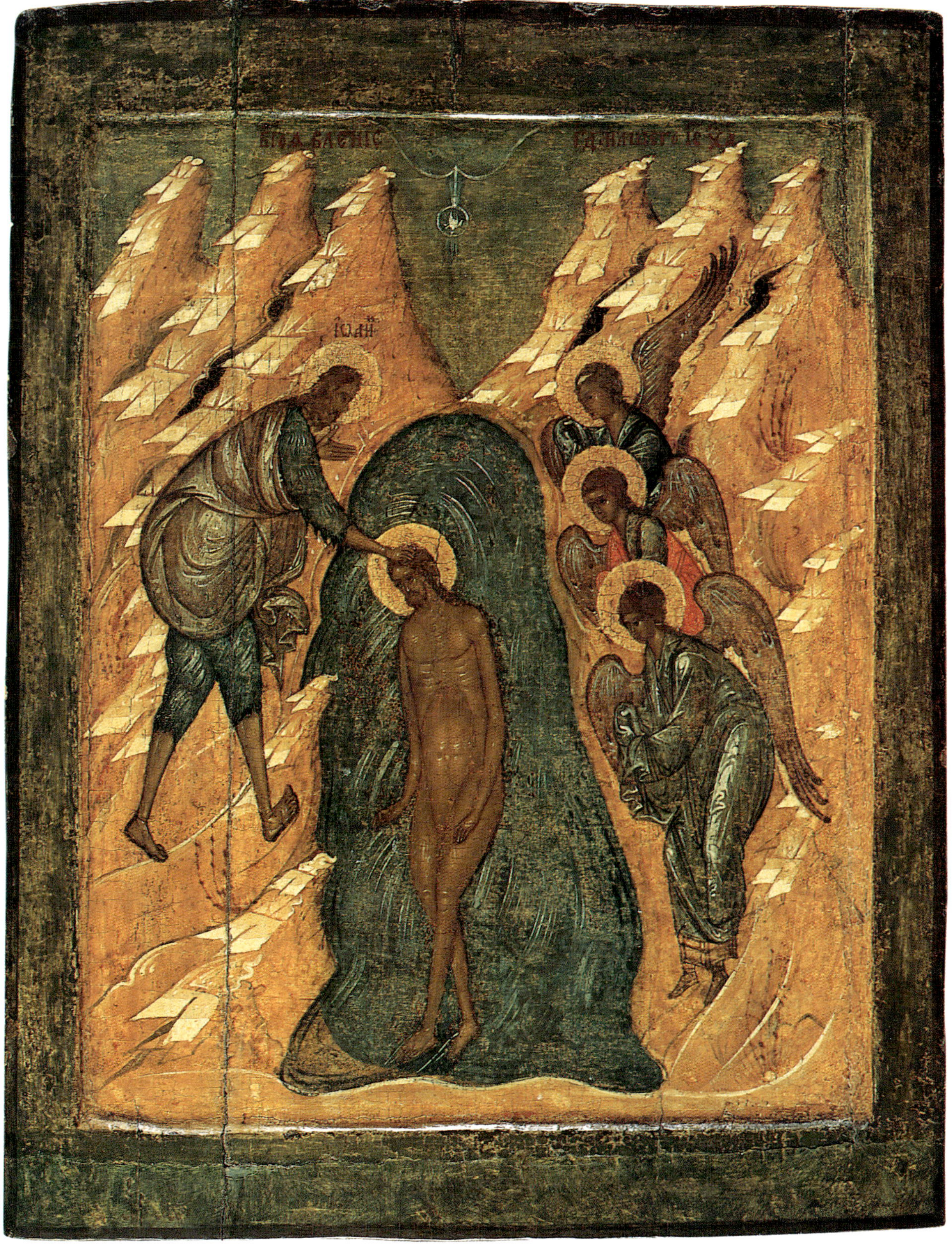

30

Nativité de la Vierge

Seconde moitié du XVIe siècle. Région de la Volga
71 × 53 cm
Acquis en 1930 (inv. 14564)

Expositions:

La culture et l'art de l'ancienne Russie. Salle centrale d'exposition Manège, 1969
Peinture d'ancienne Russie des collections de la Galerie nationale Tretiakov.
Galerie Seïbo, Tokyo, Japon, 1978 (cat. n° 19)

L'iconographie s'appuie sur une légende apocryphe, rapportée dans le protévangile de saint Jacques, écrit aux IIe et IIIe siècles. Ce texte relate avec précision la naissance de Marie entourée de ses parents, Joachim et Anne, son enfance et sa vie jusqu'à la naissance de Jésus. La fête de la Nativité de la Mère de Dieu était une des principales fêtes à Byzance et en Russie. L'événement se déroule dans un décor compliqué représentant la maison de Joachim. Au milieu se trouve sainte Anne, allongée sur une couche. Trois jeunes femmes lui apportent des présents pour la naissance de sa fille. Près de la couche, deux servantes préparent l'eau pour baigner le nouveau-né. A droite du trône, Joachim et Anne sont assis avec l'enfant dans les mains. L'arrangement décoratif confère à l'événement un caractère merveilleux.

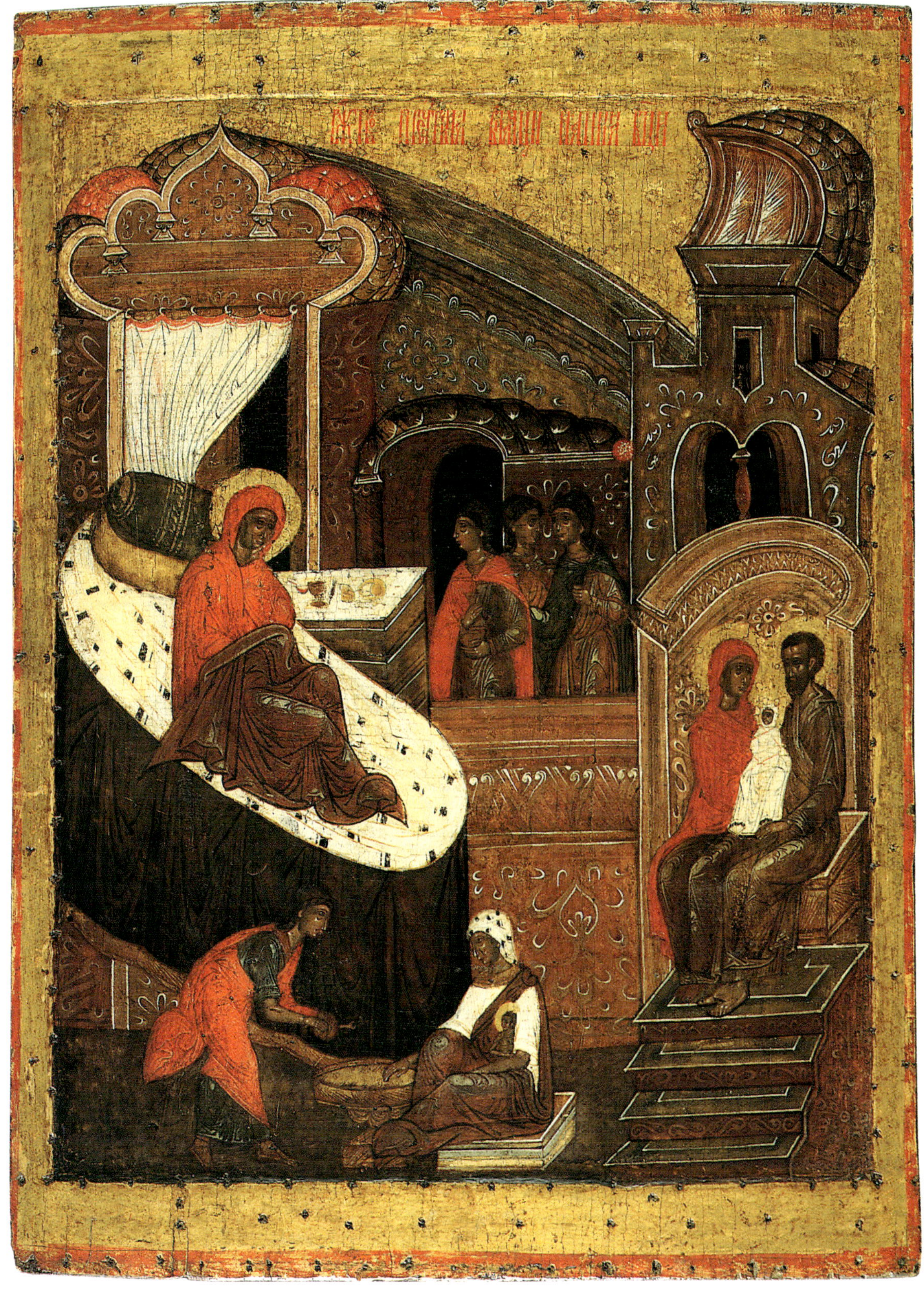

31

Luc peignant l'icône de la Vierge

Seconde moitié du XVIe siècle. Région de la Volga
45 × 36 cm
Ancienne collection A. V. Morozov
Acquis en 1930 (inv. 14273)

Expositions:
La peinture de la région de la Volga. Musée du «Domaine Arkhangelskoïe», 1971

La légende de l'évangéliste Luc, peintre et premier créateur des icônes de la Vierge Hodigitria (Vierge conductrice) et de la Vierge Eleousa (Vierge de tendresse, qui devint populaire sous le nom de Vierge Vladimirskaïa), est répandue depuis des temps très anciens. Cependant, cette iconographie est connue en Russie depuis le début du XVe siècle. Les caractéristiques de cette icône concernent la représentation de la Vierge, assise sur le trône sous un tabernacle de forme bizarre, et celle de sainte Sophie, inspiratrice de l'évangéliste (en haut au centre sur un arc de cercle). Sur les parchemins des Evangiles sont écrits non pas les premiers mots de l'Evangile de Luc (qui apparaissent habituellement dans les miniatures et icônes sur le même sujet), mais un texte expliquant le contenu de l'icône.

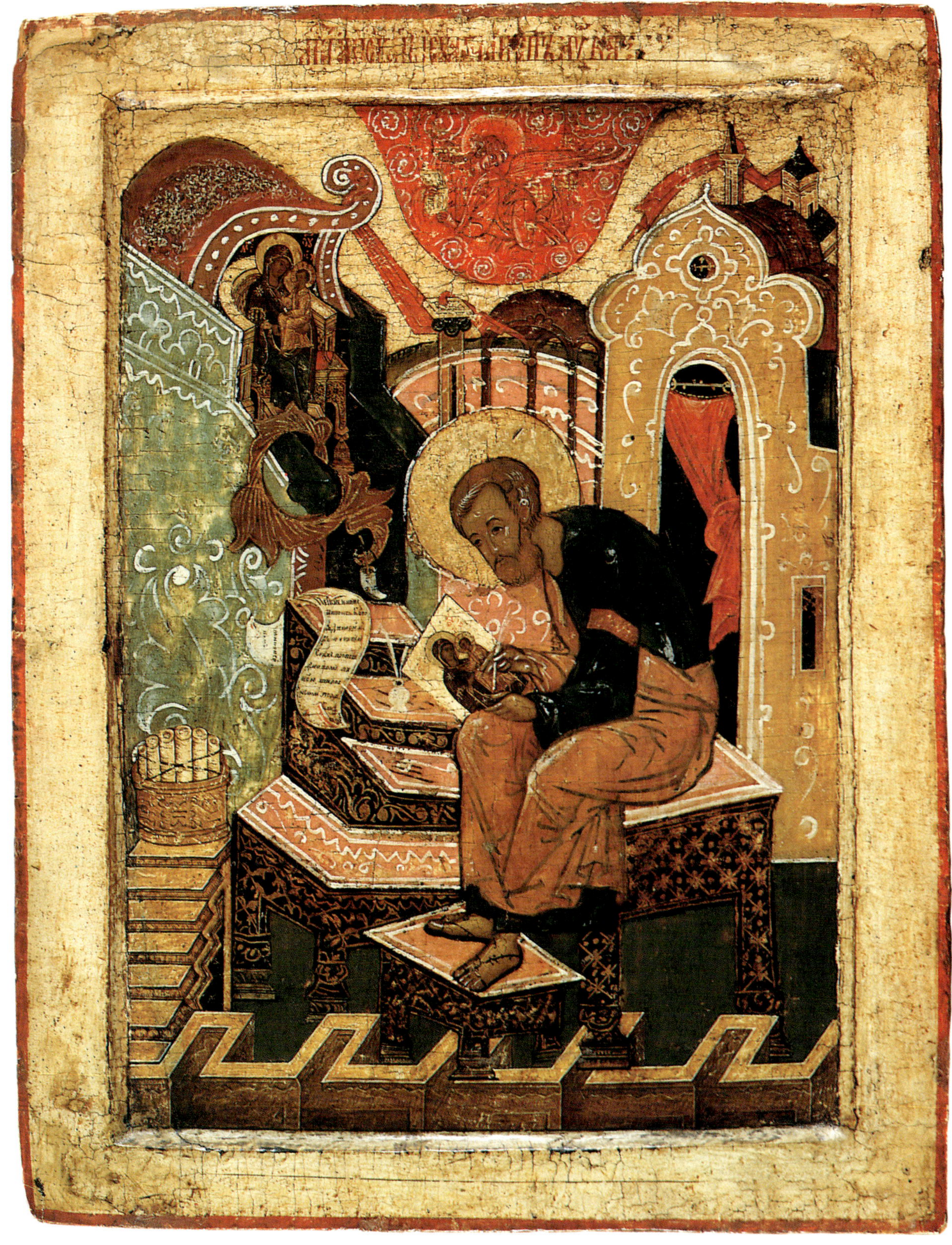

32

Elie le prophète dans le désert

Seconde moitié du XVIe siècle. Russie du Nord
71 × 47 cm
Acquis en 1945 (inv. DR 57)

Expositions:

Exposition de l'art ancien russe de la collection de la Galerie nationale Tretiakov. Tokyo, Japon, 1971

Cette iconographie est fondée sur l'un des récits du premier livre des Rois: «Elie le Tishbite dit à Achab: Par Yahvé vivant, le Dieu d'Israël que je sers, il n'y aura, ces années-ci, ni rosée, ni pluie, sauf à mon commandement.» Sur ordre de Dieu, le prophète Elie se cacha dans le désert, près du torrent de Kerrit, à l'est du Jourdain, où les corbeaux lui apportaient du pain le matin et de la viande le soir. Sur l'icône, le désert est figuré par de petits monts, avec des arbres et la caverne servant d'habitation à Elie. Devant, le torrent se jette dans la rivière. Le corbeau descend du ciel, apportant la nourriture. Aux pieds d'Elie se trouvent une cruche remplie d'eau et de petits pains ronds portant les signes de croix utilisés dans la liturgie. Elie est représenté comme un moine du désert. Les couleurs soutenues, le dessin incisé et l'expression de cette icône rappellent la peinture de Novgorod, qui a eu une grande influence sur celle de la Russie du Nord.

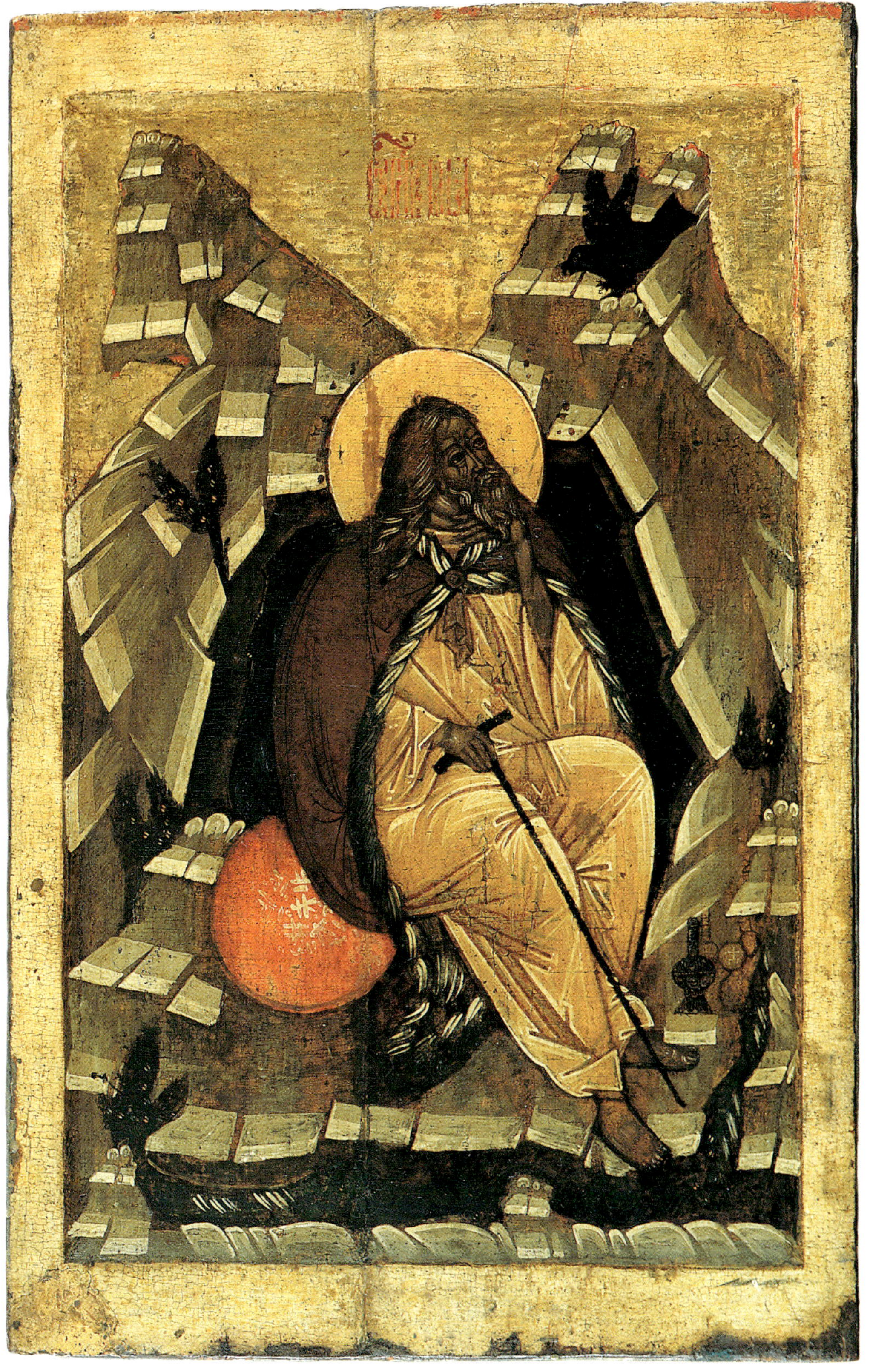

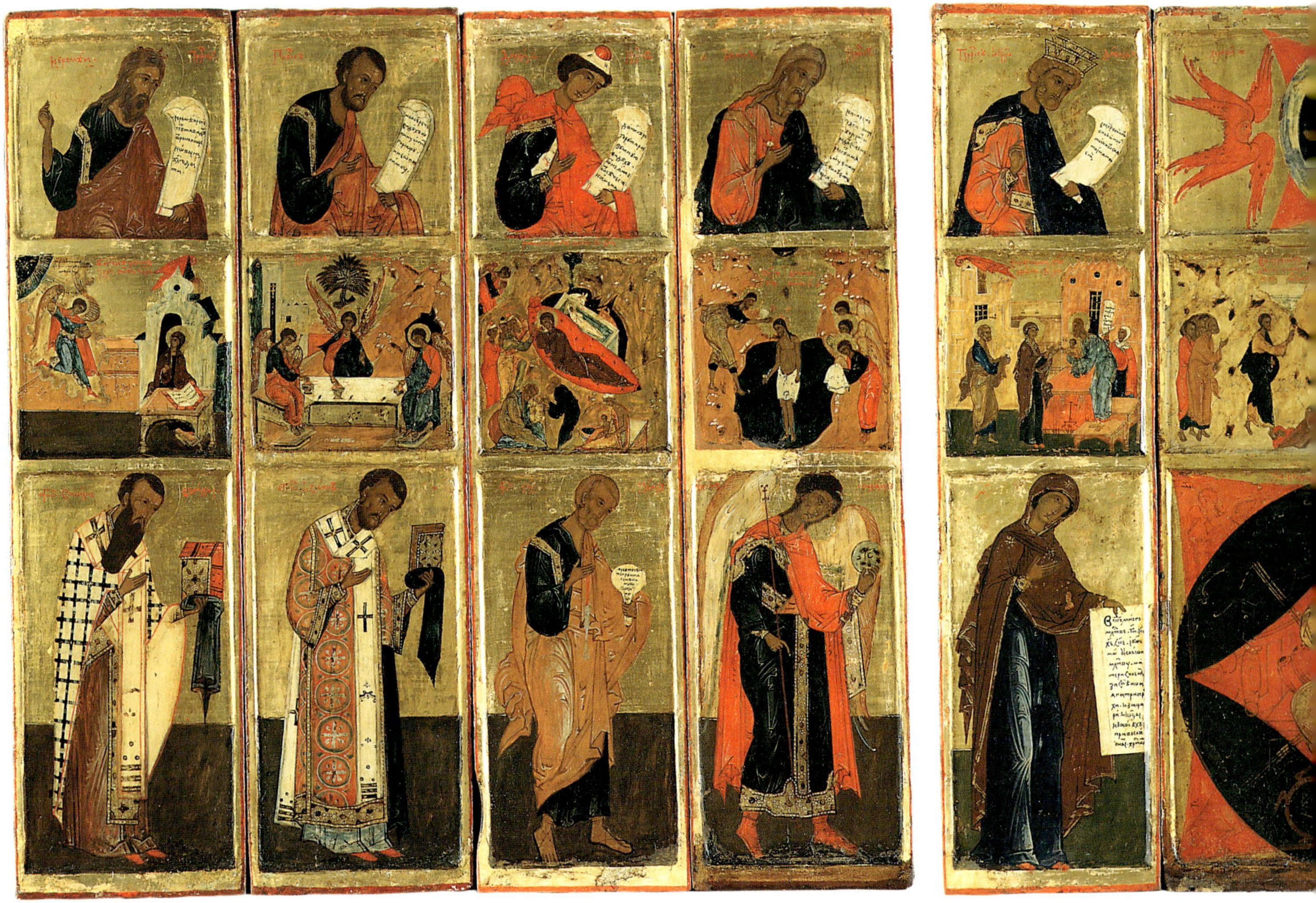

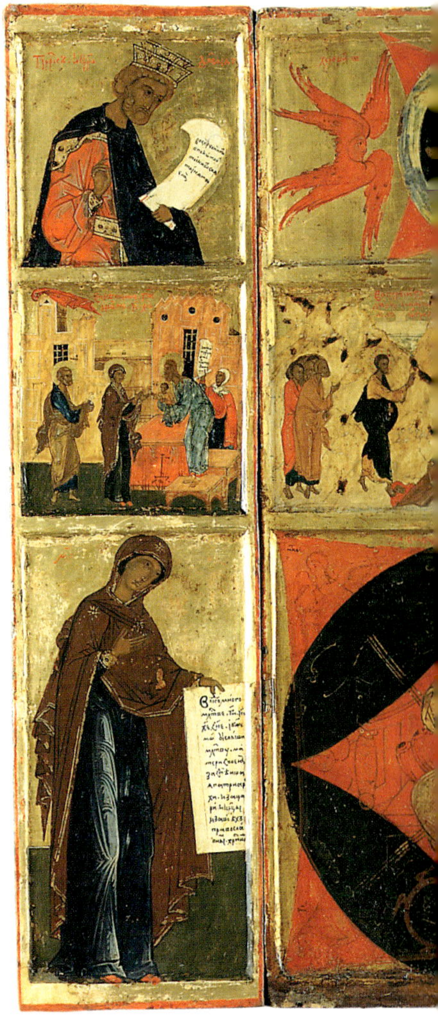

Enumération des sujets

33 31 29 27 25 24 26 28 30 32 34

12 13 14 15 16 17 18 19 20 21 22 23

10 8 6 4 2 1 3 5 7 9 11

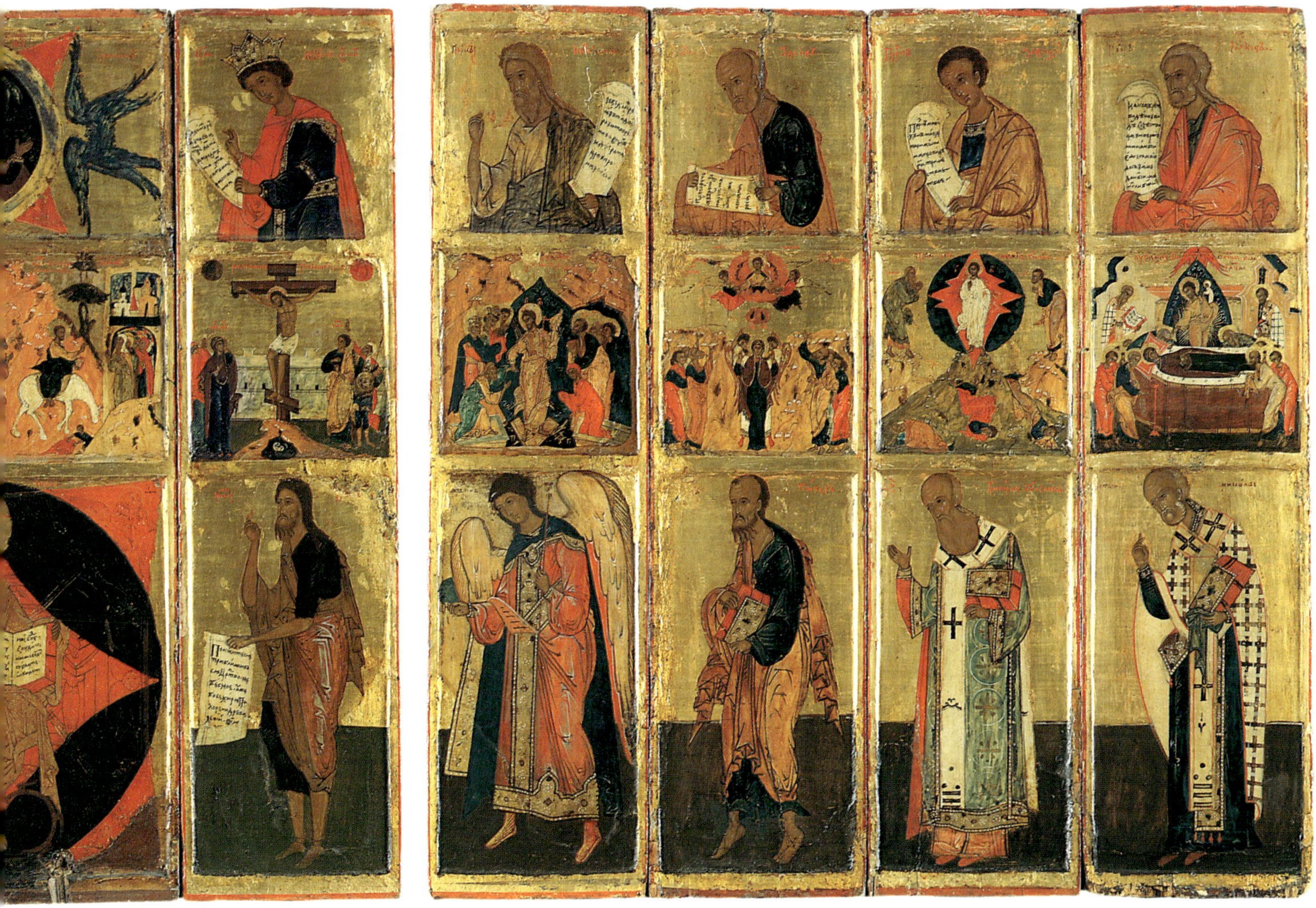

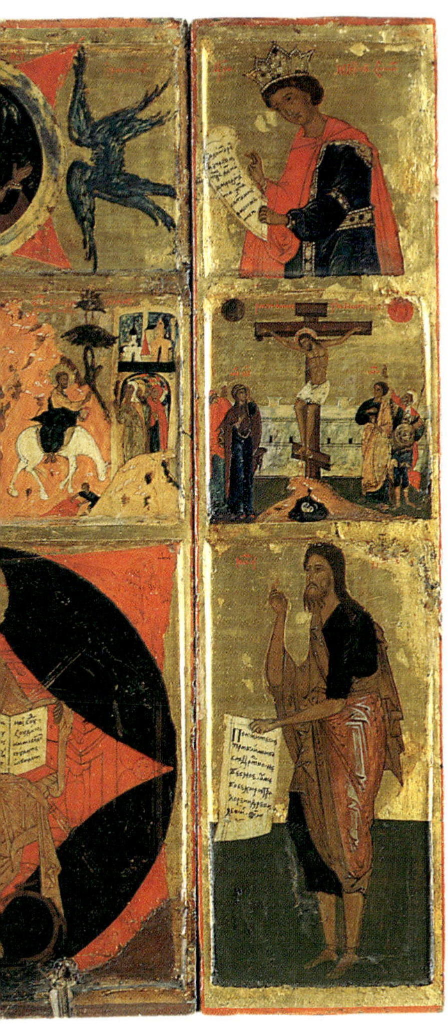

34

La Nativité du Christ

Fin XVIe siècle. Kholmogory
131 × 83 cm
Ancienne collection A. V. Morozov
Acquis en 1930 (inv. 14550)

Expositions:

Trésors de l'art russe. Icônes du XIVe au XVIIe siècle. Musée national Fernand Léger. Béote, 1976 (cat. n° 36). Marseille, Cannes, 1976 (cat. n° 36). Liège, Bruxelles, 1976-1977 (cat. Liège n° 36). Luxembourg, 1977 (cat. n° 36)

Peinture d'ancienne Russie des collections de la Galerie nationale Tretiakov. Galerie Seïbo, Tokyo, Japon, 1978 (cat. n° 14)

Les icônes russes de la collection de la Galerie nationale Tretiakov. Musée national, Belgrade, 1980 (cat. n° 9)

Les icônes russes anciennes du XIVe au XVIIe siècle de la collection de la Galerie nationale Tretiakov de Moscou. Galerie nationale, Prague, 1981-1982 (cat. n° 10)

Les événements représentés, liés à la naissance de Jésus-Christ, sont relatés dans les Evangiles de Matthieu (chap. 2), de Luc (chap. 1-2) et les apocryphes du protévangile de Jacques et du pseudo-Matthieu. Sur l'iconographie de la Nativité, voir cat. n° 5.

L'œuvre ressemble à la Nativité du Christ du XIe siècle du monastère Sainte-Catherine sur le Sinaï. Le peintre représente précisément l'Annonciation, la Nativité du Christ, la Fuite dans le désert, la Tentation de saint Joseph, le Songe de saint Joseph et quelques scènes avec les Rois mages, y compris l'Adoration des Mages. Le roi Hérode est représenté deux fois, d'abord parlant aux Rois mages, puis donnant l'ordre du massacre des Innocents. Elisabeth court vers la montagne pour sauver l'enfant Jean le Précurseur.

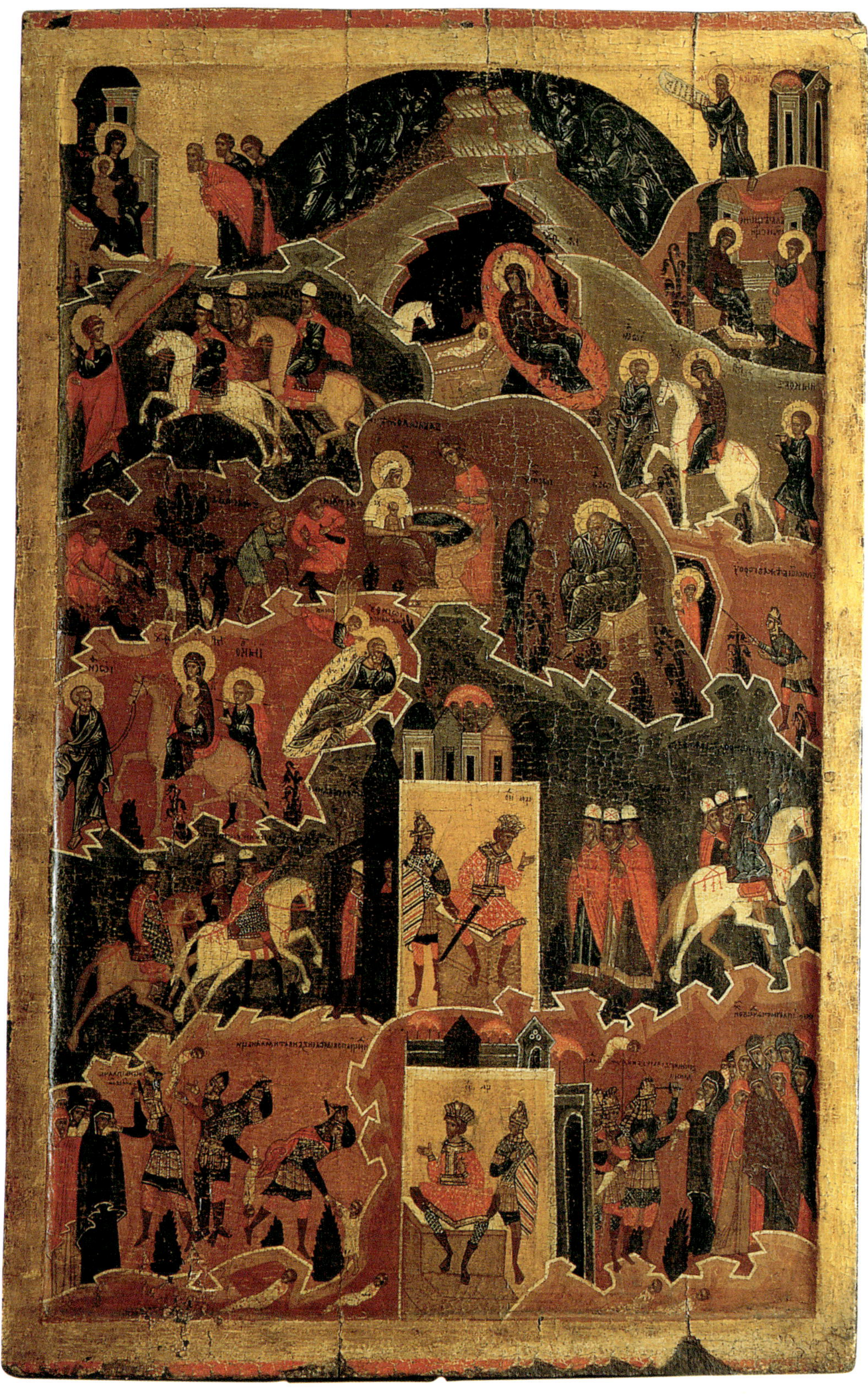

35

La Trinité «avec la Genèse»

Fin XVIe - début XVIIe siècle. Russie centrale?
137 × 110 cm
Ancienne collection A. V. Morozov
Acquis en 1930 (inv. 14470)

Expositions:
Peinture ancienne des collections de la Galerie nationale Tretiakov.
Musée national d'art, Tbilissi, Géorgie, 1982 (cat. no 35)

L'enseignement de la Trinité, premier dogme chrétien, fut adopté après l'organisation officielle de la chrétienté et a été formulé lors des premier et deuxième conciles œcuméniques (IVe siècle). Cette variante iconographique, l'«Hospitalité d'Abraham» (l'apparition à Abraham des trois anges pèlerins), courante dans l'art chrétien depuis des temps anciens, est racontée dans le livre de la Genèse. En Russie, le sujet de l'«Hospitalité d'Abraham» est particulièrement caractéristique du XIVe siècle. L'icône d'Andreï Roublev sur la Trinité (sans la représentation d'Abraham, de Sara et du veau immolé) est, de l'avis général, la plus complète et la plus conforme au dogme du Dieu trinitaire. A partir de la seconde moitié du XVe siècle, la variante de Roublev se développa largement dans l'iconographie. Cependant, les Novgorodiens, les Pskoviens et autres artistes de quelques centres de Russie centrale adoptent et développent une iconographie plus archaïque de l'«Hospitalité d'Abraham», ayant pour origine les anciennes icônes locales. Dès la seconde moitié du XVIe siècle, à l'époque du métropolite moscovite Macaire, le type iconographique de la Trinité d'avant Roublev connaît à nouveau une large diffusion, et son influence apparaît dans la peinture moscovite. La représentation de la Trinité, au centre de l'icône, s'inspire des exemples grecs, où Abraham et Sara sont représentés debout, entre les anges qui prennent leur repas. A partir de la seconde moitié du XVIe siècle, des compartiments apparaissent dans les représentations de la Trinité, de la Genèse ou de l'Exode (histoire d'Abraham et de Lot). L'icône exposée appartient à ce dernier groupe. Les sujets des compartiments sont:

1) Abraham devant le repas préparé par les anges (Trinité)
2) Abraham prie Sabaoth
3) Abraham et Sara devant Sabaoth
4) Abraham rencontre les anges
5) Abraham s'incline devant les anges
6) Abraham choisit le veau pour le repas
7) Abraham et Sara offrent le repas aux anges
8) Abraham reconduit les anges
9) Le Seigneur (l'ange du milieu) ordonne à Abraham de conduire les deux anges à Lot
10) Les deux anges devant Lot
11) Lot s'incline devant les anges
12) Les anges font sortir Lot et sa famille de Sodome
13) Sabaoth met le feu à la ville aux mœurs dissolues; Lot et ses filles s'éloignent; sa femme, se retournant, est transformée en colonne de sel
14) Naissance d'Isaac, prédite par les anges
15) Abraham, sur ordre de Sabaoth, emmène le jeune Isaac à l'autel du sacrifice
16) Abraham et Isaac portent du bois et montent sur la colline, sans les chevaux et les esclaves
17) Abraham porte le couteau à la gorge d'Isaac allongé sur l'autel; un ange l'arrête
18) Abraham apporte l'agneau en sacrifice

La surface de l'icône a subi des retouches.

Ordre d'explication des scènes

1	2	3	4	5
6				7
8				9
10				11
12				13
14	15	16	17	18

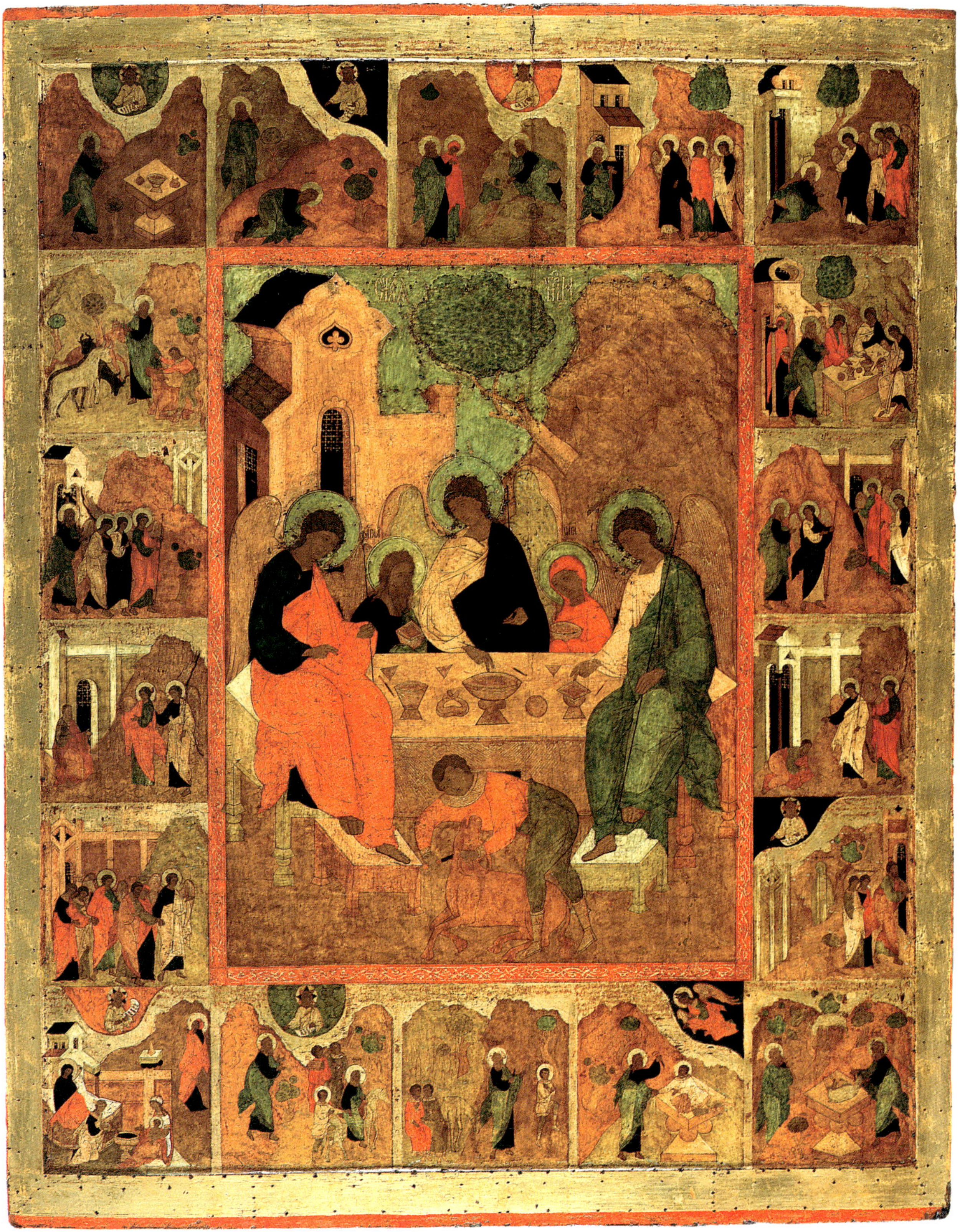

36

Les Saints Elus: sainte Catherine, saint Jacques de Jérusalem (?) et sainte Marie l'Egyptienne

Fin XVIe - début XVIIe siècle
89 × 66 cm
Acquis en 1969 (inv. DR 468)

Expositions:

Exposition triennale II. Restauration des biens culturels de Russie.
Académie des Beaux-Arts, Moscou, 1996 (cat. n° 252)

L'iconographie des Saints Elus est habituelle et caractéristique des icônes de Novgorod. En revanche, les voir regroupés est un exemple unique et rare.
Sur sainte Catherine, voir cat. n° 56. Le monastère de Sainte-Catherine sur le mont Sinaï conserve les reliques de la sainte et est devenu un important centre de culte. La popularité de sainte Catherine s'est affirmée au XVIe siècle en Russie.
Sainte Marie l'Egyptienne, païenne née à Alexandrie, fut convertie à la foi chrétienne lors de son voyage à Jérusalem. Selon son hagiographie, Marie se retira seule dans le désert, au-delà du Jourdain, où elle vécut quarante-sept ans et mourut en 522. Sainte Marie l'Egyptienne, modèle de repentir sincère, d'ascèse rigoureuse et de conversion, est particulièrement vénérée par l'Eglise orthodoxe.
Le vieillard, avec sa barbe longue et effilée, pourrait être un saint archevêque. Saint Jacques de Jérusalem était l'un des hiérarques les plus respectés. Ce martyr mourut en 62. A Novgorod et aux alentours, saint Jacques est considéré comme le guérisseur des «ulcères mortels». Il est souvent représenté avec les guérisseurs Côme et Damien, ou Florus et Laurus.

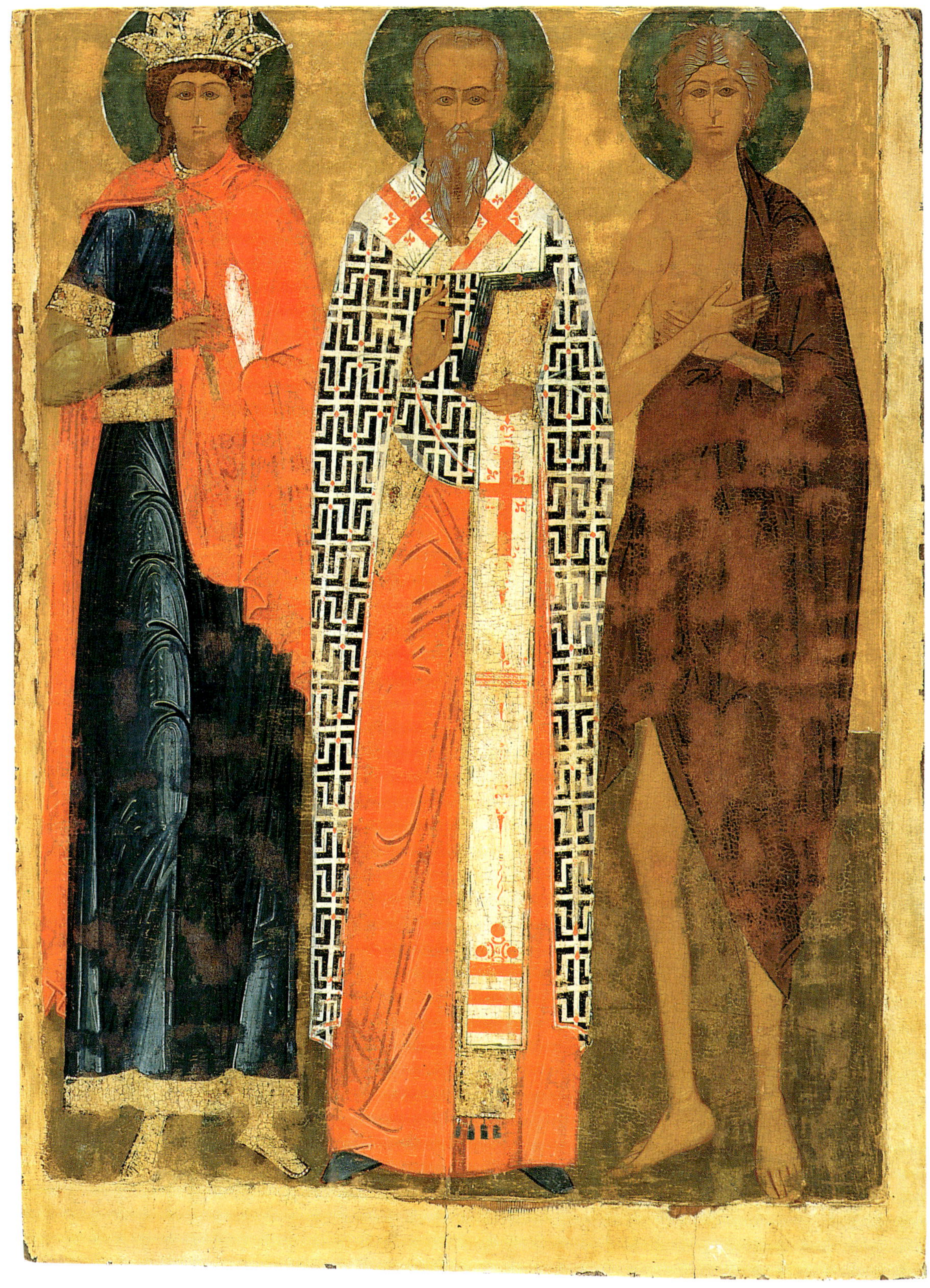

37

La Vierge Fedorovskaïa

Ateliers du tsar
Vers 1630
75 × 59 cm
Provient du Palais d'Hiver de Saint-Pétersbourg
Acquis en 1934 (inv. 21466)

Expositions:

Anniversaire commémorant le déplacement de l'icône de la Vierge Vladimirskaïa à Moscou en 1395. Galerie nationale Tretiakov, Moscou, 1995 (cat. n° 23)

Les trésors russes. Icônes et arts décoratifs du XIe au début du XXe siècle des collections de la Galerie nationale Tretiakov et des Musées du Kremlin de Moscou. Retretti, Finlande, 1996 (cat. n° 62)

La Vierge Fedorovskaïa, réplique de l'icône miraculeuse de la cathédrale de la Dormition à Kostroma, est au centre de la composition. Le prince Gueorgui Vsevolodovitch (1188-1238), selon la légende, souhaitait transporter l'icône de la Vierge Fedorovskaïa d'une petite chapelle jusqu'à la ville de Kitej. Mais il ne parvint pas à la déplacer. Interprétant ce signe comme une volonté de la Vierge, il érigea un monastère à l'endroit de la petite chapelle. L'icône reçut le nom de Fedorovskaïa, car elle était rattachée à l'église Saint-Théodore-Stratilate. Dans les siècles qui suivirent, une série d'événements révéla le pouvoir miraculeux de cette image (cat. n° 57). A partir du XVIIe siècle, la Vierge Fedorovskaïa fut une icône royale de la dynastie des Romanov. Elle jouissait d'une considération telle auprès des Romanov que le tsar Mikhaïl Fedorovitch Romanov, accédant au trône en 1613 à Kostroma, institua une fête en son honneur; elle reçut à cette occasion l'autre nom de Vierge Fedorovskaïa Kostromskaïa. L'icône de la Galerie Tretiakov fut exécutée, sans aucun doute, par un peintre des ateliers royaux. Dès le XVIIe siècle, cette icône était au Palais d'Hiver de Saint-Pétersbourg. On peut supposer que le commanditaire de cette œuvre était un des membres de la famille royale. Le choix des onze saints sur les bords n'est pas fortuit. Ils sont nombreux à porter le nom des membres de la famille de Mikhaïl Fedorovitch.

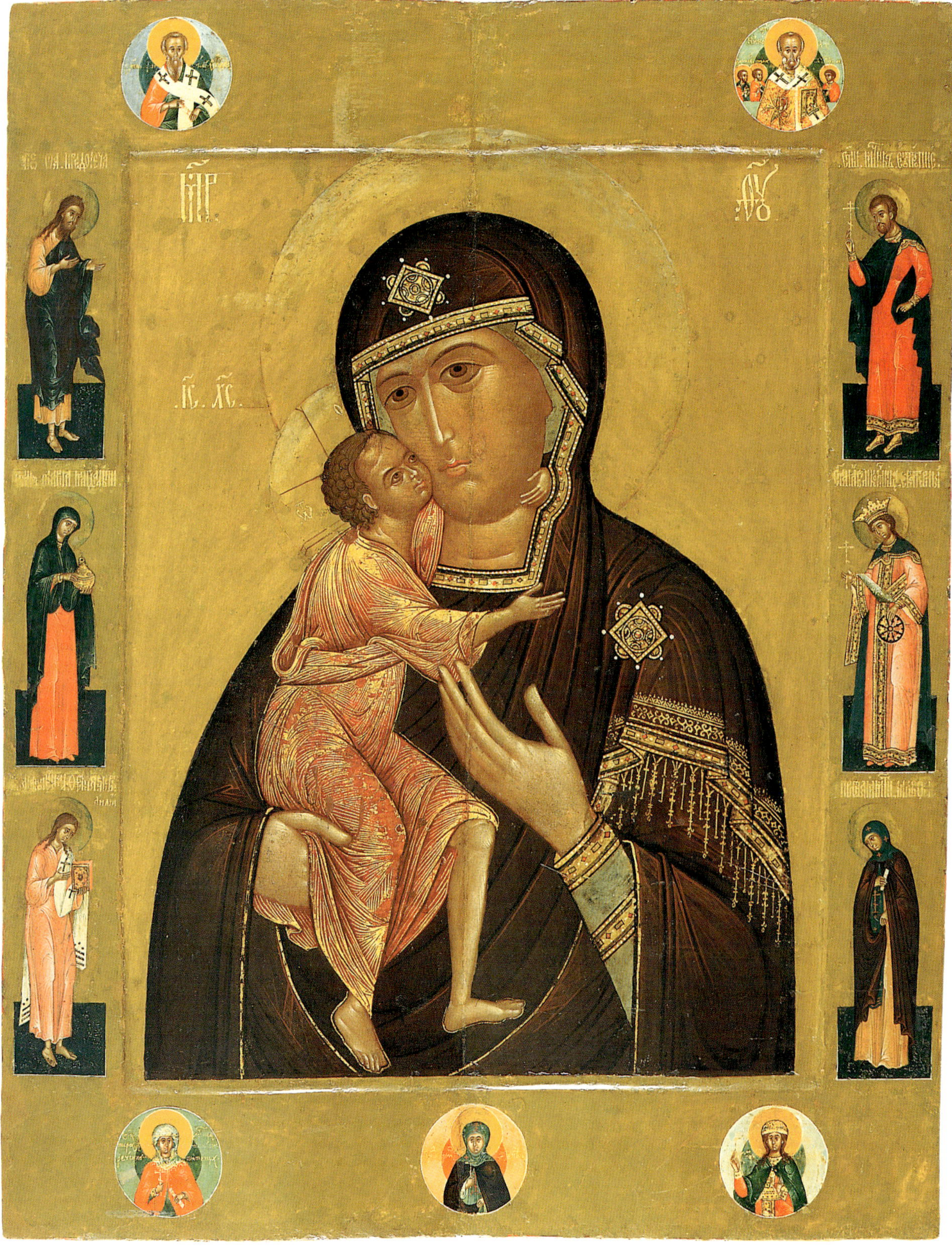

38

Saints Boris et Gleb et scènes de leur vie

Premier tiers du XVIIe siècle (cadre avec les scènes de vie)
Début XXe siècle (partie centrale). Moscou
91 × 71 cm
Ancienne collection S. P. Riabouchinski
Acquis en 1930 (inv. 12867)

Expositions:

Exposition d'art russe ancien au Congrès panrusse des peintres. Académie des Beaux-Arts, Saint-Pétersbourg, 1911-1912

Exposition de l'art russe ancien, inaugurée en 1913 en l'honneur du tricentenaire de la dynastie des Romanov. Institut archéologique, Moscou, 1913

Les trésors russes. Icônes et arts décoratifs du XIe au début du XXe siècle des collections de la Galerie nationale Tretiakov et des Musées du Kremlin de Moscou. Retretti, Finlande, 1996 (cat. n° 61)

Boris et Gleb, baptisés sous les noms de Roman et de David, sont les premiers saints russes vénérés par l'Eglise orthodoxe. Ils étaient les fils du prince Vladimir Ier, qui, grâce à son mariage avec la fille de l'empereur byzantin Basile II, avait introduit le christianisme en Russie en 988. Ils furent canonisés après leur cruel assassinat en 1015. Perpétré par leur demi-frère, dit le Maudit, ce crime éliminait ainsi ses rivaux dans la lutte pour le trône de Kiev. Les premières représentations remontent au XIIe siècle. Dès le XIVe, des compartiments relatant la vie des deux saints apparaissent. Au XVIIe siècle, époque de la création de cette icône, la tradition iconographique était déjà développée et bien établie; les compartiments suivaient un ordre précis.

Les sujets des compartiments sont:

1) Le prince de Kiev, Vladimir Ier, envoie Boris lutter contre les Petchenegues
2) En chemin, Boris apprend la mort de son père
3) Le demi-frère, dit le Maudit, s'empare du trône et soudoie les boyards pour tuer Boris
4) Le serviteur de Boris protège son maître des assassins
5) Meurtre du serviteur
6) Boris, transporté sur une télègue, est tué par un des guerriers
7) Office religieux pour la mort de Boris
8) Le coursier du Maudit demande à Gleb de se rendre à Kiev, sur un prétendu ordre de son père
9) Sur la route de Kiev, le cheval de Gleb trébuche et se casse la patte
10) Meurtre de Gleb dans une barque. On voit une colonne de feu au-dessus de son corps
11) Un autre frère, le prince Iaroslav, reçoit la nouvelle de la mort de son père et de l'assassinat de ses frères
12) Iaroslav et ses guerriers avant la bataille
13) Bataille entre les troupes de Iaroslav et celles du Maudit
14) Fuite du frère maudit. On le porte sur des brancards. Il tombe dans un abîme
15) Découverte du corps de Gleb
16) Oraison funèbre pour Gleb

La composition de ce cycle reflète les caractéristiques de la peinture moscovite du XVIIe siècle. En effet, elle est dense (certains éléments se répètent d'une vignette à l'autre), le paysage et les fonds architecturaux sont décalés sur plusieurs plans, les figures sont saisies dans des mouvements variés et ont des attitudes calquées sur la réalité. La partie centrale est perdue et a été remplacée par une peinture «à l'ancienne», du début du XXe siècle.

Ordre de «lecture»
des compartiments

1	2	3	4	5
6				7
8				9
10				11
12	13	14	15	16

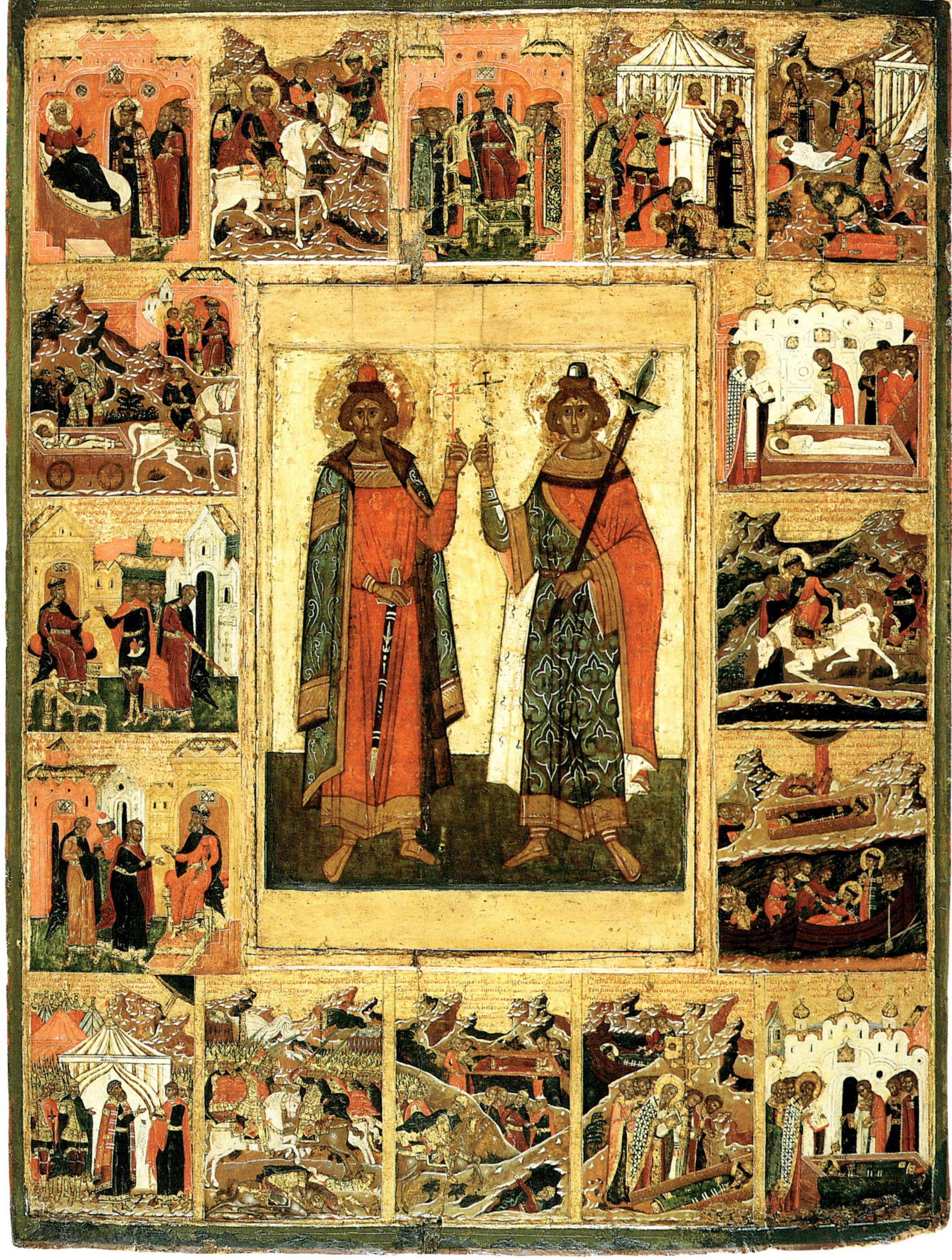

39

Jean le Précurseur dans le désert

Première moitié du XVIIe siècle. Moscou
80 × 64 cm
Provient du monastère Tchoudov du Kremlin de Moscou
Acquis dans les années vingt (inv. 6140)

Les sources de cette iconographie se réfèrent aux œuvres byzantines. La représentation illustre les textes bibliques (Matthieu 3; Luc 1: 80; 3: 2-3) sur la vie ascétique du prophète Jean le Précurseur, qui, avant son apparition au peuple de Judée, vivait retiré dans le désert. Dans les icônes russes, il est habituellement représenté sur un fond de collines et porte le calice de l'Eucharistie et un rouleau de parchemin sur lequel est écrit le sens de son sermon: «Repentez-vous, car le royaume des cieux est tout proche.» Le désert est traditionnellement figuré par une terre fleurie, recouverte d'une végétation luxuriante et peuplée d'animaux, d'oiseaux et de poissons (nageant dans le Jourdain). L'originalité de cette icône réside dans la représentation d'un ange volant dans les cieux (à gauche). Sur son parchemin est inscrit: «La voix de Dieu est en Jean.»
Un motif architectural rare pour ce type d'iconographie apparaît sur l'angle supérieur de l'icône.

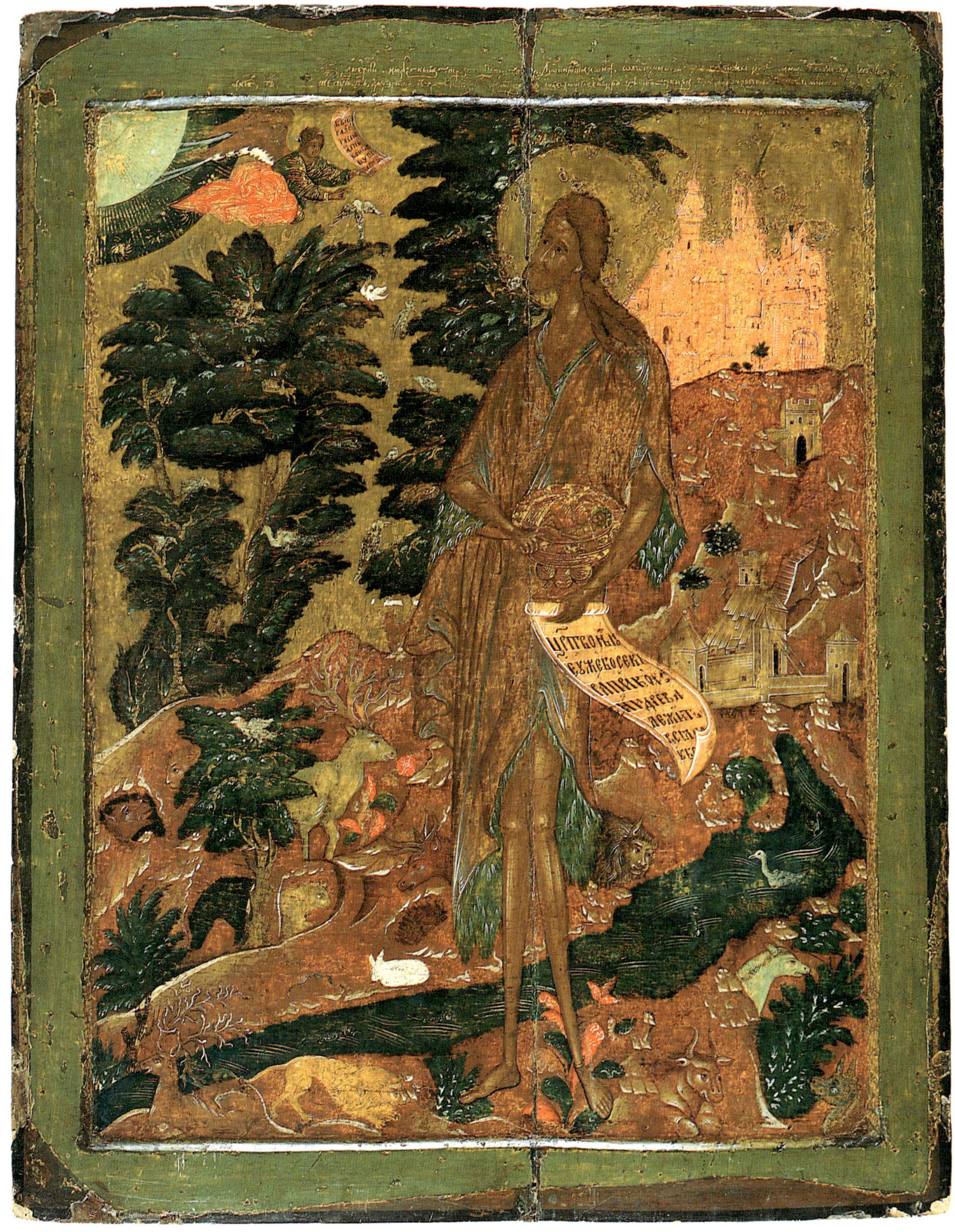

40

Le Jugement dernier

XVIIe siècle

53 × 42 cm

Acquis en 1933 (inv. 20687)

La composition fouillée de l'icône montre l'Apocalypse, le Jugement dernier, la Résurrection des morts, le Paradis pour les justes et l'Enfer pour les pécheurs. En haut à droite, les anges enroulent le cosmos étoilé (allégorie de la fin du monde). Plus bas, la composition est divisée en deux parties: la gauche, plus petite, correspond au Jugement dernier et au Paradis; la droite, plus grande, représente le lac de feu et l'abîme de l'Enfer.

Le Paradis est figuré avec beaucoup de précision. En bas, l'apôtre Pierre et les justes se dirigent vers les portes du Paradis. A droite des portes se trouve le lieu de béatitude des justes. Derrière, à gauche, il y a le bon larron, Barabbas, avec la croix. Au-dessus des portes du Paradis, un cercle entoure la figure de la Vierge en majesté. A l'extrémité gauche, les moines ailés montent vers la Jérusalem céleste. Au-dessus, le tribunal céleste est rassemblé avec ses juges (le Christ, Dieu le Père, la Trinité), ses assesseurs (les apôtres), sa garde (les milices célestes) et ses avocats (saint Jean-Baptiste et la Vierge). L'humanité est représentée symboliquement par Adam et Eve implorants.

Au-dessus du trône, la main divine tient une balance, encadrée d'un ange et d'un démon, pour peser les péchés de l'humanité (une âme sous la balance attend le jugement). Le serpent du péché apparaît sous les pieds des hommes. Les péchés du genre humain sont inscrits sur lui (mensonge, superstition, colère, avarice, inceste, servitude, jugement, crime, fainéantise, danse, vol, cupidité, concussion, désespoir, adultère, gourmandise, ivresse). A côté du serpent, les anges et les démons poussent avec des lances les pécheurs vers l'Enfer. Sur le lac de feu, on voit Satan porter Judas sur ses genoux et les pécheurs brûler. Il y a aussi dix cavernes correspondant aux abîmes infernaux. A gauche du lac, les visions du prophète Daniel sont représentées sous forme de médaillons. L'ange montre à Daniel quatre bêtes ailées symbolisant les royaumes qui doivent périr (Perse, Macédoine, Babylone, Rome). Quatre cercles montrent les visions de Daniel sur le bouc et le bélier. La terre et la mer, représentées symboliquement, ressuscitent les morts.

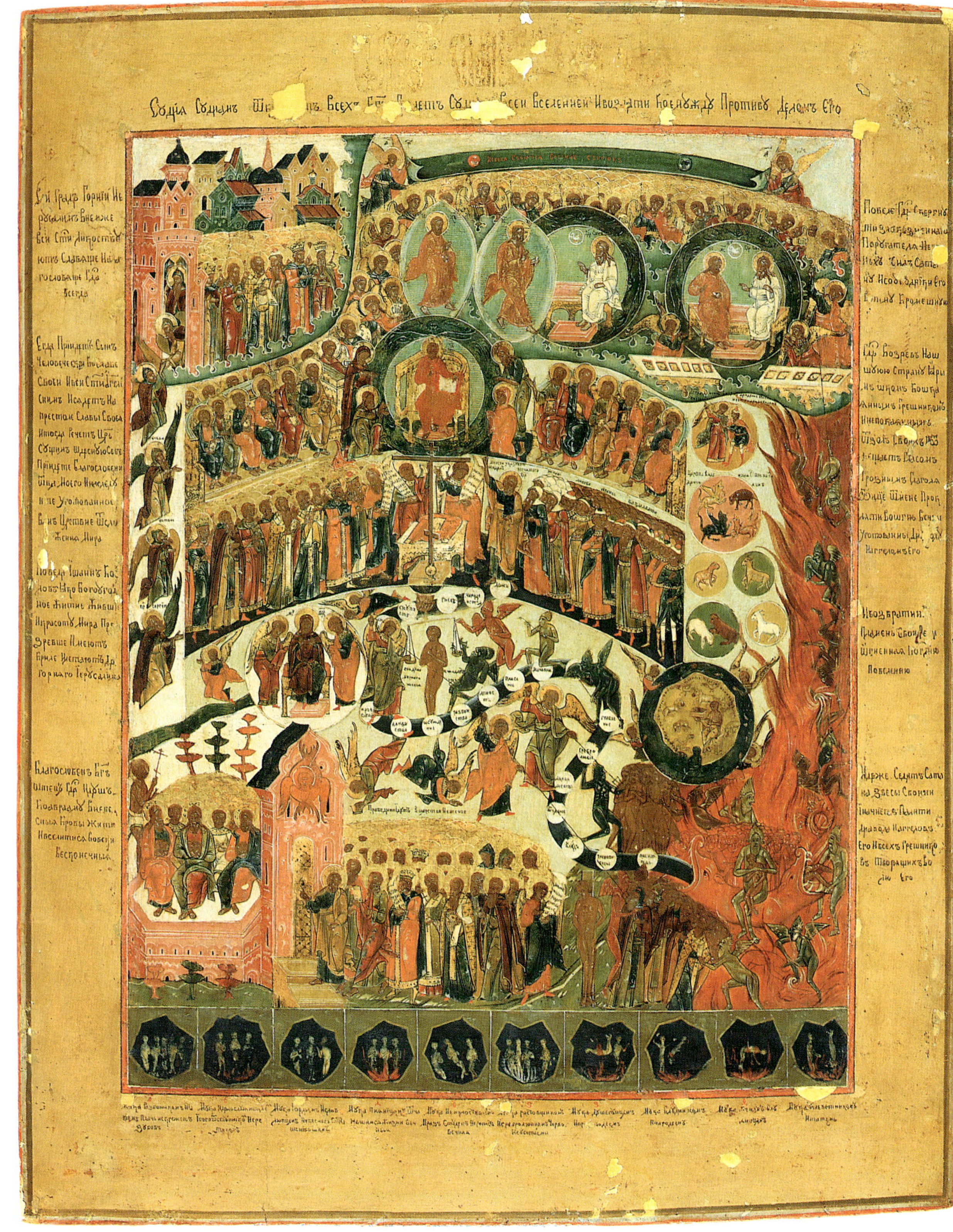

41

La Transfiguration

XVIIᵉ siècle. Russie du Nord
90 × 66 cm
Acquis en 1966 (inv. DR 260)

Expositions:
«Les biens restitués», Galerie nationale Tretiakov, 1992

Cette icône relève d'une iconographie traditionnelle (voir cat. n° 13) et illustre l'Evangile de Luc (chap. 9), comme nous le montrent les inscriptions du fond. La représentation des prophètes, portés par les anges, symbolise la préfiguration de la résurrection du Christ. Moïse est le témoin du miracle du royaume des morts, alors qu'Elie atteste le miracle du royaume des vivants. C'est pourquoi Elie est représenté sur un nuage, alors que Moïse sort d'un tombeau. La représentation du Christ, un livre à la main, n'est en revanche pas courante pour ce genre d'iconographie.

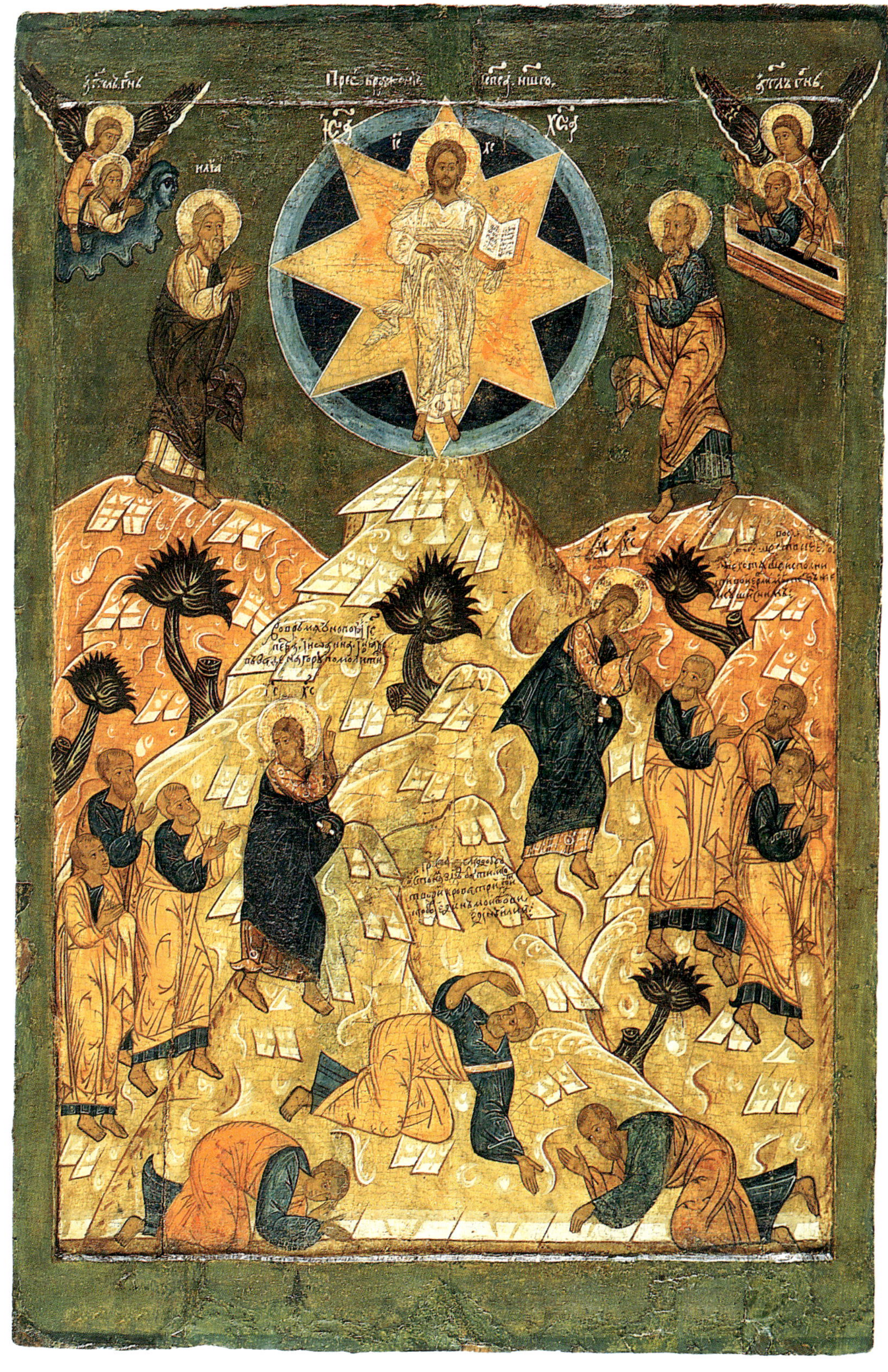

42

L'Ascension du prophète Elie dans un char de feu

XVIIe siècle

52 × 44 cm

Provient de l'église de la Dormition à «Apoukhtinka», Moscou

Acquis en 1936 (inv. 19909)

Expositions:

Trésors de l'art russe. Icônes du XIVe au XVIIe siècle. Musée national Fernand Léger. Béote, 1976 (cat. n° 51). Marseille, Cannes, 1976 (cat. n° 51). Liège, Bruxelles, 1976-1977 (cat. Liège n° 51). Luxembourg, 1977 (cat. n° 51)

Les icônes russes de la collection de la Galerie nationale Tretiakov. Musée national, Belgrade, 1980 (cat. n° 20)

Les icônes russes anciennes du XIVe au XVIIe siècle de la collection de la Galerie nationale Tretiakov de Moscou. Galerie nationale, Prague, 1981-1982 (cat. n° 21)

Les trésors russes. Icônes et arts décoratifs du XIe au début du XXe siècle des collections de la Galerie nationale Tretiakov et des Musées du Kremlin de Moscou. Retretti, Finlande, 1996 (cat. n° 67)

Le sujet est lié aux textes bibliques et à l'office de la fête du saint, le 2 août. Pour sa lutte acharnée contre le paganisme et son ascétisme rigoureux, le prophète Elie fut emporté, vivant, dans les cieux. Un char de feu, porté par un ange, fut envoyé pour le prendre. Attelé de quatre chevaux, il apparut entouré d'une nuée de feu. Elie laissa son manteau à son disciple Elisée en signe de transmission du don prophétique. Sur cette icône, on voit plusieurs scènes: Elie le prophète dans le désert, nourri par un corbeau, et l'apparition de l'ange à Elie. Cette dernière scène illustre les paroles de l'ange au prophète (premier livre des Rois, 19: 4-8): «Mais voici qu'un ange le toucha et lui dit: Lève-toi et mange. Il regarda et voici qu'il y avait à son chevet une galette cuite sur les pierres chauffées et une gourde d'eau. Il mangea et but, puis se recoucha. Mais l'ange revint une seconde fois, le toucha et dit: Lève-toi et mange, autrement le chemin sera trop long pour toi. Il se leva, mangea et but, puis, soutenu par cette nourriture, il marcha quarante jours et quarante nuits jusqu'à la montagne de Dieu, l'Horeb.» On lui attribuait un pouvoir sur les éléments, le tonnerre et les éclairs. Ces images se rencontrent fréquemment dans les œuvres traitant de ce sujet.

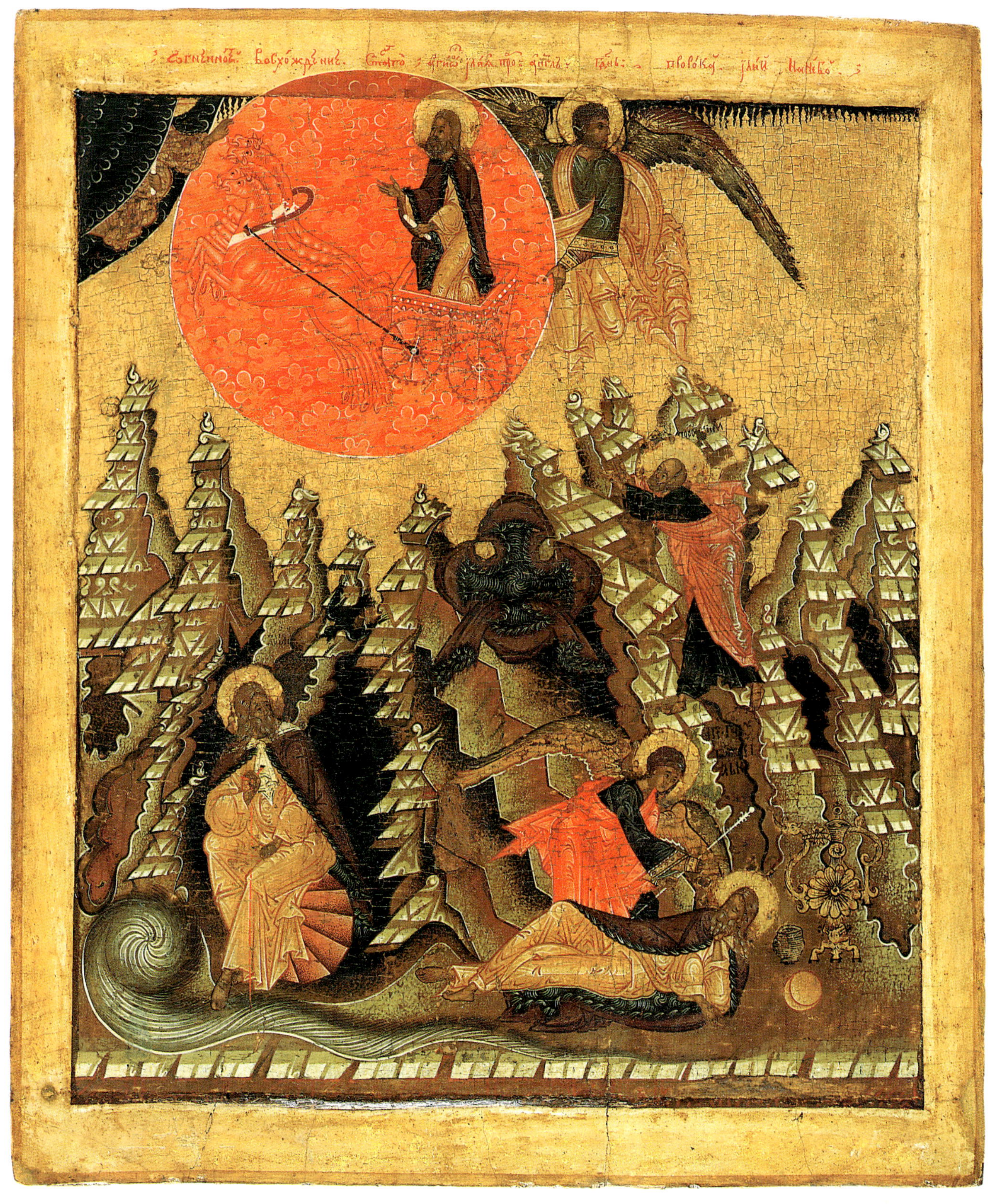

43

Jésus devant Ponce Pilate

1668

98 × 82,5 cm

Provient du registre de la Passion de l'iconostase de l'église Saint-Grégoire, Moscou

Acquis en 1939 (inv. 28782)

La Passion du Christ est un des sujets les plus répandus dans l'art religieux russe des XVIIe et XVIIIe siècles. Cette icône commente les textes des Evangiles de Matthieu (27: 26-28), de Marc (15: 46), de Luc (23: 18-19) et de Jean (28: 40). Son originalité réside dans la réunion, au sein de la même composition, de trois sujets: Ponce Pilate se lave les mains, Barabbas est libéré de prison et Jésus conduit devant Ponce Pilate, qui peut aussi être interprété comme «les soldats amenant le Christ aux outrages». Le Christ apparaît vêtu, dans toutes ces scènes, d'une chlamyde pourpre (motif généralement limité à la scène de la couronne d'épines). La forme du cadre est octogonale, ce qui s'explique par la construction de l'iconostase de l'église Saint-Grégoire. La composition de l'icône s'inscrit entièrement dans un cercle. Par ses caractéristiques et sa technique, cette œuvre rappelle les icônes de Iaroslavl. D'après les documents des archives du Palais des Armures, on peut dater cette peinture de 1668, année de la construction et de la décoration de l'église Saint-Grégoire sur la rue Bolshaïa Polianka à Moscou. Notons aussi que l'icône représentant la Mise au tombeau (voir cat. n° 44) provient du même registre de la Passion.

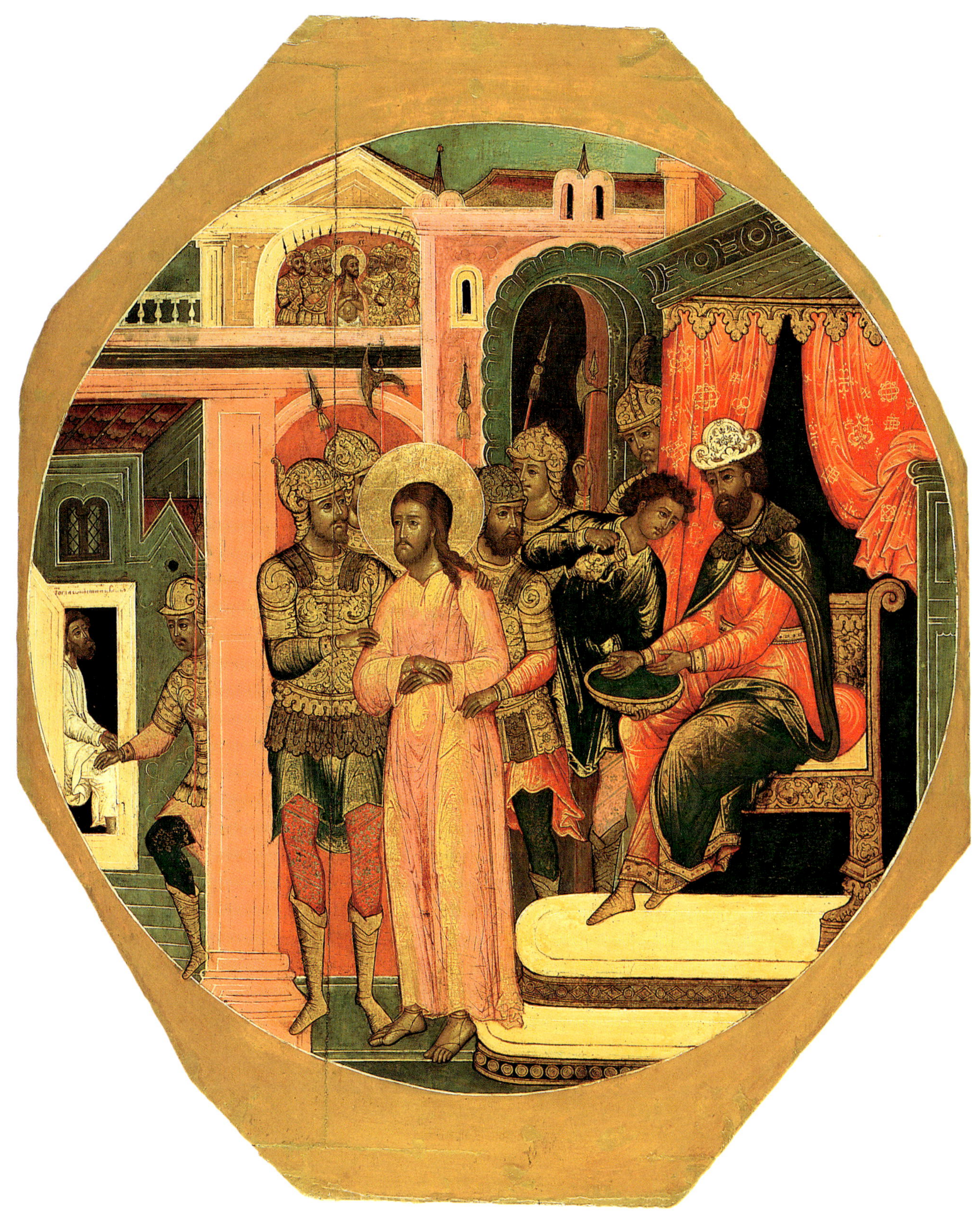

44

La Mise au tombeau

1668

98 × 83,5 cm

Provient du registre de la Passion de l'iconostase de l'église Saint-Grégoire, Moscou

Acquis en 1939 (inv. 28784)

Le sujet a sa source dans les Evangiles de Matthieu (27: 60-61), de Marc (25: 46-47), de Luc (23: 53-55) et de Jean (19: 41-42). Sur cette icône, on trouve les personnages habituels de la Mise au tombeau: Jean le Théologien, Nicodème, Joseph d'Arimathie, la Vierge, Marie-Madeleine et deux sœurs de Lazare. Deux justes (représentés sans nimbe), qui sont peut-être deux disciples de Jésus, apparaissent aussi dans la composition. Ce détail est très original dans l'iconographie du sujet. Le cercueil du Christ présente une forme inhabituelle, rappelant celle d'un sarcophage. Cette icône a probablement été peinte par le maître du Palais des Armures, Gueorgui Zinoviev et provient du même registre de la Passion que l'icône «Jésus devant Ponce Pilate» (cat n° 43).

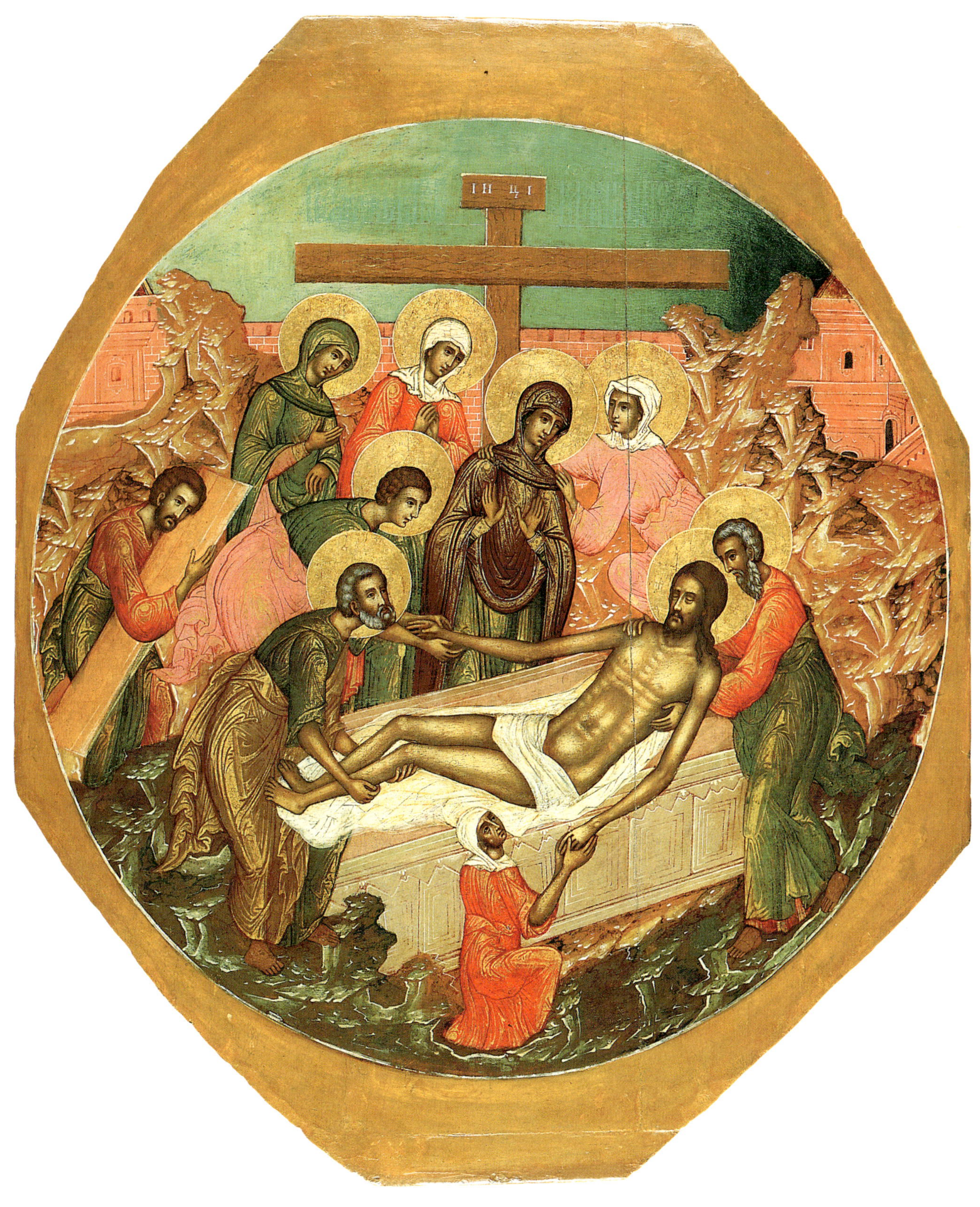
IН ЦI

44bis
Serge de Radonège, peint par Simon Ouchakov
1669
49 × 39 cm
Provient du monastère de la Trinité-Saint-Serge
Acquis en 1934 (inv. 22957)

En bas, sur le fond à gauche, la peinture d'origine nous indique la date et le nom de Bogdan Khitrovo, qui fit don de l'icône au monastère.
Celui-ci, à la tête du célèbre Palais des Armures, était un des boyards les plus influents sous le tsar Alexis Mikhaïlovitch. A sa demande, Simon Ouchakov prit la charge de l'atelier principal du Palais des Armures.
Le vénérable Serge de Radonège était issu du rang des boyards. En 1337, il se retira non loin de la ville de Radonège, dans un lieu que l'on appela le monastère de la Trinité-Saint-Serge. Mais sa vie d'ermite prit rapidement fin lorsque d'autres religieux, aspirant à la retraite, commencèrent à affluer vers lui. En 1354, Serge fut choisi à l'unanimité pas ses frères pour être le supérieur du monastère qu'ils avaient fondé.
L'autorité du vénérable Serge fut si forte que le métropolite Alexis, sentant sa mort prochaine, lui demanda en 1378 d'être son successeur, proposition que Serge déclina.
En 1380, le grand-prince Dimitri Donskoï, participant à la bataille de Koulikovo, se présenta au monastère du vénérable Serge pour être béni. Celui-ci non seulement lui donna sa bénédiction pour la victoire, mais il lui offrit comme compagnons d'armes les moines Aleksandr Peresvet et Andreï Oslinbia.
Serge de Radonège mourut le 25 septembre 1391. Ses reliques furent trouvées intactes en 1422. L'Eglise orthodoxe russe vénère Serge, dont la grâce divine lui permit d'assister à un événement miraculeux. En compagnie de son disciple Mikheï, il fut le témoin de l'apparition de la Sainte Vierge et des apôtres Pierre et Jean. Grâce aux efforts de Serge et de ses disciples, de nombreux monastères furent construits en Russie. Dans l'histoire nationale russe, Serge est considéré comme le fondateur du monachisme. Dans le panégyrique de son disciple Epiphanie, on trouve des phrases remarquables sur le saint homme: «Ce père vénérable a rayonné dans le pays russe; il a rayonné comme une lumière brillant parmi les crépuscules et les ténèbres, comme une splendide fleur parmi les ronces et les épines.»

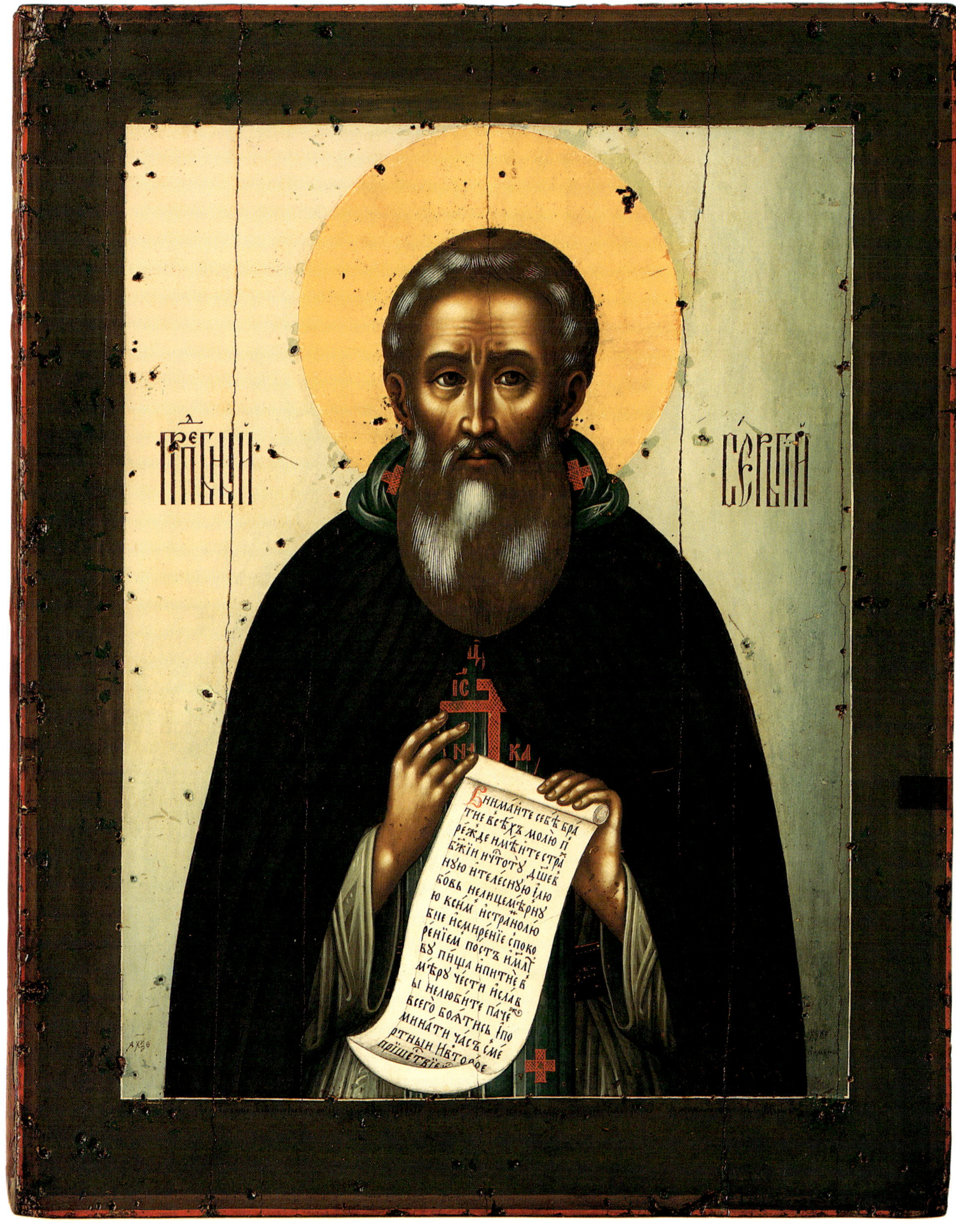

45
La Sainte Face, peinte par Simon Ouchakov
1678
53 × 42 cm
Provient de la ville de Smolensk
Acquis en 1936 (inv. 30531)

L'icône est signée et datée en bas, sous le mandylion. Il s'agit d'une œuvre de Simon Fedorovitch Ouchakov (1626-1686), figure centrale de l'art russe du XVIIe siècle. Celui-ci était à la tête du Palais des Armures à Moscou et exerçait une activité très diversifiée, tant dans la peinture d'icônes (on conserve plus de cinquante icônes de sa main) que dans l'art monumental, le dessin, l'illustration de livres et la création de cartes géographiques. Tous les ateliers du Palais des Armures étaient sous sa direction.

L'iconographie de la Sainte Face était très répandue et très appréciée en Russie. C'est sans doute ce qui incita Simon Ouchakov à traiter ce thème. Les icônes de l'artiste sur la Sainte Face se distinguent par une interprétation du visage du Sauveur résolument nouvelle et affranchie des canons de l'art ancien. L'archiprêtre Avvakoum, connu pour être l'un des plus ardents défenseurs de la tradition, reprochait à Ouchakov son traitement trop «charnel» du visage du Christ. Cependant, cette manière de peindre, caractérisée par un modelé clair-obscur et un rendu réaliste des expressions, n'avait pas que des détracteurs. Nombreux furent les commanditaires de ce peintre qui privilégiaient le style pictural au détriment du seul respect des canons iconographiques.

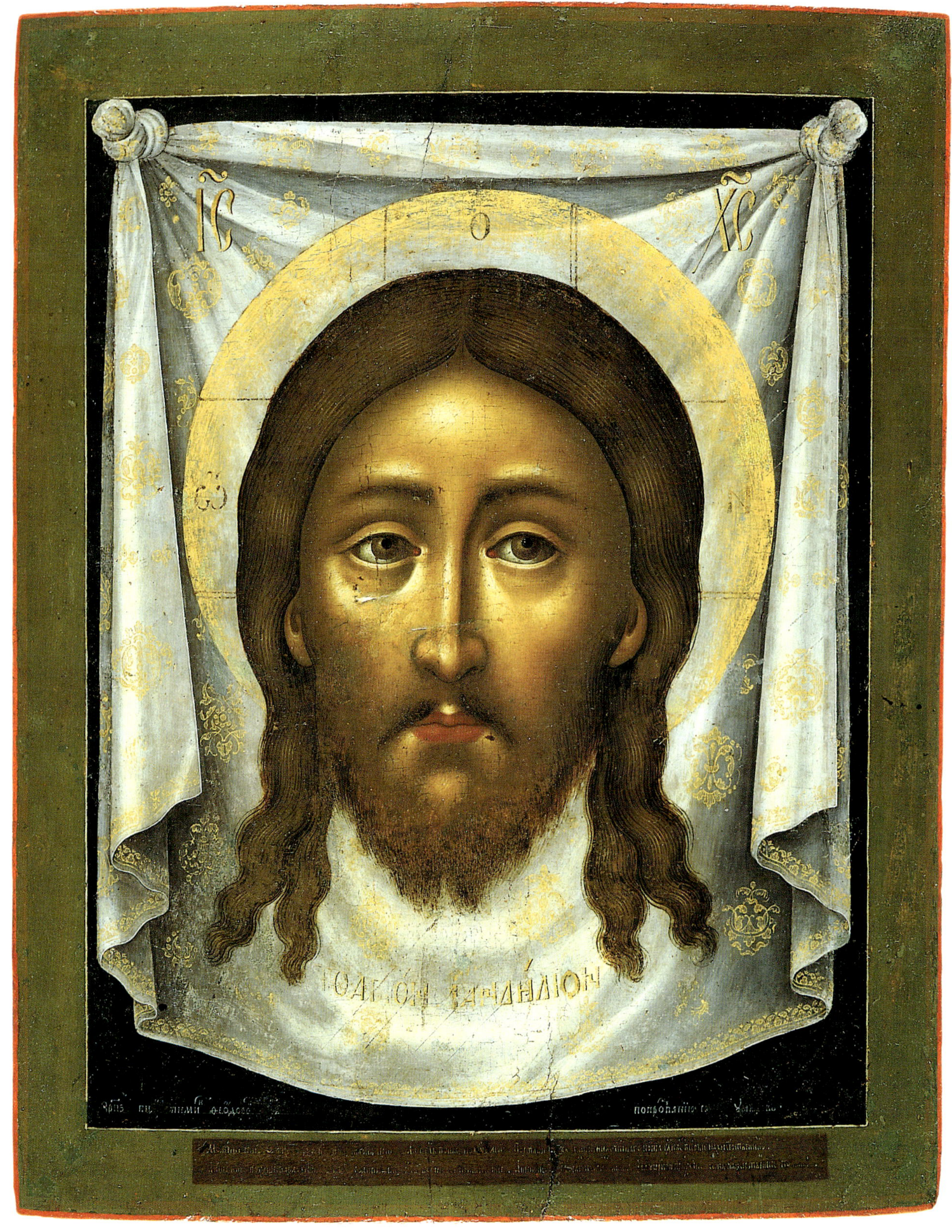

46

La Vierge «Fleur Impérissable», peinte par Tikhon Filatiev
1691. Moscou
47 × 41,5 cm
Provient de l'église de la Nativité-de-la-Vierge, ruelle Goloutvinski, Moscou
Acquis en 1933 (inv. 28637)

Expositions:
1000 Jahre russische Kunst/1000 ans d'art russe. Museum Wiesbaden, Allemagne (cat. n° 188) / Académie des Beaux-Arts, Moscou, 1988

La source littéraire de cette icône se trouve dans les textes byzantins et dans les acathistes (longues compositions poétiques, écrites en l'honneur de la Vierge et devant être écoutées debout). Ces hymnes évoquent l'Annonciation et la Dormition. Le nom de «Fleur Impérissable» donné à l'icône est tiré d'un vers de ces poèmes.

La Vierge est représentée en buste, portant la couronne des tsars et tenant un sceptre en fleurs à la main. L'enfant Jésus, soutenu par sa mère, porte les habits du tsar et tient le globe et le sceptre. Dans cette icône, la Vierge et Jésus sont représentés comme la reine et le roi des cieux. On peut attribuer cette œuvre au peintre Tikhon Filatiev, rattaché aux ateliers du Palais des Armures. C'est lui, en effet, qui exécuta toutes les icônes de l'église de la Nativité-de-la-Vierge à Goloutvino (comme nous l'indique l'inscription sur l'icône du *Sauveur Pantocrator* de l'iconostase de cette église).

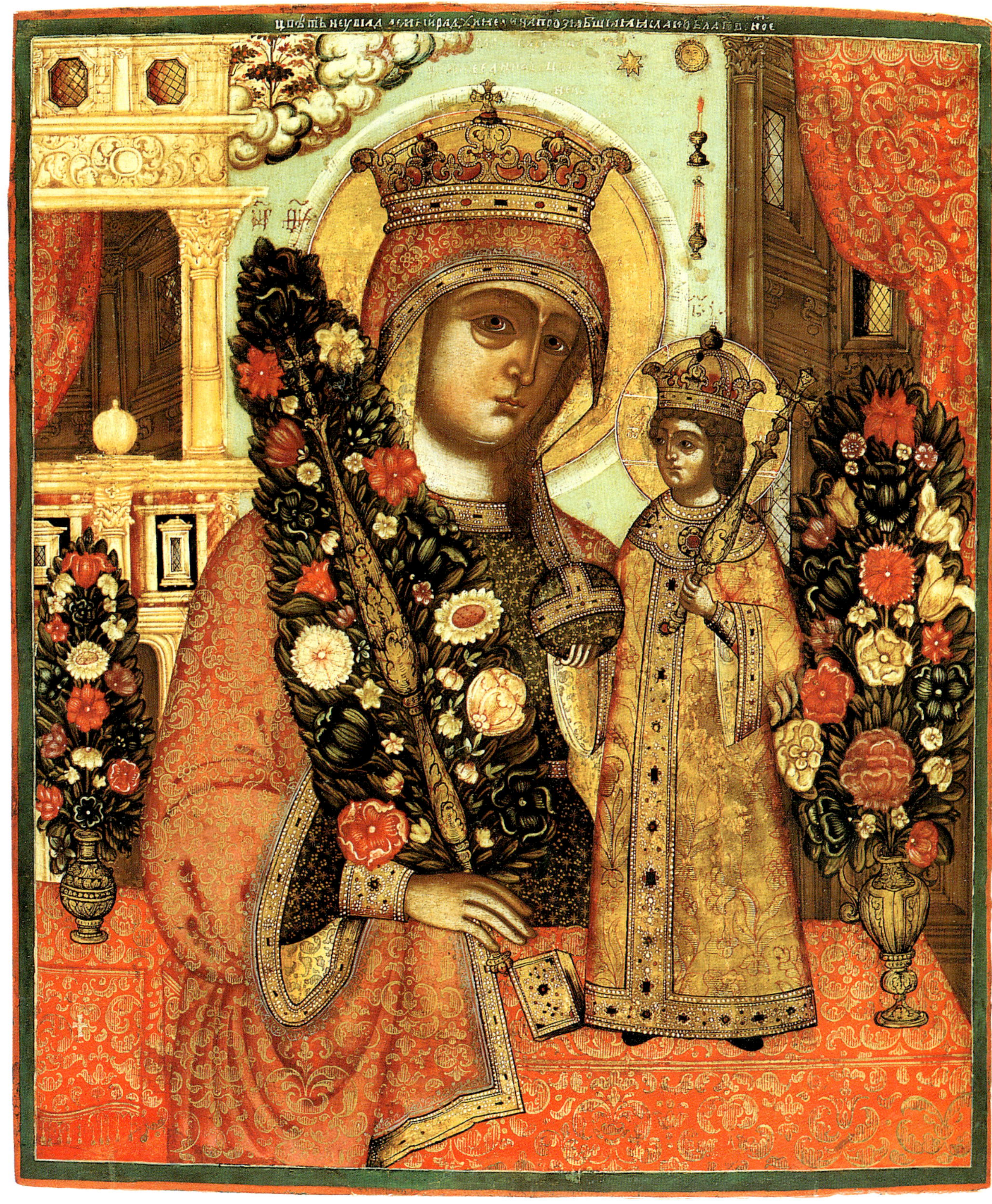

47

La Vierge Vladimirskaïa, peinte par Ivan Mikhaïlov

1697. Moscou

101 × 73 cm

Provient du registre des icônes «de place» de l'iconostase de l'église Sainte-Sophie, Moscou

Acquis en 1933 (inv. 21470)

Expositions:

Anniversaire commémorant le déplacement de l'icône de la Vierge Vladimirskaïa à Moscou en 1395. Galerie nationale Tretiakov, Moscou, 1995 (cat. n° 29)

Les trésors russes. Icônes et arts décoratifs du XIe au début du XXe siècle des collections de la Galerie nationale Tretiakov et des Musées du Kremlin de Moscou. Retretti, Finlande, 1996 (cat. n° 64)

La représentation de la Vierge et de l'enfant Jésus, blotti contre la poitrine de sa mère, touchant de sa joue son visage et l'embrassant en la prenant par le cou, a reçu le nom de «Vierge de tendresse» («Vierge Eleousa» en grec). Il s'agit d'un moment de communion intime entre la Vierge, pressentant les souffrances de son fils, et l'Enfant. Ce type de représentation se développa à Byzance avant le XIIe siècle. De nombreuses variantes de cette Vierge existent en Russie. Elles ont reçu diverses appellations, dont celle de «Vladimirskaïa» (liée à l'ancien endroit de conservation de cette icône, dans la ville de Vladimir). Cette icône était vénérée pour ses pouvoirs miraculeux. On la considérait comme la protectrice de la terre russe. Une inscription nous permet de supposer qu'elle fut réalisée en 1697 par le prêtre Ivan Mikhaïlov. La palette claire, la liberté dans l'espace de la composition et l'harmonie des figures sont caractéristiques de l'art de la capitale.

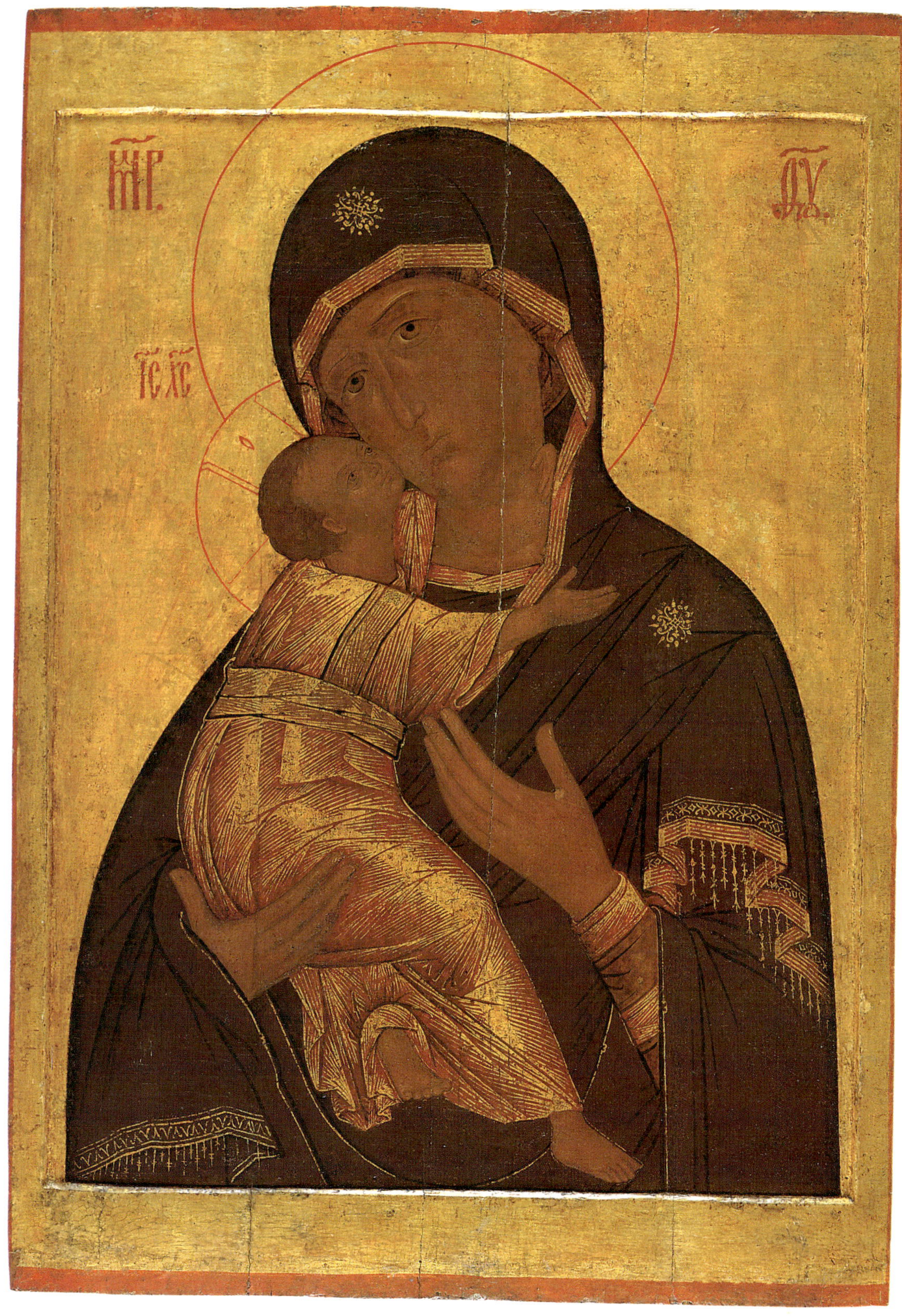

48

La Vierge de Smolensk «Chouïskaïa»

Fin XVIIe siècle

110,5 × 96 cm

Acquis en 1937 (inv. DR 62)

Expositions:

Icônes de la Vierge dans les collections de la Galerie nationale Tretiakov. Galerie nationale Tretiakov, Moscou, 1994

Les trésors russes. Icônes et arts décoratifs du XIe au début du XXe siècle des collections de la Galerie nationale Tretiakov et des Musées du Kremlin de Moscou. Retretti, Finlande, 1996 (cat. n° 65)

L'iconographie de la Vierge de Smolensk «Chouïskaïa» est spécifique à l'art russe orthodoxe. Elle représente une variante de la Vierge Hodigitria. Courant dans la peinture d'icônes du XVIe siècle, ce type de Vierge devient populaire au XVIIe siècle sous l'appellation de Vierge Chouïskaïa. En 1654, la ville de Chouïa fut ravagée par la peste. D'après les témoignages écrits, cette Vierge, peinte à l'initiative d'un citoyen dévot, arrêta l'épidémie. Une autre légende miraculeuse se rapporte à cette œuvre: on raconte qu'à chaque fois que l'artiste essayait de peindre la Vierge selon les canons classiques, la pose des pieds et des mains de l'enfant Jésus se transformait.

Dans cette icône spécifique de Vierge Hodigitria, de type Chouïskaïa, Jésus est représenté en position frontale, esquissant un geste de bénédiction. La position de ses pieds est tout à fait inhabituelle et produit un effet étrange: le Christ supporte de sa main le talon de son pied droit, tandis que la Vierge soutient son talon gauche. Cette pose compliquée symboliserait le Sermon de l'Eden dans la Genèse (3: 15): «Je mettrai une hostilité entre toi et la femme, [...], il t'écrasera la tête et tu l'atteindras au talon.» Ce sermon est un signe du triomphe de Jésus dans son combat spirituel sur le Mal et de l'annonce apocalyptique de sa seconde venue sur terre.

La Vierge de Smolensk «Chouïskaïa» est vénérée comme la protectrice des batailles et des épidémies. L'icône de la Galerie Tretiakov est aux dimensions de l'image miraculeuse d'origine et aurait été exécutée presque au même moment. Les archanges Michel et Gabriel portent des sphères aux monogrammes du Christ. Représentés dans des médaillons autour de la Vierge, ils confèrent de l'originalité à cette icône.

La surface de celle-ci a subi des retouches au XIXe siècle.

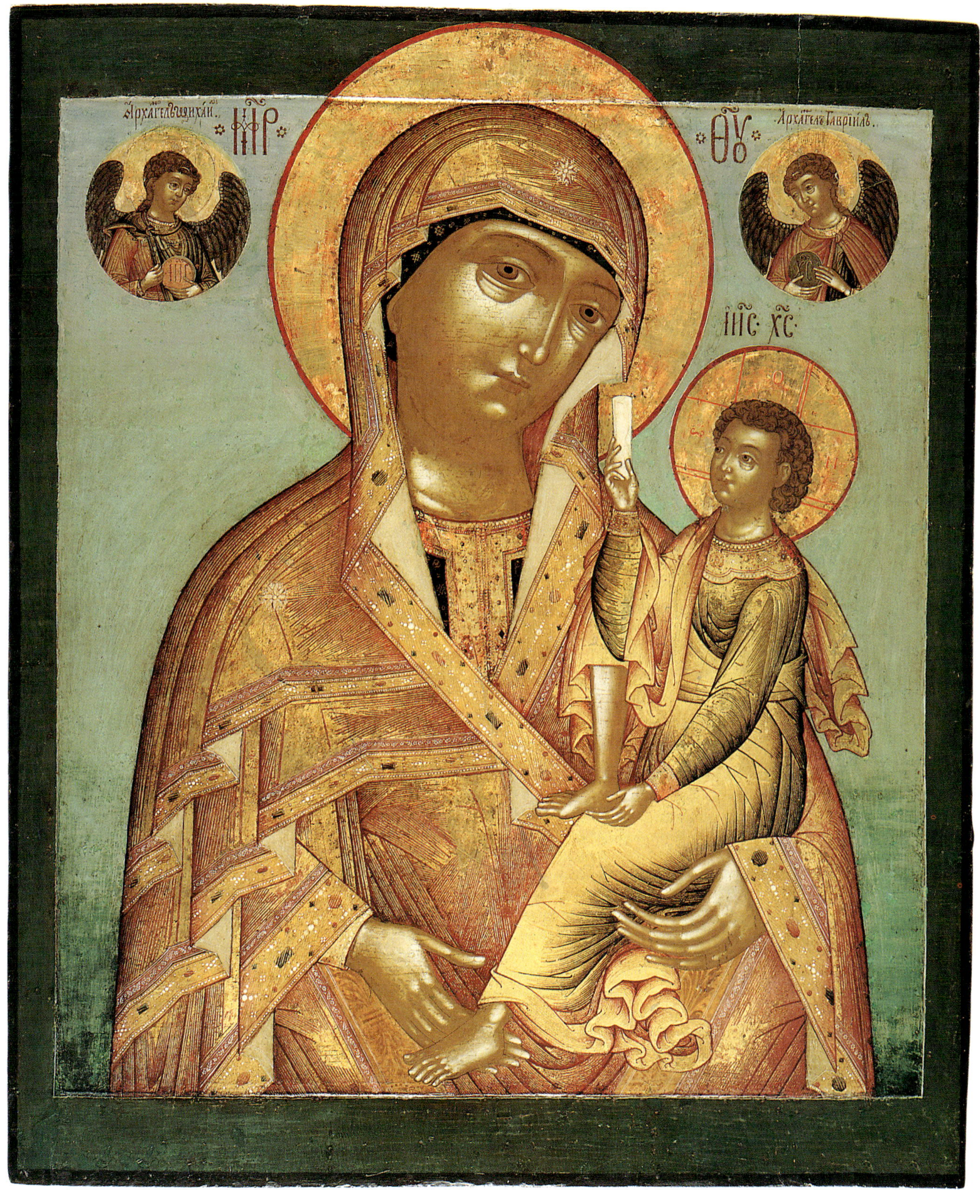

Архагелъ Михаил
МР ΘУ
Архагелъ Гавриилъ
IHC XC

49
Le Patriarche Joseph, peint par Piotr Bilindine
Fin XVIIe siècle
75,5 × 66,5 cm
Provient du registre des Patriarches de l'église Côme-et-Damien, Bolshaïa Polianka, Moscou
Acquis en 1933 (inv. 24485)

Joseph, avant-dernier fils de Jacob, devint esclave en Egypte et accéda au rang de Premier ministre du pharaon (Genèse, chap. 30 à 50). Les habits royaux du patriarche Joseph rappellent la robe solennelle des souverains moscovites et confèrent à l'icône l'aspect d'un portrait de parade. Même le regard de Joseph, au lieu d'être tourné vers le centre du registre des Patriarches, se dirige vers le spectateur. L'introduction de ces caractéristiques laïques dans la peinture d'icônes est liée au développement du portrait dans l'art russe au XVIIe siècle. En bas, sur le cadre octogonal, on aperçoit la signature de l'auteur. Piotr Bilindine, peintre de l'icône, est mentionné dans les archives du Palais des Armures comme peintre rattaché au Palais. L'église Côme-et-Damien, où se trouvait cette icône, était située dans le quartier des ateliers royaux de Moscou. De nombreux peintres de la cour ont ainsi pris part à la réalisation de l'iconostase de cette église.

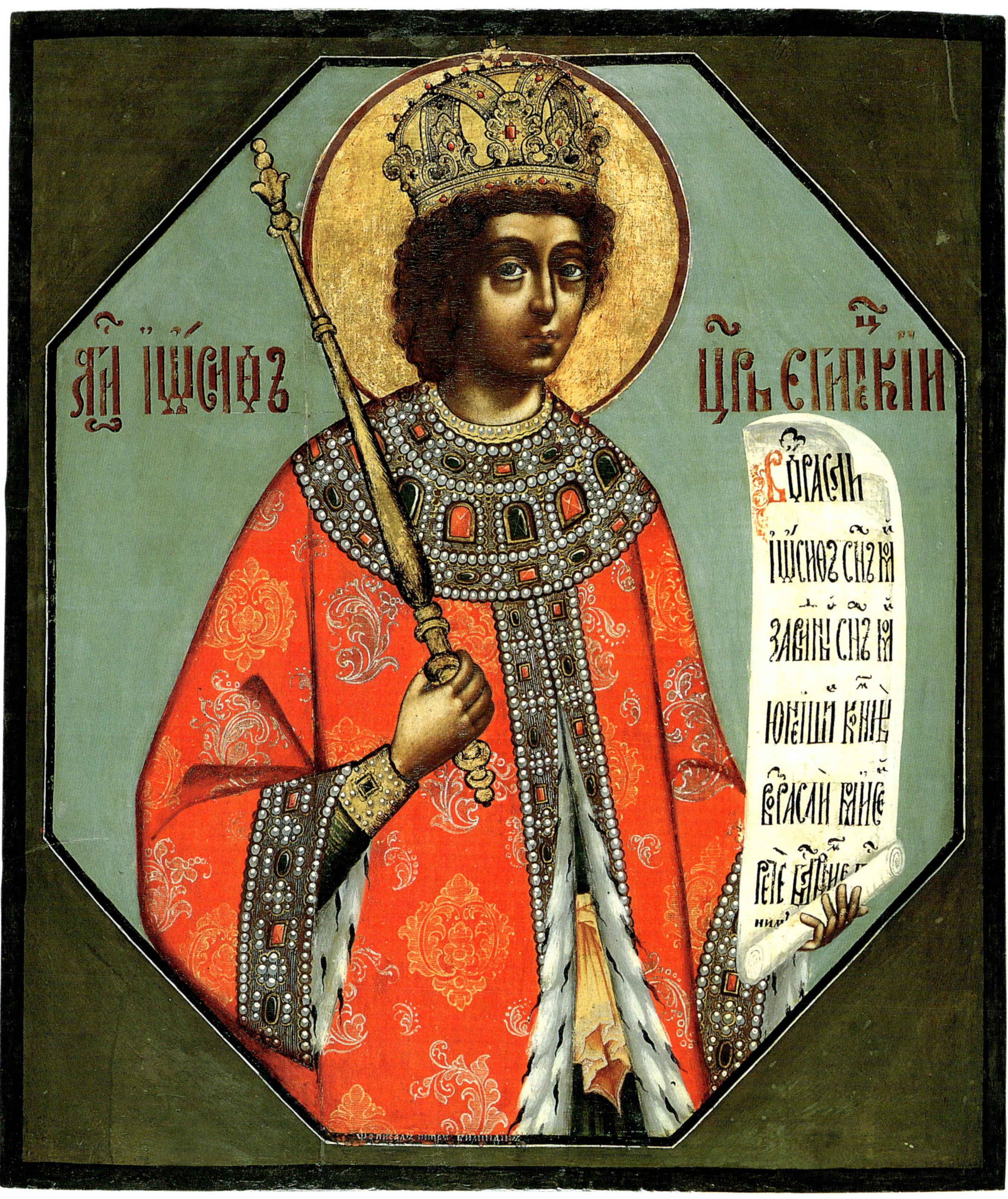

50

La Présentation au Temple de la Vierge, peinte dans les ateliers du Palais des Armures
Fin XVIIe - début XVIIIe siècle
77 × 68 cm
Provient du registre des Fêtes de l'église de la Présentation, Barachi, Moscou
Acquis en 1935 (inv. 14890)

Ce sujet, fréquent dans l'art byzantin, s'appuie sur les textes apocryphes du protévangile de Jacques (7: 7). D'après ces textes, Marie, selon le vœu de ses parents, Joachim et Anne, fut consacrée à Dieu dès l'âge de 3 ans et confiée au Temple de Jérusalem. Elle y vécut pendant douze ans, nourrie par un ange, et y rencontra le pontife et les vierges pures de Zacharie. Dans les icônes anciennes, la scène montrant la Vierge nourrie par un ange est rajoutée dans un compartiment. Cette iconographie est connue en Russie depuis le XIIe siècle, grâce aux fresques consacrées à Joachim et à Anne dans la cathédrale Sainte-Sophie de Kiev. Dans cette œuvre, la composition épurée est caractéristique du style laconique de la peinture d'icônes du XVIIe siècle. La scène se passe dans un intérieur d'église, traité selon les lois de la perspective.

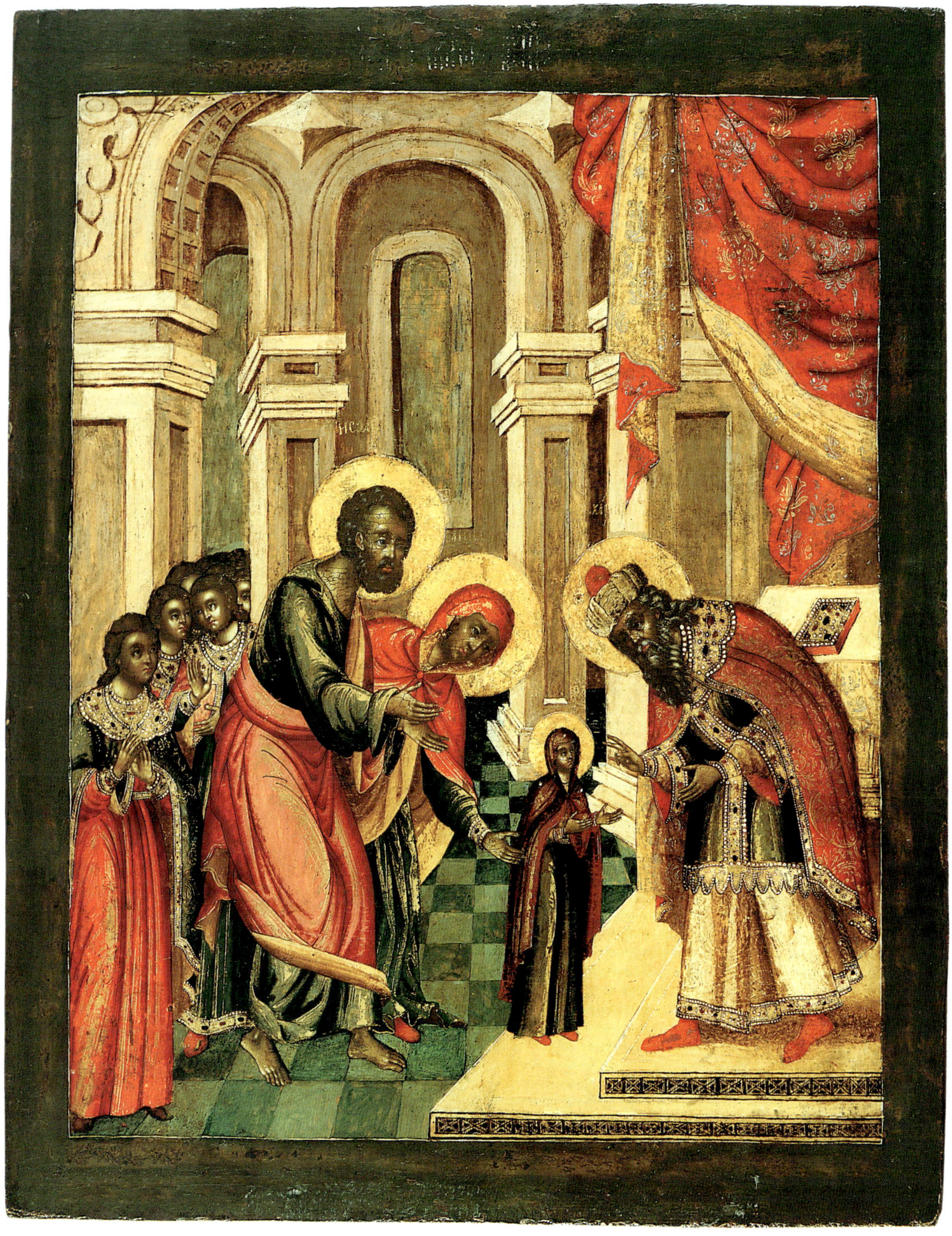

145

51
L'Entrée à Jérusalem, peinte dans les ateliers du Palais des Armures
Fin XVIIe - début XVIIIe siècle
77,5 × 63 cm
Provient du registre des Fêtes de l'église de la Présentation, Barachi, Moscou
Acquis en 1935 (inv. 14717)

Pour l'iconographie, voir cat. n° 14.
La caractéristique de cette icône réside dans son style. Les visages sont modelés par la lumière et acquièrent un relief particulier. Les proportions entre le paysage architectural et les figures humaines sont correctes. L'auteur de cette icône fut, sans aucun doute, marqué par la peinture d'Ouchakov, caractérisée par son clair-obscur et son traitement réaliste.

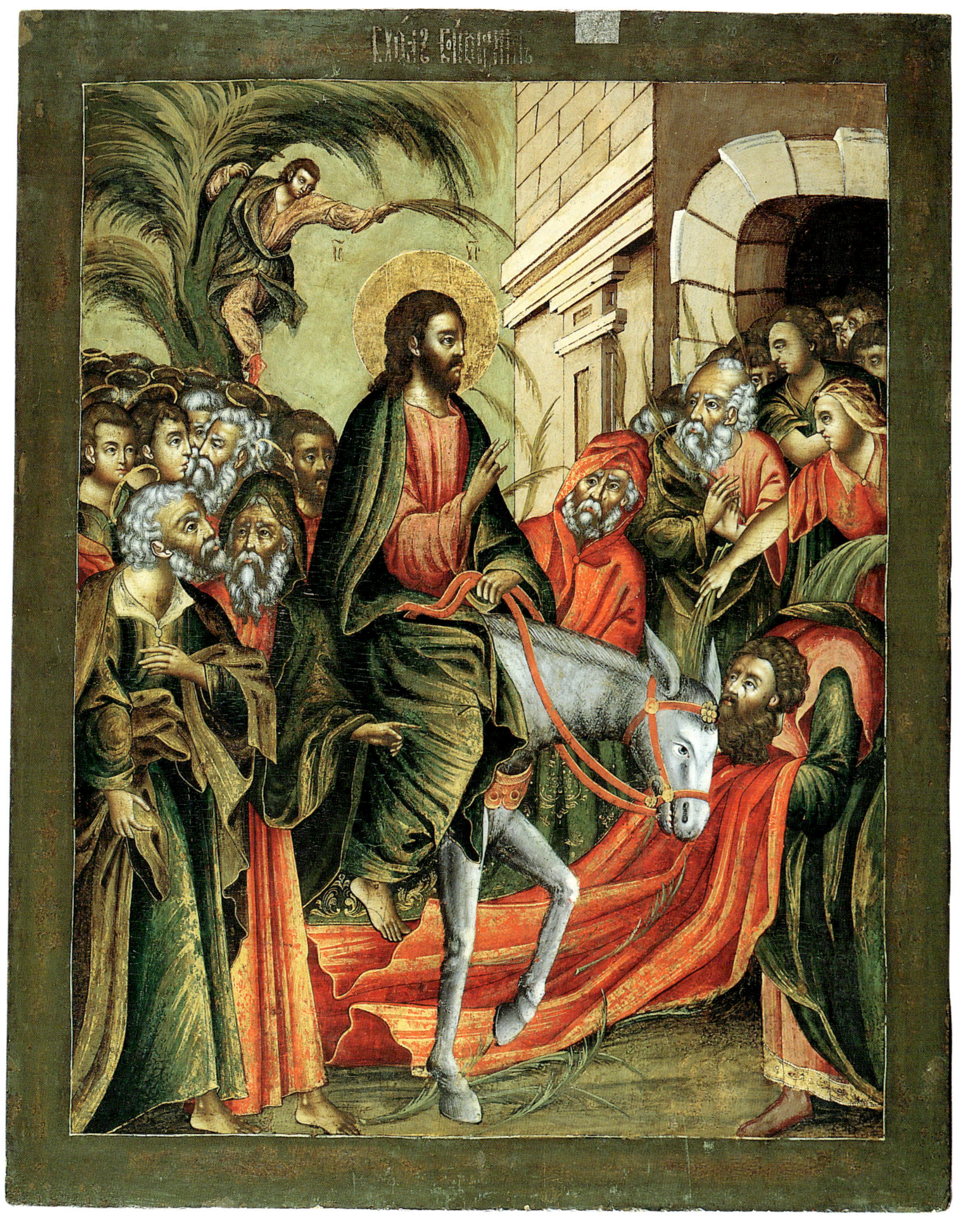

Ordre de «lecture» des compartiments

1	2	3	4	5
6				7
8				9
10				11
12	13	14	15	16

52

Saint Macaire Ounjenski, avec sa vie

Fin XVIIe - début XVIIIe siècle. Kostroma

102 × 88 cm

Trouvée lors de l'expédition en 1965 de la Galerie nationale Tretiakov au village de Potchinok, région de Kostroma (inv. DR 837)

Expositions:

Peinture ancienne des collections de la Galerie nationale Tretiakov. Musée national d'art, Tbilissi, Géorgie, 1982 (cat. n° 39)

1000 Jahre russische Kunst/1000 ans d'art russe. Museum Wiesbaden, Allemagne (cat. n° 194) / Académie des Beaux-Arts, Moscou, 1988

La composition de l'icône est divisée en plusieurs compartiments, qui représentent:

1) Naissance de Macaire
2) Baptême de Macaire
3) Les parents de Macaire, épleurés, emmènent leur fils à l'église
4) Instruction de Macaire
5) Macaire quitte clandestinement sa maison. En chemin, il échange ses vêtements avec un mendiant
6) Macaire arrive au monastère Petchorski à Nijni-Novgorod
7) Macaire prend l'habit
8) Les parents de Macaire pleurent leur fils disparu
9) Le père de Macaire reçoit d'un moine des nouvelles de son fils
10) Le père de Macaire vient voir son fils au monastère Petchorski
11) Les parents de Macaire sont heureux de retrouver leur fils
12)
13) Miracle de l'élan
14) Macaire emmène les frères à la ville d'Ounja
15) Mort de Macaire
16) Guérison d'une jeune fille près du cercueil de Macaire

Le miracle de Macaire (1349-1444) vient de Nijni-Novgorod. La légende nous dit que Macaire était pieux dès son plus jeune âge. Enfant, quand il pleurait, ses parents l'amenaient à l'église pour le calmer. Les événements de sa vie, jusqu'au miracle de l'élan, sont racontés dans les compartiments. Après le pillage du monastère Jeltovodski, dont il était fondateur, par les envahisseurs tatars, Macaire et les frères se réfugièrent dans la forêt. Les moines étaient fatigués et affamés. C'est alors que leur apparut l'élan. Macaire leur ordonna de ne pas toucher à l'animal et de respecter la période du carême. L'histoire veut que l'élan, sauvé par Macaire, réapparaisse quelques années plus tard devant le saint.

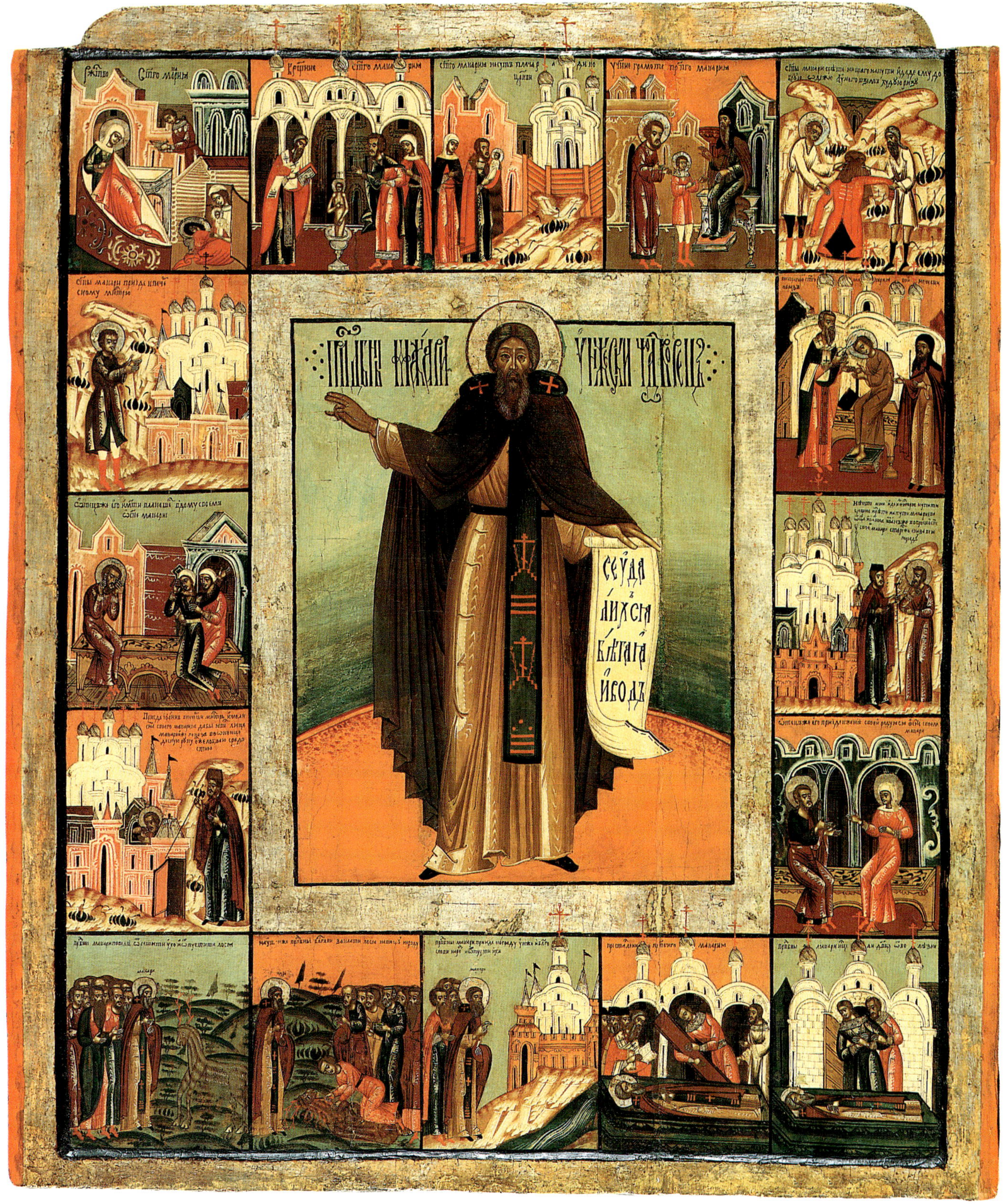

54

La Création du monde

XVIIIe siècle

79 × 60 cm

Acquis en 1935 (inv. 1489)

Expositions:

La peinture russe des XVIIe et XVIIIe siècles des collections du Musée national russe, de la Galerie nationale Tretiakov et du Musée Andreï Roublev. Léningrad, 1977 (p. 107)

L'art russe et soviétique. Tradition et nouveauté. Baden-Baden, Hanovre, Allemagne, 1984-1985

L'icône illustre les principaux événements décrits au début de la Genèse, de la création du monde au meurtre d'Abel (chap. 1 à 4). Elle est morcelée en plusieurs compartiments, encadrés par les textes des Saintes Ecritures. Les marges de l'œuvre sont faites d'un *levkas* ornementé et en relief, et imitent le cadre.

Les sujets des compartiments sont:

1) Et Dieu dit: Que la lumière soit!
2) Et Dieu créa la terre
3) Dieu dit: Que la terre verdisse!
4) Dieu fit les deux luminaires majeurs
5) Dieu créa les grands serpents de mer et tous les êtres vivants qui glissent et qui grouillent dans les eaux selon leur espèce
6) Dieu créa l'homme à son image
7) Dieu bénit le septième jour et le sanctifia
8) Puis, de la côte qu'il avait tirée de l'homme, Dieu façonna la femme
9) Et Dieu fit à l'homme ce commandement: De l'arbre de la connaissance, du Bien et du Mal, tu ne mangeras pas!
10) Et le serpent dit à la femme…
11) Alors leurs yeux à tous deux s'ouvrirent
12) Dieu appela Adam
13) Dieu fit à Adam et à sa femme des tuniques de peau et les en vêtit
14) Dieu renvoya Adam du jardin d'Eden
15) Dieu bannit l'homme et posta les chérubins devant le jardin d'Eden
16) L'homme connut Eve, sa femme
17) Caïn présenta des produits du sol en offrande à Dieu. Et Abel, de son côté, offrit les premiers-nés de son troupeau
18) Caïn se jeta sur son frère Abel et le tua
19) Adam et Eve pleurent leur fils tué
20) Et Caïn connut sa femme

Ordre de «lecture» des compartiments

1 2 3 4 5

6 7 8 9 10

11 12 13 14 15

16 17 18 19 20

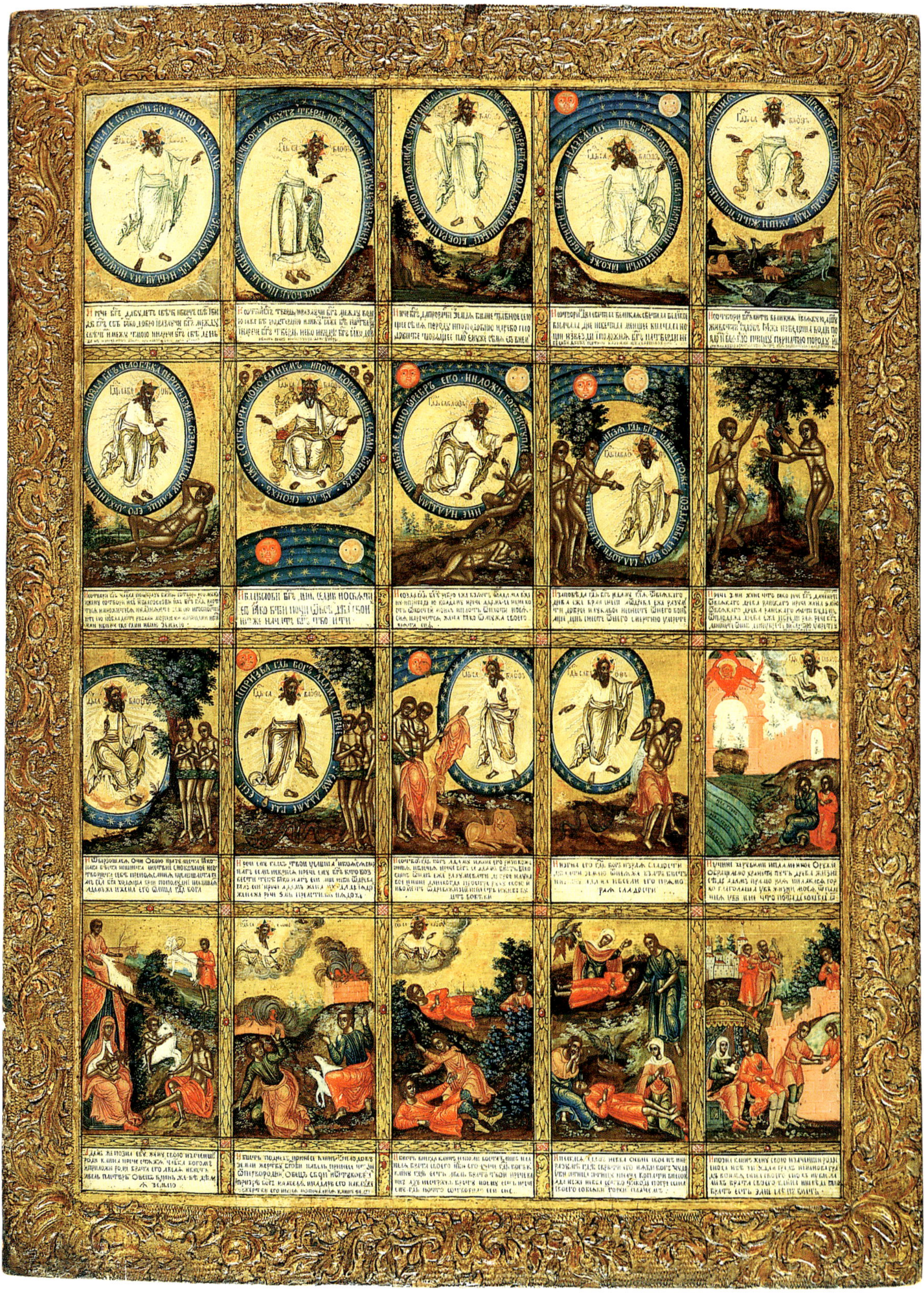

55
Sainte Catherine
XVIIIe siècle
44,3 × 35,1 cm
Acquis en 1933 (inv. 28636)

Expositions:
Catherine la Grande et Moscou. Galerie nationale Tretiakov, Moscou, 1997

Sainte Catherine est une des saintes chrétiennes les plus vénérées en Orient comme en Occident. D'après la légende, elle vivait à Alexandrie sous le règne de l'empereur Maxence, au IVe siècle. Dès le début, on la révéra comme Vierge martyre chrétienne et comme patronne des étudiants, des philosophes et des jeunes filles. Elle était de descendance royale et se distinguait par son esprit, sa beauté et sa vaste érudition. Elle avait étudié les œuvres des célèbres médecins, parlait plusieurs langues, connaissait à la perfection les philosophes anciens et maîtrisait la rhétorique. Sa supériorité la faisait briller dans les débats avec les philosophes païens, que Catherine convertissait à la foi chrétienne. Elle est surtout connue pour la vision qu'elle eut de son mariage mystique avec le Christ. Cette icône représente justement l'union mystique de sainte Catherine avec l'enfant Jésus. Dans la main gauche, la grande martyre tient un parchemin, sur lequel est inscrit le texte symbolisant sa foi. Sainte Catherine porte une couronne et un manteau d'hermine (signes distinctifs de sa descendance royale), et tient dans la main une palme (symbole du martyre).

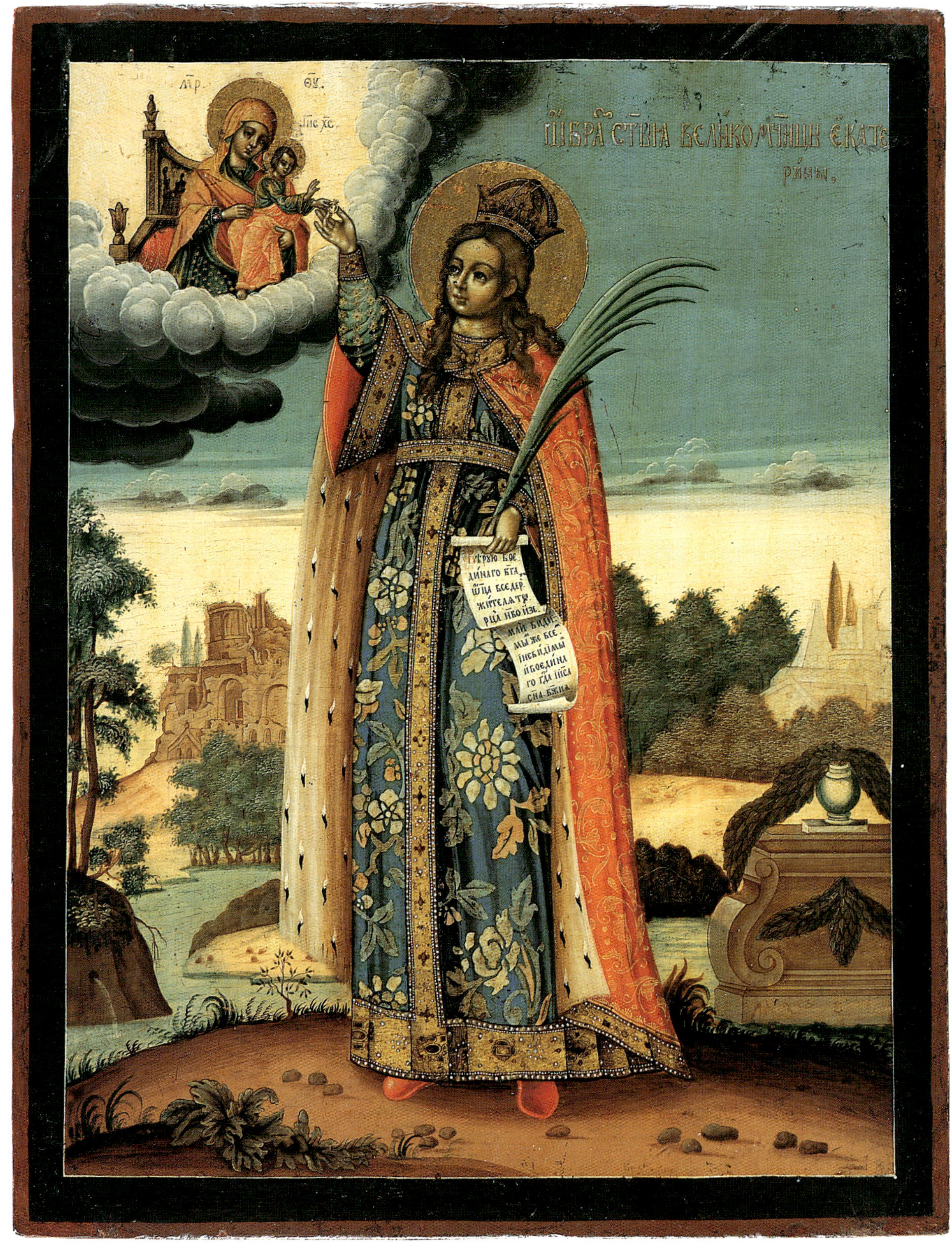

56

Sainte Barbe

1774. Moscou

60 × 48 cm

Acquis en 1935 (inv. 14879)

Expositions:

La peinture russe des XVIIe et XVIIIe siècles des collections du Musée national russe, de la Galerie nationale Tretiakov et du Musée Andreï Roublev. Léningrad, 1977 (p. 110)

Sainte Barbe vivait au IVe siècle. D'après son hagiographie, elle vécut seule pendant longtemps sur ordre de son père et adopta la foi chrétienne en secret. Sainte Barbe subit un martyre cruel: elle fut décapitée par son père, Dioscore. En Russie, cette sainte est vénérée depuis la translation de ses reliques de Constantinople à Kiev, au XIIe siècle. Une autre partie de ses reliques se trouvait aussi à Moscou, à l'église Sainte-Barbe sur la rue Varvarka. Dans l'Eglise orthodoxe, on révérait les pouvoirs de guérisseuse d'épidémies de la sainte et ses dons à prévenir les maladies soudaines et les morts accidentelles. L'Eglise catholique, quant à elle, vénère cette sainte, qui pouvait détourner les tempêtes sur mer et le feu sur terre, et qui protégeait les artilleurs. La sainte est représentée portant la couronne des martyrs, le calice dans la main droite et la palme dans la gauche. L'épée, symbole de son martyre, repose à ses pieds. Derrière elle, on peut voir une tour à trois fenêtres et une pierre recouverte d'une croix, signe de la Trinité. D'après la légende, sainte Barbe vénérait la sainte Trinité: elle aurait demandé aux bâtisseurs de percer trois fenêtres au lieu des deux initialement prévues. Cette icône est unique dans son iconographie. Un apôtre et cinq martyrs du IVe siècle sont placés devant la tour. Ils se détachent sur une architecture surmontée d'un ornement enroulé de forme baroque. Une fois par an, le 19 février, l'Eglise orthodoxe vénère l'ensemble de ces saints. Cette icône est certainement une œuvre de commande, destinée à célébrer cet événement.

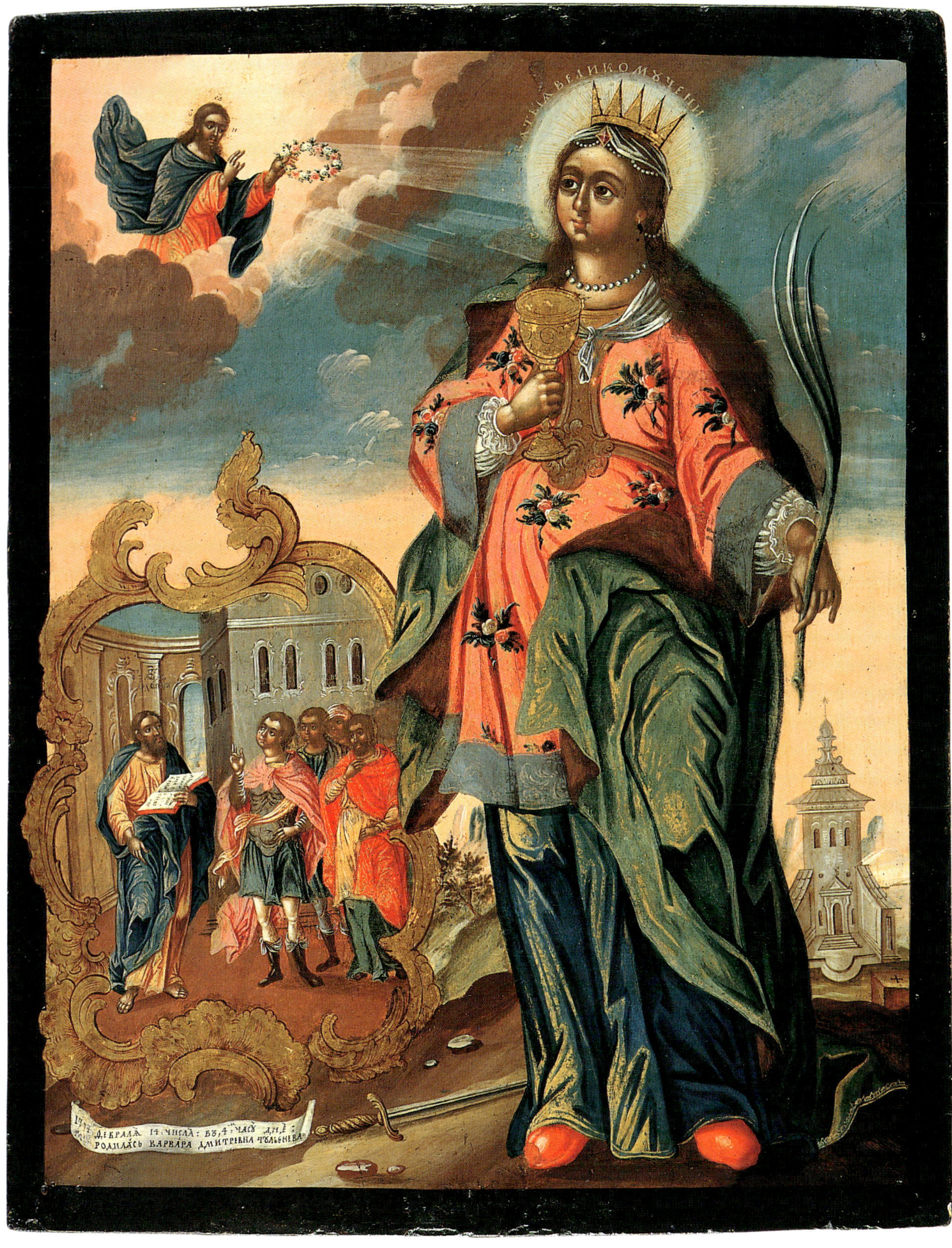
ДЕВРАЛА 14 ЧИСЛА: ВЪ 4 ЧАСУ
РОДИЛАСЬ ВАРВАРА ДМИТРЕВНА

58

Icône-Iconostase

XIXe siècle. Palekh

108 × 79 cm

Provient de l'église de la Dormition-Intercession, ruelle Gavrikov, Moscou, où elle fut trouvée en 1911

Acquis en 1933 (inv. 22027)

Expositions:

Les intérieurs dans la peinture russe et soviétique. Galerie nationale Tretiakov, Moscou, 1981

1000 Jahre russische Kunst/1000 ans d'art russe. Museum Wiesbaden, Allemagne (cat. n° 204) / Académie des Beaux-Arts, Moscou, 1988

Les trésors russes. Icônes et arts décoratifs du XIe au début du XXe siècle des collections de la Galerie nationale Tretiakov et des Musées du Kremlin de Moscou. Retretti, Finlande, 1996 (cat. n° 70)

Cette icône est un exemple rare de la peinture religieuse du XIXe siècle. En effet, elle présente en miniature les cinq registres de l'iconostase. Celle-ci propose, de la rangée supérieure à celle du bas, un résumé de l'Ancien et du Nouveau Testament. La première rangée est celle des Patriarches; elle représente l'Eglise de l'Ancien Testament, depuis Adam jusqu'à la Loi de Moïse. Au milieu prend place la Trinité. La deuxième rangée, consacrée aux Prophètes, représente l'Eglise de l'Ancien Testament, de Moïse au Christ. Ceux-ci désignent, au milieu, la Vierge de l'Incarnation. La troisième rangée contient la Déisis (cat. n°s 17 à 23). La quatrième rangée, celle des Fêtes, comprend les icônes des Douze Grandes Fêtes. La dernière rangée est celle qui peut varier le plus dans sa composition. Y figurent les icônes «de place», qui illustrent le cycle de la Passion, caractéristique des iconostases dès la fin du XVIIe siècle.
Dans le cas de cette icône, on peut supposer que le peintre voulait reproduire en miniature l'iconostase de la cathédrale de la Dormition du Kremlin de Moscou.

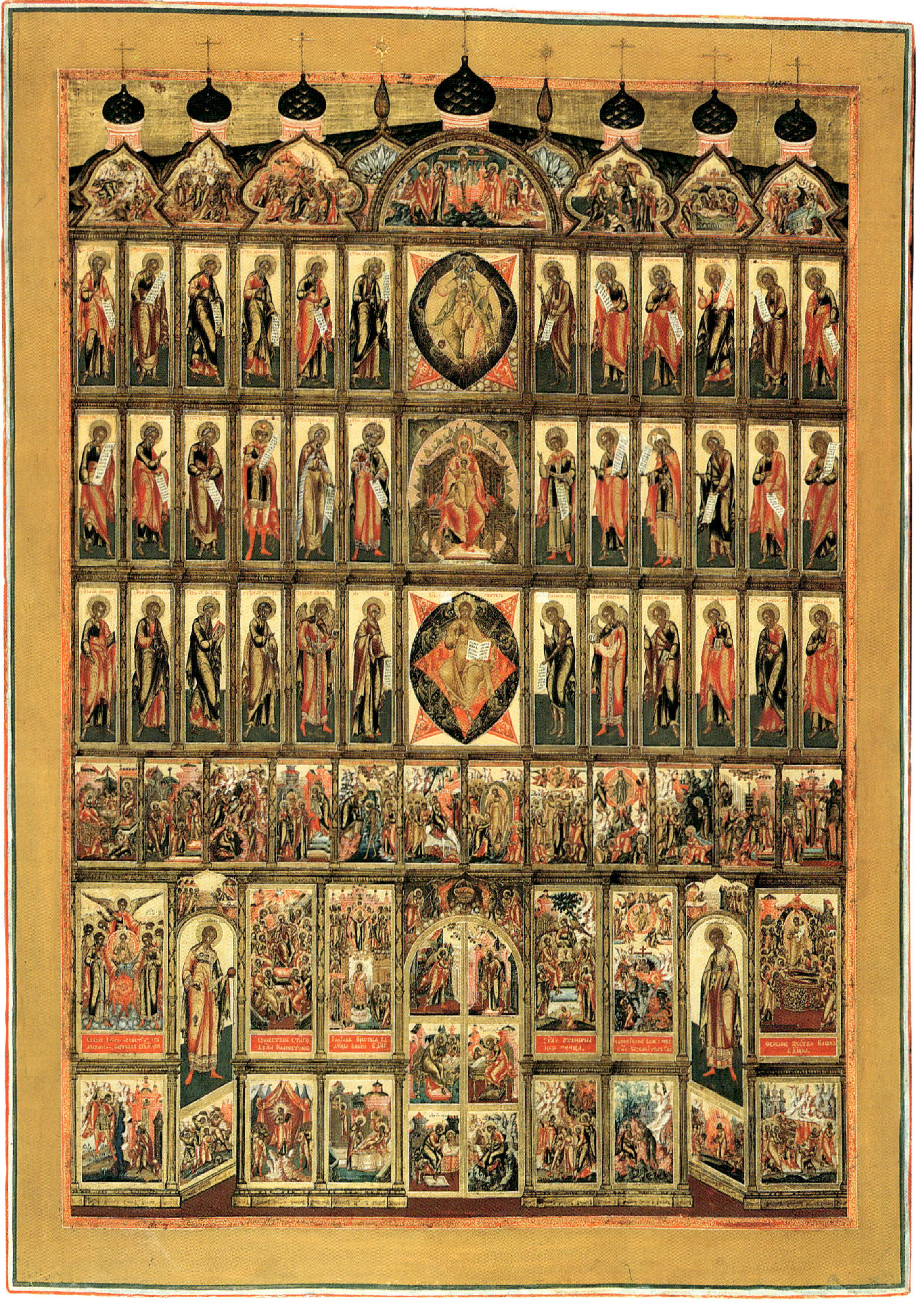

Moulages de cuivre primitifs et croix de pierre ciselées

par G. V. Sidorenko
Historienne d'art, conservateur du département de l'art ancien de la Galerie Tretiakov

Traduit par Claire Redon

A la Galerie Tretiakov, dans le département de l'art de l'ancienne Russie, se trouve une collection de moulages de cuivre primitifs du Xe au XIVe siècle et de croix de pierre ciselées du Xe au XIIe siècle. Unique dans sa composition, d'origine principalement archéologique, cette collection comporte plus de trois cents pièces.

Jusqu'à son entrée à la galerie en 1929, la collection appartenait à un peintre paysagiste renommé et collectionneur, I. S. Ostrooukov (1858-1929). Celui-ci avait acquis, en 1916, les moulages de cuivre et les croix de pierre auprès d'un passionné d'archéologie de Kiev, V. E. Guézé, qui avait participé à des expéditions archéologiques à la fin du XIXe siècle et qui, au début du XXe, à la demande de la Commission archéologique impériale, avait dirigé des fouilles dans la région de Kiev. V. E. Guézé avait commencé à collectionner ces objets à la fin des années 1890, pendant ses activités archéologiques, période qui correspondait en Russie à un engouement général pour les antiquités et leur collection. L'abondance des trésors apparus sur le marché à la fin du XIXe siècle et au début du XXe avait permis à Guézé de rassembler une collection composée principalement d'antiquités de la région de Kiev du Xe au XIIIe siècle, collection rare par son intégralité, magnifiquement assortie en iconographies et variée dans sa forme. A l'heure actuelle, à côté de collections semblables appartenant aux musées historiques de Kiev et de Moscou, à l'Ermitage et au Musée Russe de Saint-Pétersbourg, elle se trouve être l'une des plus remarquables, unique pour quelques-unes de ses sections, notamment celle des croix-reliquaires.

La collection comporte des objets des plus primitifs, liés à l'adoption du christianisme, en 988, par la Russie. En font partie, en premier lieu, des croix de pierre, dont l'une est présentée à l'exposition (cat. n° 59), ainsi que des croix-reliquaires (cat. n°s 60 à 68). Ces dernières, hormis leur ancienneté et leur valeur en tant qu'œuvres reflétant la culture de l'époque, véhiculaient dans leur représentation les idées chrétiennes, nouvelles pour la Russie, et dévoilaient une compréhension profonde des concepts religieux.

Bien qu'il soit difficile de définir leur attribution (surtout leur datation), du fait que les objets anciens étaient le plus souvent soit des trouvailles fortuites de paysans de villages situés près de vestiges de villes anciennes, soit des butins de chercheurs de trésors, qui fouillaient en secret, mélangeant et détruisant les vestiges culturels, ces objets restent les seules sources pour l'étude des particularités stylistiques des centres artistiques de Kiev et de Novgorod, ainsi que pour celle des iconographies primitives qui, plus tard, ne seront pas propagées par d'autres formes d'art. Cela concerne, en premier lieu, l'art plastique des moulages de cuivre dont les particularités ont subsisté, de la christianisation de la Russie jusqu'au XXe siècle, sans changement dans la fabrication, et des moulages issus, selon les époques, de matrices plus primitives. Plus tard, les moulages devinrent, eux aussi, des matrices. De ce fait, les images saintes sous forme de moulages de cuivre ont conservé durant plusieurs siècles les caractéristiques de composition et de style des matrices d'origine. La valeur de la collection de la Galerie Tretiakov tient au fait que celle-ci est composée de moulages issus de matrices d'une même époque.

Il faut remarquer que, bien que le début du christianisme en Russie coïncide avec le baptême de cette dernière par le prince Vladimir Sviatoslavitch en 988, sous le prince Igor (913-945), quelques chrétiens, particulièrement parmi les membres des droujinas (NdT 1*), vivaient déjà à Kiev. Cela permet de situer globalement au Xe siècle les objets pieux primitifs trouvés en Russie. Selon des témoignages figurant dans les annales de l'ancienne Russie et ceux de chroniques occidentales, à l'époque des incendies qui se déclarèrent du Xe au XIIIe siècle, à Kiev, de quatre cents à sept cents églises brûlèrent. Grâce à ces renseignements, il est possible de se faire une idée tant de l'étendue de la population chrétienne de la ville que de l'immense quantité d'icônes, de livres, de vases sacrés et de croix, d'utilisation non seulement collective, mais encore privée. Si l'on considère les objets les plus demandés, les croix pectorales et les croix-reliquaires, la production locale et les importations de l'Empire byzantin (Grèce, Bulgarie, Asie Mineure, Syrie, Palestine, Caucase, Crimée) répondaient aux besoins. En outre, les objets apportés par les marchands devenaient parfois des matrices pour la production d'autres moulages (par exemple la croix-reliquaire, autour de 1240, cat. n° 64).

A côté des qualités artistiques des objets de moindre valeur plastique, dont ceux présentés à l'exposition, il faut noter un procédé intéressant au niveau technique: l'utilisation,

dans la fabrication des moulages, d'incrustations de nielle sur le cuivre (NdT 2*); il s'agit d'un alliage d'argent, de cuivre, de plomb et de soufre, déposé sous forme de poudre sur la surface profondément gravée des dessins, et qui, après cuisson, se lie durablement avec le cuivre de base.
Faire voisiner dans cette exposition des exemples archéologiques uniques de moulages de cuivre et des objets de pierre ciselés avec des icônes russes apporte un complément intéressant et élargit, en l'enrichissant, la présentation de l'art chrétien de la Russie médiévale.

G. V. S.

NdT:
1* Droujina: troupe de compagnons d'armes des princes de l'ancienne Russie (IXe-XVIe siècle).
2* Nielle: incrustation décorative d'un émail noir sur un fond métallique incisé (en général de l'argent).

59
Croix en pendentif
Fin X[e] - XIIe siècle (?)
Pierre serpentine. 6,4 × 3,9 × 1,6 cm
Trouvée dans le village de Biezraditchi
Ancienne collection V. E. Guézé, puis collection I. S. Ostroukov
Acquis en 1929 (inv. 12159)

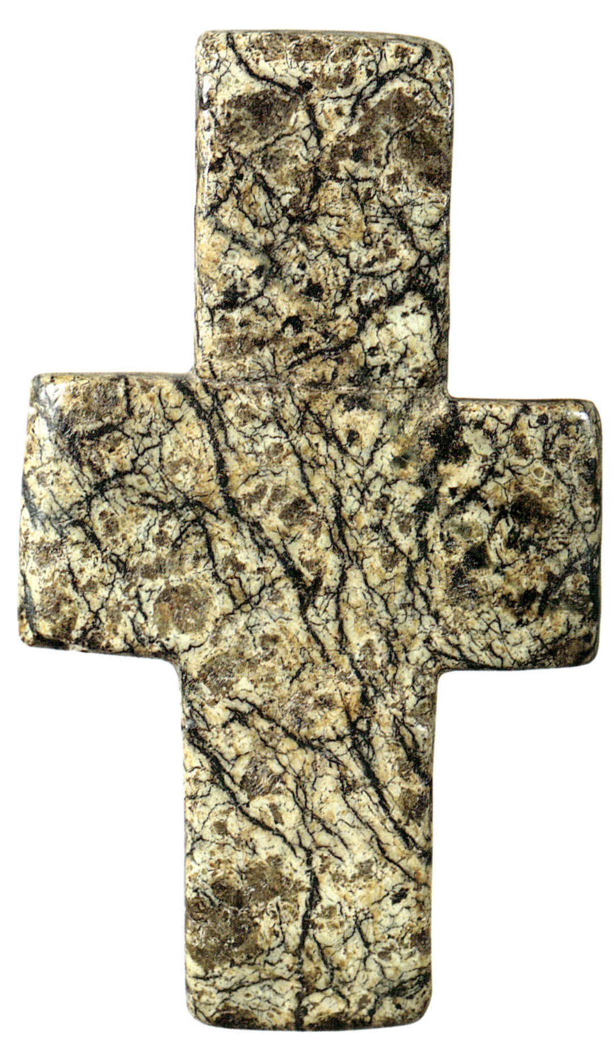

60

Croix-reliquaire, avec Crucifixion et Vierge Blachernitissa

XIe siècle. Kiev

Bronze doré et nielle. 7,3 × 3,6 × 0,8 cm (dans la position repliée avec l'agrafe)

Ancienne collection I. S. Ostrooukov

Acquis en 1929 (inv. 12395)

Expositions:

Les trésors russes. Icônes et arts décoratifs du XIe au début du XXe siècle des collections de la Galerie nationale Tretiakov et des Musées du Kremlin de Moscou. Retretti, Finlande, 1996 (cat. n° 72)

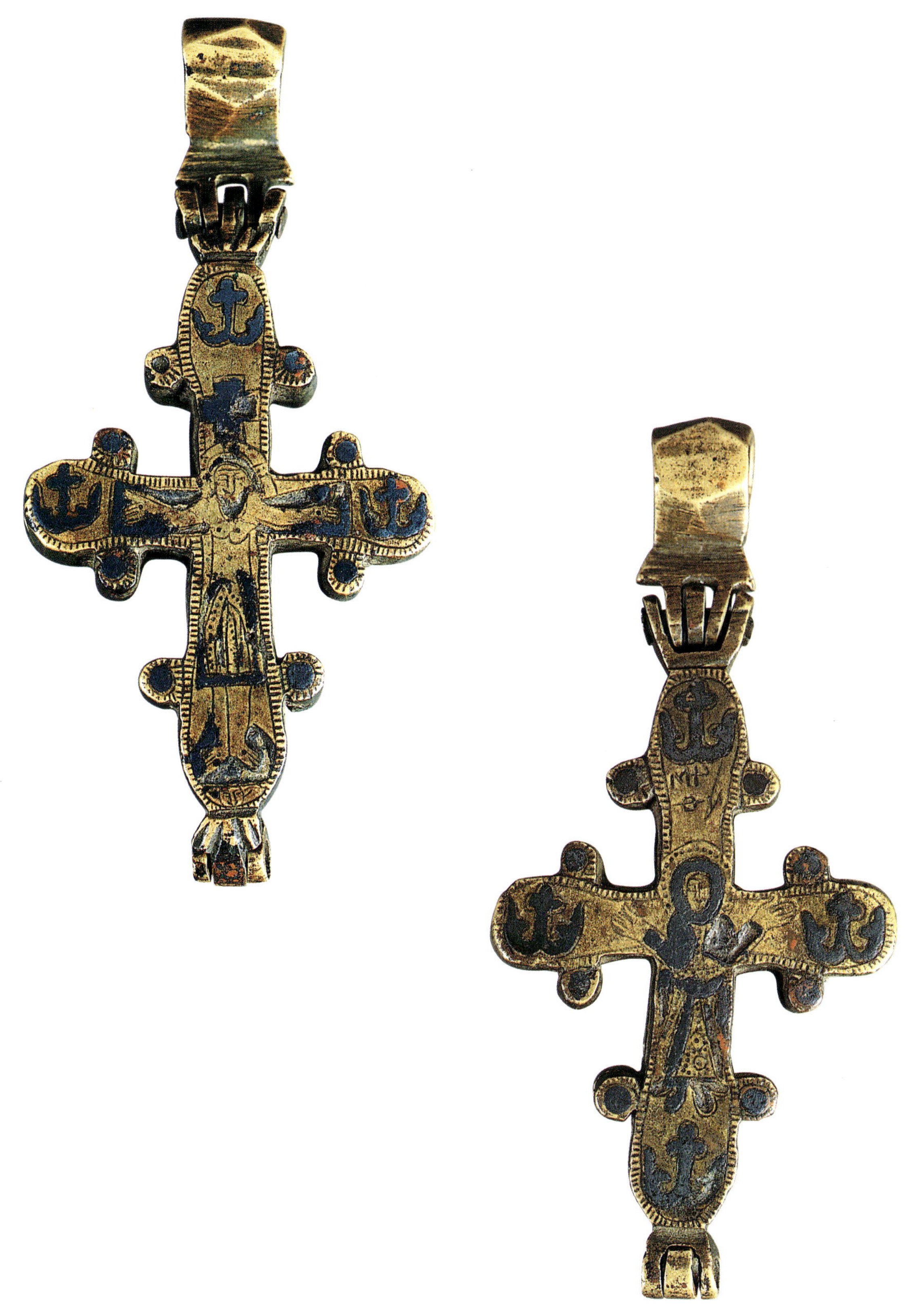

61

Croix-reliquaire, avec Crucifixion et Vierge Hodigitria en pied

Fin XIIe siècle. Kiev
Bronze doré et nielle. 12,5 × 7 × 1 cm (dans la position repliée avec l'agrafe)
Ancienne collection I. S. Ostroukov
Acquis en 1929 (inv. 12440)

Expositions:

Les trésors russes. Icônes et arts décoratifs du XIe au début du XXe siècle des collections de la Galerie nationale Tretiakov et des Musées du Kremlin de Moscou. Retretti, Finlande, 1996 (cat. n° 73)

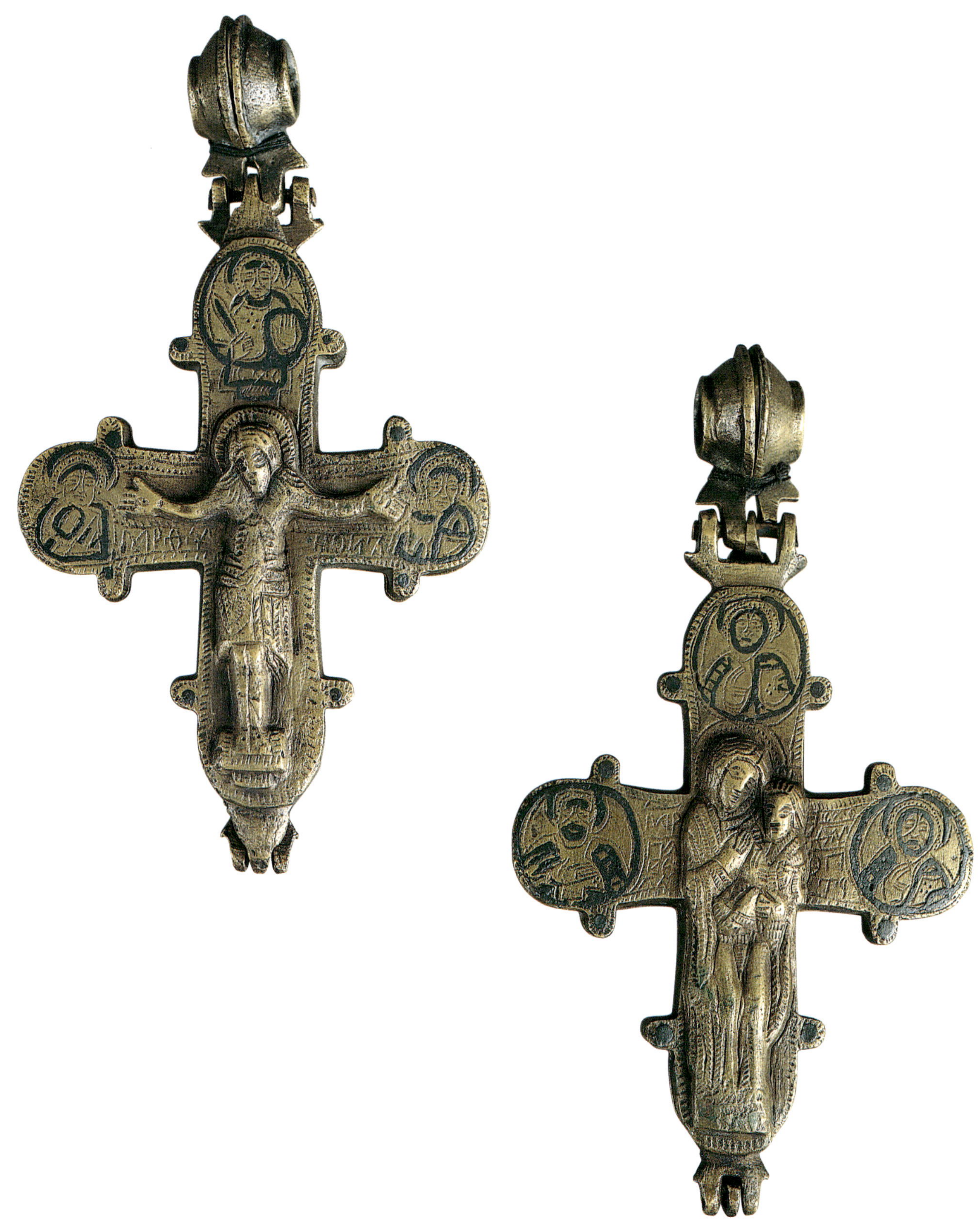

62-63

Croix-reliquaire, avec Crucifixion et Vierge Hodigitria en pied

Avant 1240. Kiev

Bronze cuivré. 10,2 × 7,2 × 1 cm (dans la position repliée avec l'agrafe)

Ancienne collection V. E. Guézé, puis collection I. S. Ostrooukov

Acquis en 1929 (inv. 12423/12424)

Expositions:

Les trésors russes. Icônes et arts décoratifs du XIe au début du XXe siècle des collections de la Galerie nationale Tretiakov et des Musées du Kremlin de Moscou. Retretti, Finlande, 1996 (cat. n° 76)

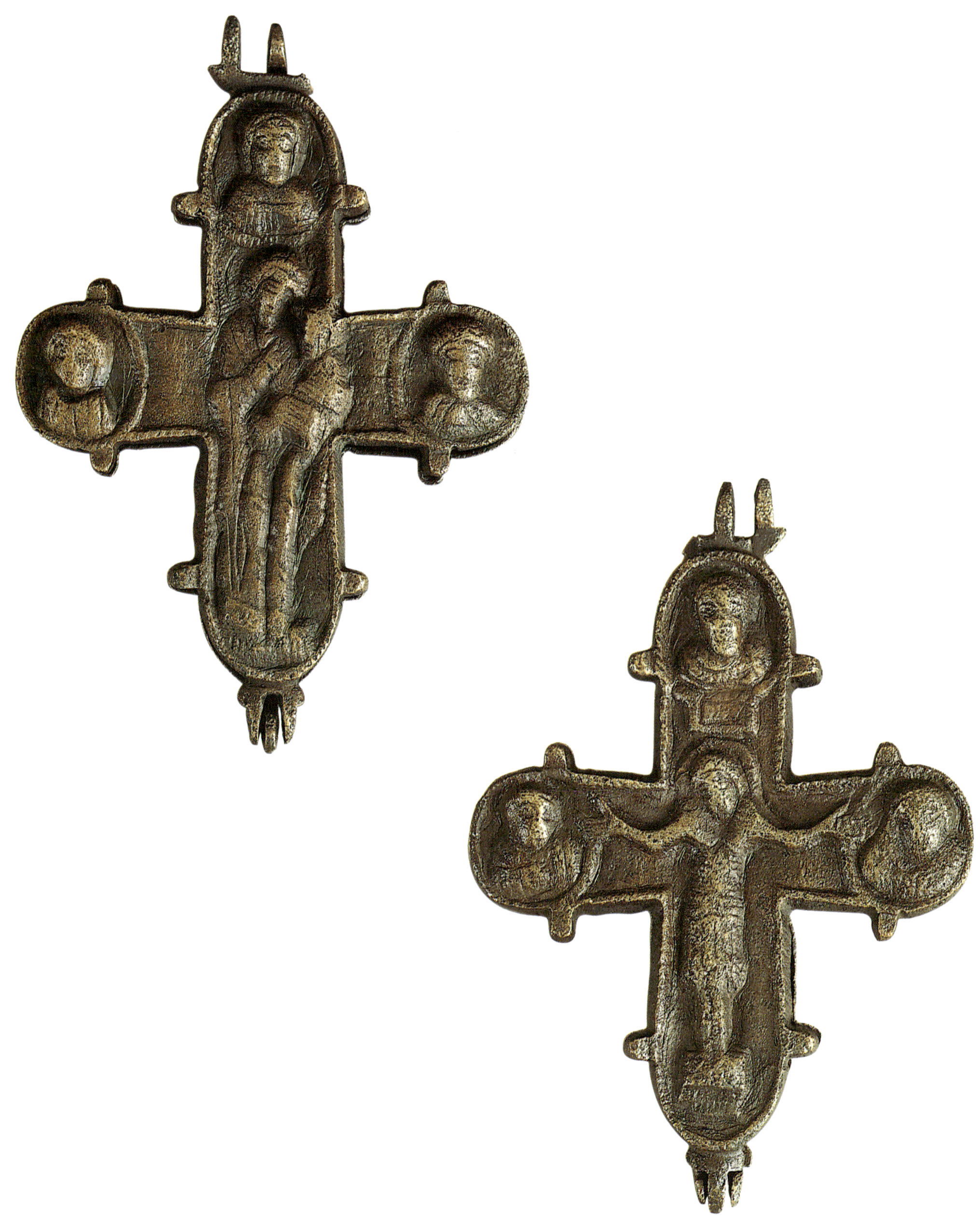

64
Croix-reliquaire, avec Crucifixion et saint inconnu
Avant 1240. Kiev (?)
Cuivre rouge. 6,5 × 4,1 cm
Ancienne collection I. S. Ostrooukov
Acquis en 1929 (inv. 12447)

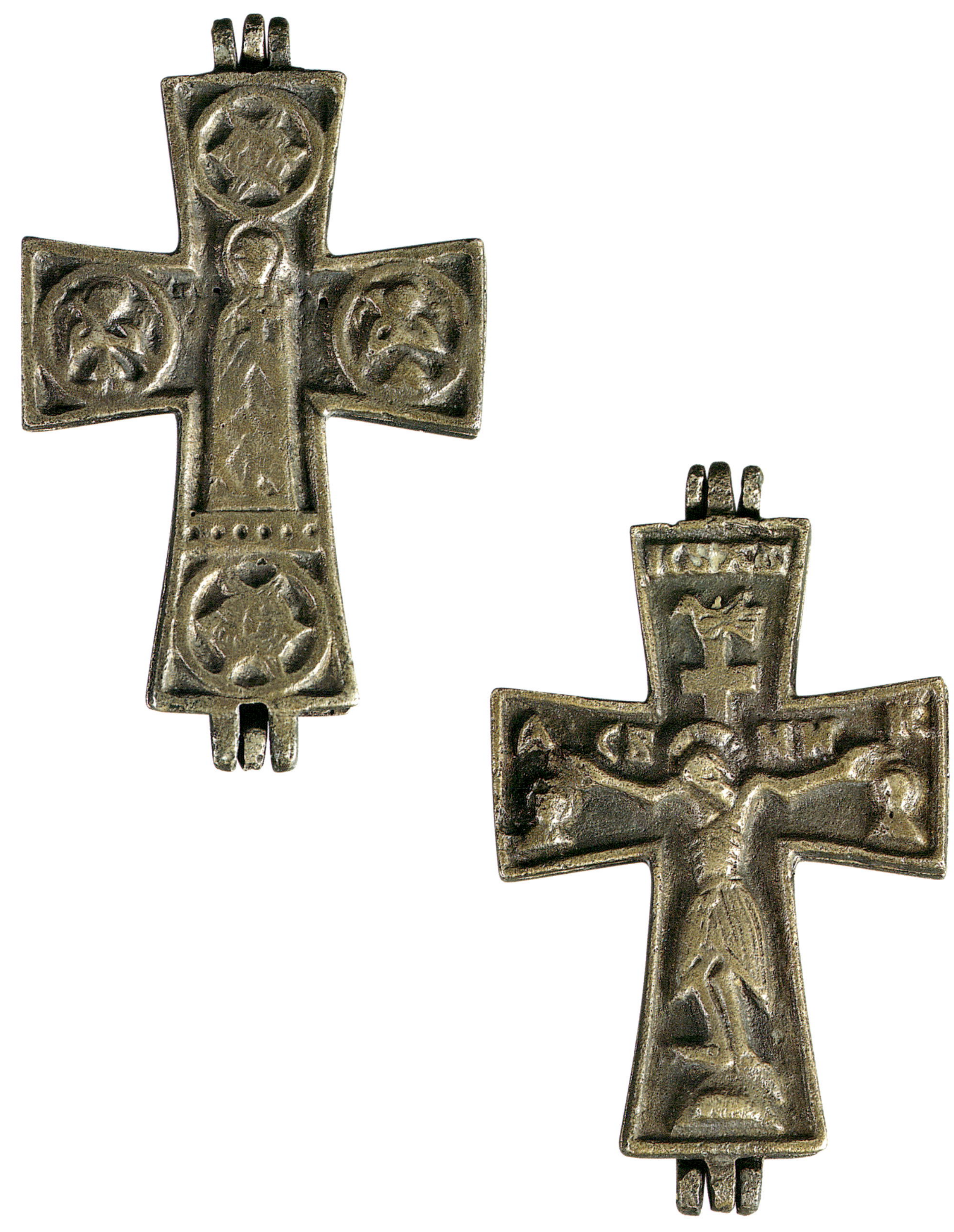

65

Partie centrale du triptyque la Vierge à l'Enfant

XIVe siècle

Bronze jaune-rouge. 6,8 × 5,2 × 0,4 cm

Ancienne collection I. S. Ostrooukov

Acquis en 1929 (inv. 12481)

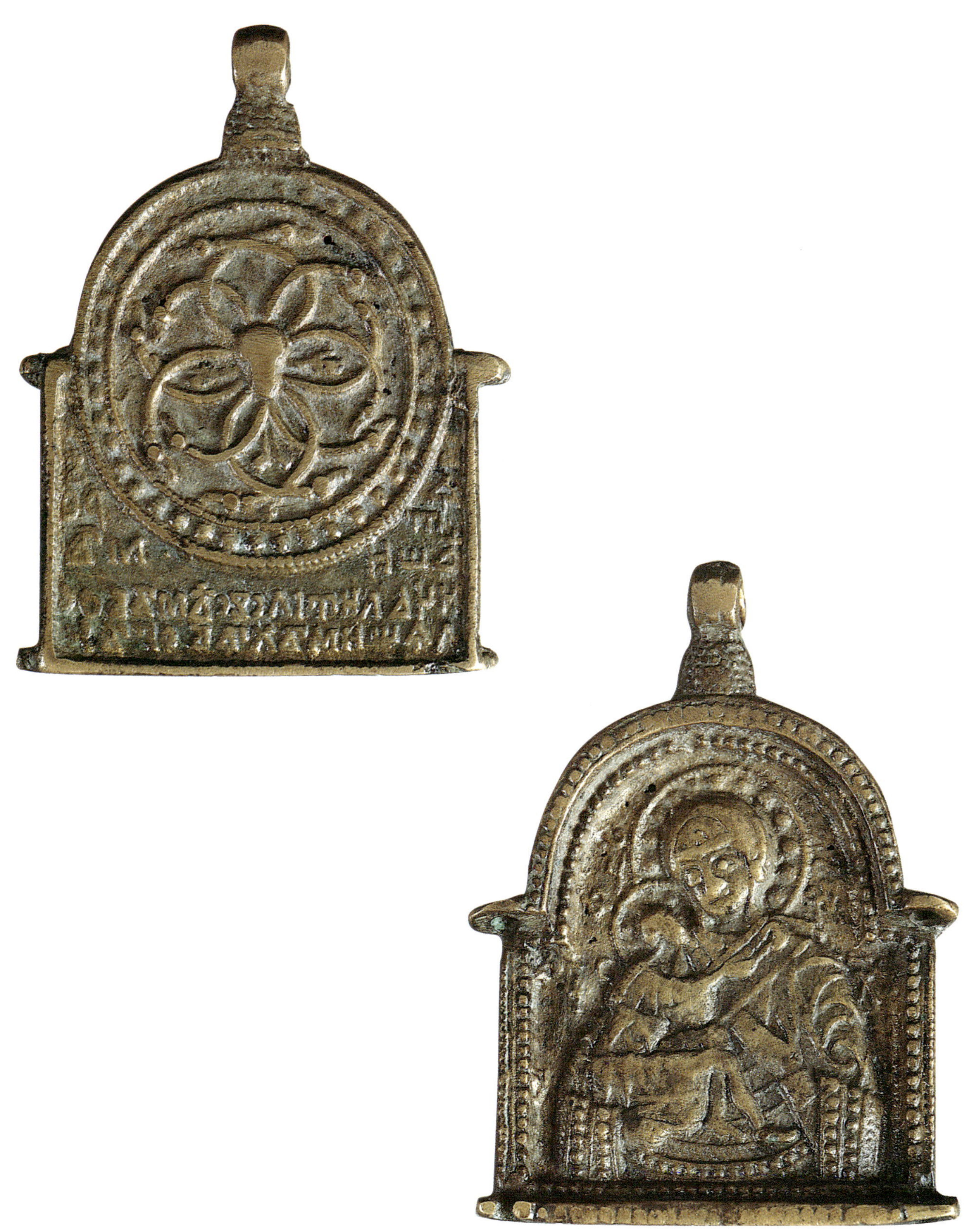

66-67
Croix-reliquaire avec Nativité du Christ et Théophanie
XIVᵉ siècle. Novgorod
Alliage cuivré et patiné. 5,3 × 4,3 cm
Ancienne collection V. E. Guézé, puis collection I. S. Ostroukov
Acquis en 1929 (inv. 12502/12499)

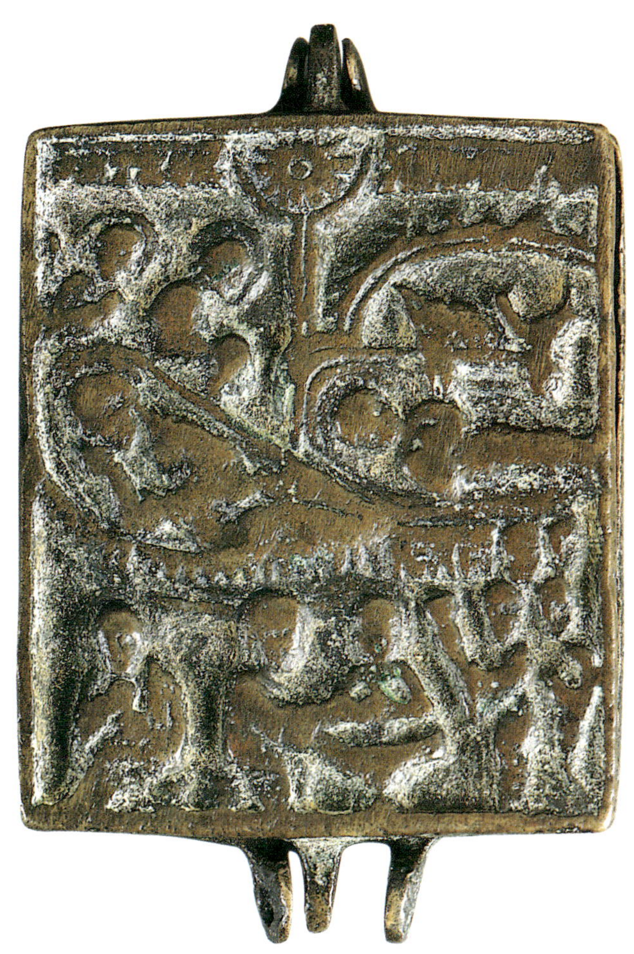

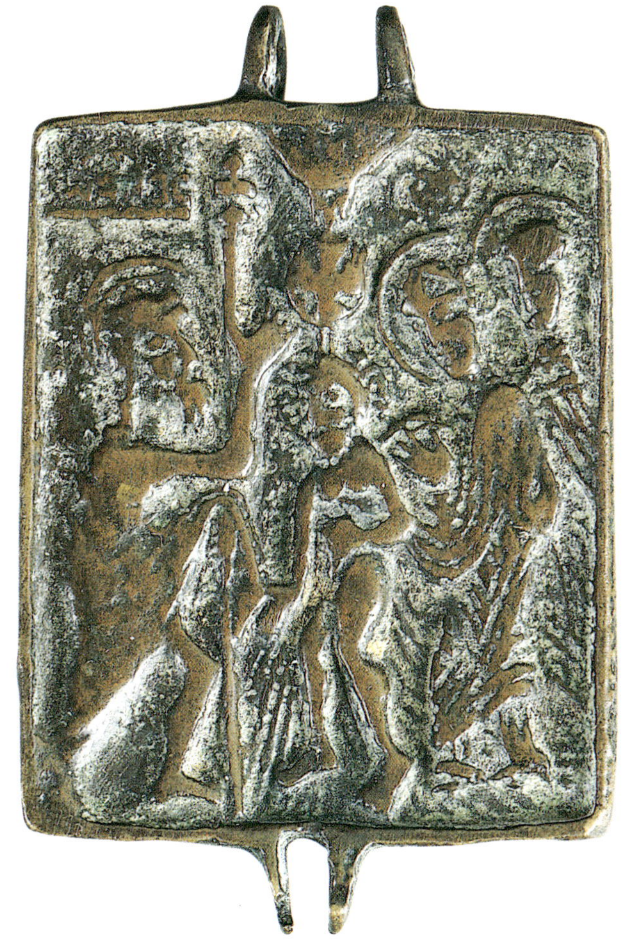

Glossaire

Acathiste
Longue composition poétique en l'honneur de la Vierge, qui doit être écoutée debout.

Acheiropoïète
Signifie en grec: «sans intervention de la main de l'homme». Reproduction sur un linge des traits du Christ qu'il aurait envoyé lui-même, selon la légende, au roi d'Edesse, Abgar. Par extension, œuvre dont l'origine est miraculeuse ou pour laquelle la main de l'artiste a été guidée lors de sa création.

Apocryphes
Livres qui, se présentant comme inspirés par Dieu, ne font pas partie du canon biblique juif ou chrétien. De nombreux épisodes relatifs à la vie de la Vierge Marie sont tirés de ces textes.

Assiste
Petits traits fins dessinés à l'or.

Blachernitissa
Type iconographique de la Vierge qui tire son nom de l'église des Blachernes à Constantinople. La Vierge est orante et porte sur sa poitrine le médaillon du Christ Emmanuel.

Chiton
Tunique courte et sans manches pour les hommes; longue et avec manches pour les femmes.

Chlamyde
Manteau attaché à l'épaule droite, laissant le bras libre de ses mouvements.

Dormition
Le terme orthodoxe de «dormition» souligne l'idée de sommeil, et non une mort réelle.

Eleousa
Type iconographique de la Vierge de tendresse, représentée avec l'Enfant.

Hiérarque
Titre de hauts dignitaires de l'Eglise orthodoxe.

Hodigitria
Signifie en grec: «qui montre la voie». Type iconographique de la Vierge debout, portant et désignant l'Enfant bénissant.

Icônes «de place»
Icônes qui se retrouvent partout, sans exception, à la même place, de part et d'autre des Portes Royales.

Iconostase
Cloison en bois, en pierre ou en marbre, qui sépare le chœur de la nef du sanctuaire. Elle est recouverte d'icônes disposées selon un ordre traditionnel.

Levkas
Enduit fait de craie, mélangé dans une solution aqueuse à de la colle extraite de nageoires d'esturgeon, dont est recouverte la planche de bois.

Maphorion
Voile qui couvre la tête et drape le corps, porté par la Mère de Dieu et de nombreuses saintes.

Mandorle
Auréole en forme d'amande qui entoure le Christ.

Mandylion
Voile sur lequel le Christ aurait miraculeusement imprimé l'image de sa Face pour l'envoyer au roi d'Edesse, Abgar.

Métropolite
Evêque résidant dans la métropole d'une circonscription ecclésiastique. Titre des archevêques de l'Eglise orthodoxe.

Olifa
Vernis de composition compliquée à base d'huile de lin bouillie, qui protégeait les couleurs tout en les assombrissant.

Pantocrator
Christ Tout-Puissant, tenant l'Evangile d'une main et bénissant de l'autre.

Phylactère
Banderole à extrémités enroulées, portant des légendes sur le sujet représenté.

Portes Royales
Portes monumentales placées au centre de l'iconostase et décorées de la scène de l'Annonciation et des quatre évangélistes.

Table des matières

Crédits photographiques

Galerie nationale Tretiakov, Moscou
Photographe: Aleksandr Rosanov

Auteurs des légendes pour le catalogue

N. Bekeneva – n°s 40, 44 *bis,* 45, 50-52
E. Bourenkova – n°s 37, 54, 57
N. Cheredega – n°s 10, 28, 33, 56
V. Chirokov – n°s 43, 44, 49
E. Gousseva – n°s 2, 9, 12, 15, 16, 35, 38
I. Kotchetkov – n°s 13, 14, 29, 30, 32
L. Kovtyreva – n°s 39, 41
J. Kozlova – n°s 3, 8, 17-23, 26
V. Oukhanova – n°s 4, 7, 11, 24, 25, 27, 42, 55
N. Rosanova – n°s 1, 5, 6, 31, 34, 53
G. Sidorenko – n°s 46-48, 58-67
D. Soukhoverkov – n° 36

Traduction des légendes

Virginie Gimaray, Ekaterina L. Selezneva

Commissaire de l'exposition

Ekaterina L. Selezneva

Organisation de l'exposition

Ekaterina L. Selezneva
Léonard Gianadda

Comité d'organisation:
Nadejda G. Bekeneva
Lidia I. Iovleva
Evguenia A. Gra
Valentina N. Oukhanova
Lidia I. Romachkova
Nadejda V. Rosanova
Ekaterina L. Selezneva

Catalogue

Coordination:	Ekaterina L. Selezneva
Editeur:	Fondation Pierre Gianadda, 1920 Martigny, Suisse Tél. +41 27 722 39 78 Fax +41 27 722 31 63 http://www.gianadda.ch
Maquette:	Nelly Hofmann, Lausanne
Composition, photolitho et impression:	Edipresse Imprimeries Réunies Lausanne s.a., 1997

ISBN 2-88443-044-X

Edités par la Fondation Pierre Gianadda, Martigny

Paul Klee, 1980, par André Kuenzi (épuisé)
Picasso, estampes 1904-1972, 1981, par André Kuenzi (épuisé)
Art japonais dans les collections suisses, 1982, par E. Kondo et J.-M. Gard (épuisé)
Goya dans les collections suisses, 1982, par Pierre Gassier (épuisé)
Manguin parmi les Fauves, 1983, par Pierre Gassier
La Fondation Pierre Gianadda, 1983, par C. de Ceballos et F. Wiblé
Rodin, 1984, par Pierre Gassier
Bernard Cathelin, 1985, par Sylvio Acatos (épuisé)
Paul Klee, 1985, par André Kuenzi
Isabelle Tabin-Darbellay, 1985 (épuisé)
Alberto Giacometti, 1986, par André Kuenzi
Alberto Giacometti, 1986, photographies Marcel Imsand, texte Pierre Schneider
Egon Schiele, 1986, par Serge Sabarsky (épuisé)
Gustav Klimt, 1986, par Serge Sabarsky (épuisé)
Serge Poliakoff, 1987, par Dora Vallier
Toulouse-Lautrec, 1987, par Pierre Gassier
Paul Delvaux, 1987
Trésors du Musée de São Paulo, 1988:
  Ire partie: *de Raphaël à Corot*, par Ettore Camesasca
  IIe partie: *de Manet à Picasso*, par Ettore Camesasca
Le Musée de l'automobile de la Fondation Pierre Gianadda, 1988, par Ernest Schmid
Jules Bissier, 1989, par André Kuenzi
Hans Erni, 1989
Henry Moore, 1989, par David Mitchinson
Louis Soutter, 1990, par André Kuenzi et Annette Ferrari (épuisé)
Fernando Botero, 1990
Modigliani, 1990, par Daniel Marchesseau
Camille Claudel, 1990, par Nicole Barbier
Chagall en Russie, 1991, par Christina Burrus
Sculpture suisse en plein air, 1991, par André Kuenzi, Annette Ferrari et Marcel Joray
Hodler, peintre de l'histoire suisse, 1991, par Jura Brüschweiler
Mizette Putallaz, 1991
Franco Franchi, 1991
De Goya à Matisse, estampes du Fonds Jacques Doucet, 1992, par Pierre Gassier
Georges Braque, 1992, par Jean-Louis Prat

Ben Nicholson, 1992, par Jeremy Lewison
Georges Borgeaud, 1993
Jean Dubuffet, 1993, par Daniel Marchesseau
Edgar Degas, 1993, par Ronald Pickvance
Marie Laurencin, 1993, par Daniel Marchesseau
Rodin, dessins et aquarelles, 1994, par Claudie Judrin
De Matisse à Picasso, Collection Jacques et Natasha Gelman, 1994
Egon Schiele, 1995, par Serge Sabarsky
Nicolas de Staël, 1995, par Jean-Louis Prat
Larionov-Gontcharova, 1995, par Jessica Boissel
Suzanne Valadon, 1996, par Daniel Marchesseau
Edouard Manet, 1996, par Ronald Pickvance
Michel Favre, 1996
Raoul Dufy, 1997, par Didier Schulmann
Joan Miró, 1997, par Jean-Louis Prat
Icônes russes, Galerie nationale Tretiakov, Moscou, 1997

Coédités par la Fondation Pierre Gianadda

Ferdinand Hodler, élève de Ferdinand Sommer, 1983, par Jura Brüschweiler (épuisé)
Gaston Chaissac, 1986
Picasso linograveur, 1988, par Danièle Giraudy
Le peintre et l'affiche, 1989, par Jean-Louis Capitaine
Calima, Colombie précolombienne, 1991, par Marie-Claude Morand (épuisé)
Albert Chavaz, 1994, par Marie-Claude Morand
Larionov-Gontcharova, 1995, par Jessica Boissel

A paraître

Diego Rivera et Frida Kahlo, 1998, par Christina Burrus
Paul Gauguin, 1998, par Ronald Pickvance
Turner et les Alpes, 1999, par David Brown
Picasso, 1999, par Jean Clair